全国高等院校财经类专业创新规划教材
——山东管理学院教材建设基金资助出版——
——山东管理学院专业群建设成果——

ERP 软件实训教程

主　编　卢圣旭　刘阳阳
副主编　王　艺　周　蕊

中国商业出版社

图书在版编目(CIP)数据

ERP软件实训教程/卢圣旭,刘阳阳主编.—北京：
中国商业出版社,2020.7
　ISBN 978—7—5208—1168—2

Ⅰ.①E… Ⅱ.①卢… ②刘… Ⅲ.①企业管理—
计算机管理系统—教材 Ⅳ.①F272.7

中国版本图书馆CIP数据核字(2020)第092714号

责任编辑:李飞　蔡凯

中国商业出版社出版发行
010—63180647　www.c—cbook.com
(100053　北京广安门内报国寺1号)
新华书店经销
北京京丰印刷厂印刷
＊
787毫米×1092毫米　16开　16.50印张　350千字
2020年7月第1版　2020年7月第1次印刷
定价:58.00元
＊　＊　＊　＊
(如有印装质量问题可更换)

前　言

多年的实践探索证明，信息技术对教育的巨大影响早已在社会各界形成广泛共识。党的十八大以来，我国教育信息化事业实现了前所未有的快速发展，党的十九大又开启了我国加快教育现代化、建设教育强国的新征程。早在 2018 年 4 月，教育部就制定了《教育信息化 2.0 行动计划》，旨在进一步推进信息技术与教育教学深度融合。

在此背景下，本书编写组编写了这本《ERP 软件实训教程》，本书采用项目任务制，重点讲解了 ERP 软件中的基础设置、采购管理、销售管理、库存管理、存货核算等模块的知识与操作，希望能够提高广大读者对 ERP 软件的理解和操作水平。本书在编写的过程中，参考和借鉴了很多学者编写的同类教材，编写组在此表示感谢。此外，本书的编写得到了山东管理学院教材建设基金的资助出版，并得到了山东管理学院专业群建设的资金支持，编写的过程中得到了领导和同事的支持，在此一并表示感谢。因本书作者能力和水平有限，本书的疏漏之处，还请广大读者批评指正。

本书编写组
2020 年 5 月

目 录

项目一　ERP 概述 ……………………………………………………………… (1)
　　任务一　认识 ERP …………………………………………………………… (1)
　　　　一、任务描述 ………………………………………………………………… (1)
　　　　二、任务设计 ………………………………………………………………… (1)
　　　　三、任务实现 ………………………………………………………………… (1)
　　任务二　ERP 软件产品与实施 ……………………………………………… (4)
　　　　一、任务描述 ………………………………………………………………… (4)
　　　　二、任务设计 ………………………………………………………………… (4)
　　　　三、任务实现 ………………………………………………………………… (4)

项目二　系统管理 ……………………………………………………………… (7)
　　任务一　建立账套 …………………………………………………………… (9)
　　　　一、任务描述 ………………………………………………………………… (9)
　　　　二、任务设计 ………………………………………………………………… (9)
　　　　三、操作步骤 ………………………………………………………………… (9)
　　任务二　权限分配 …………………………………………………………… (15)
　　　　一、任务描述 ………………………………………………………………… (15)
　　　　二、任务设计 ………………………………………………………………… (15)
　　　　三、操作步骤 ………………………………………………………………… (15)
　　任务三　账套的修改与输出 ………………………………………………… (18)
　　　　一、任务描述 ………………………………………………………………… (18)
　　　　二、任务设计 ………………………………………………………………… (18)
　　　　三、任务实现 ………………………………………………………………… (18)

项目三　基础设置 ……………………………………………………………… (21)
　　任务一　业务基础设置 ……………………………………………………… (28)
　　　　一、任务描述 ………………………………………………………………… (28)
　　　　二、任务设计 ………………………………………………………………… (28)

— 1 —

　　　　　三、操作步骤 ·· (28)
　　　任务二　财务基础设置 ·· (39)
　　　　　一、任务描述 ·· (40)
　　　　　二、任务设计 ·· (40)
　　　　　三、操作步骤 ·· (40)

项目四　采购与应付系统 ·· (43)
　　　任务一　采购初始设置 ·· (49)
　　　　　一、任务描述 ·· (51)
　　　　　二、任务设计 ·· (51)
　　　　　三、操作步骤 ·· (51)
　　　任务二　采购单据设置、增加与查询 ·· (65)
　　　　　一、任务描述 ·· (65)
　　　　　二、任务设计 ·· (66)
　　　　　三、操作步骤 ·· (66)
　　　任务三　采购与应付业务一 ·· (74)
　　　　　一、任务描述 ·· (74)
　　　　　二、任务设计 ·· (74)
　　　　　三、操作步骤 ·· (75)
　　　任务四　采购与应付业务二 ·· (88)
　　　　　一、任务描述 ·· (88)
　　　　　二、任务设计 ·· (89)
　　　　　三、操作步骤 ·· (89)
　　　任务五　受托代销业务 ·· (113)
　　　　　一、任务描述 ·· (113)
　　　　　二、任务设计 ·· (113)
　　　　　三、操作步骤 ·· (114)
　　　任务六　采购退回业务 ·· (118)
　　　　　一、任务描述 ·· (118)
　　　　　二、任务设计 ·· (119)
　　　　　三、操作步骤 ·· (119)

项目五　销售与应收系统 ·· (139)
　　　任务一　销售初始设置 ·· (141)
　　　　　一、任务描述 ·· (142)
　　　　　二、任务设计 ·· (142)

三、操作步骤 …………………………………………………………… (142)
　任务二　销售与应收业务一 ……………………………………………… (149)
　　　一、任务描述 …………………………………………………………… (149)
　　　二、任务设计 …………………………………………………………… (150)
　　　三、操作步骤 …………………………………………………………… (150)
　任务三　销售与应收业务二 ……………………………………………… (176)
　　　一、任务描述 …………………………………………………………… (176)
　　　二、任务设计 …………………………………………………………… (176)
　　　三、操作步骤 …………………………………………………………… (177)
　任务四　销售退货业务 …………………………………………………… (189)
　　　一、任务描述 …………………………………………………………… (189)
　　　二、任务设计 …………………………………………………………… (190)
　　　三、操作步骤 …………………………………………………………… (190)
　任务五　直运销售业务 …………………………………………………… (201)
　　　一、任务描述 …………………………………………………………… (201)
　　　二、任务设计 …………………………………………………………… (201)
　　　三、操作步骤 …………………………………………………………… (201)
　任务六　分期收款销售业务 ……………………………………………… (209)
　　　一、任务描述 …………………………………………………………… (209)
　　　二、任务设计 …………………………………………………………… (209)
　　　三、操作步骤 …………………………………………………………… (210)
　任务七　零售日报业务 …………………………………………………… (218)
　　　一、任务描述 …………………………………………………………… (218)
　　　二、任务设计 …………………………………………………………… (218)
　　　三、操作步骤 …………………………………………………………… (219)
　任务八　销售账表统计分析 ……………………………………………… (224)
　　　一、任务描述 …………………………………………………………… (224)
　　　二、任务设计 …………………………………………………………… (224)
　　　三、操作步骤 …………………………………………………………… (224)
项目六　库存管理 ……………………………………………………………… (229)
　任务一　调拨业务 ………………………………………………………… (231)
　　　一、任务描述 …………………………………………………………… (231)
　　　二、任务设计 …………………………………………………………… (231)
　　　三、操作步骤 …………………………………………………………… (231)

任务二　其他业务 ··· (235)
　　　　一、任务描述 ··· (235)
　　　　二、任务设计 ··· (235)
　　　　三、操作步骤 ··· (235)

项目七　存货核算 ··· (239)
　　任务一　存货价格及结算成本处理 ··· (240)
　　　　一、任务描述 ··· (240)
　　　　二、任务设计 ··· (240)
　　　　三、操作步骤 ··· (240)
　　任务二　单据记账 ··· (243)
　　　　一、任务描述 ··· (243)
　　　　二、任务设计 ··· (243)
　　　　三、操作步骤 ··· (243)

项目八　期末处理 ··· (247)
　　任务　期末处理 ·· (247)
　　　　一、任务描述 ··· (247)
　　　　二、任务设计 ··· (247)
　　　　三、操作步骤 ··· (248)

项目一

ERP 概述

学习目标

了解 ERP 的基本概念,熟悉 ERP 的功能模块,了解国内外市场上常用的 ERP 软件。

认 识 ERP

一、任务描述

ERP 是将企业管理理念、业务流程、基础数据、人力物力、计算机硬件和软件整合为一体的企业资源管理系统。理解 ERP 的基本概念、原理和 ERP 系统的主要功能模块,是学习这门课程的基础,也是正确、熟练操作 ERP 软件的理论指导。

二、任务设计

1. 理解 ERP 系统的概念和特点
2. ERP 给企业带来的效益分析
3. 图示 ERP 的主要功能模块

三、任务实现

(一)ERP 的概念

企业资源计划即 ERP(Enterprise Resource Planning,),是 20 世纪 90 年代美国一家 IT 公司根据当时计算机信息、IT 技术发展及企业对供应链管理的需求,预测在今后信息时代企业管理信息系统发展趋势和即将发生的变革而提出的概念。

ERP 软件系统是面向制造企业的全面解决方案,系统以物料需求计划(Material Requirement Planning,MRP)为核心,将企业的物料管理、规划、营销、供应、生产、财务等六大管理职能融合为一个有机的整体。系统的成功应用能优化企业资源整体价值，提升企业管理水平，适应生产力提高与市场竞争的不断升级。

ERP是针对物资资源管理、人力资源管理、财务资源管理、信息资源管理集成一体化的企业管理软件。ERP应用初期，企业资源计划侧重于对企业内部所有资源的整合、优化与应用的管理。随着市场竞争程度的不断激烈及全球经济的一体化，光凭一个企业内部的资源难以适应市场的发展，企业对资源的争夺已经发展到企业之外的整个供应链，因而ERP的资源计划对象从企业内部发展至企业之外。

ERP将企业的生存环境看作一条供应商、企业本身、分销网络以及客户等各个环节紧密连接的供需链，企业内部又划分成几个相互协同作业的支持子系统，如生产制造、工程技术、质量控制、财务、市场营销、服务维护等，还包括对竞争对手的监视管理。

1.强大的系统功能

ERP除了能够实现MRPⅡ的原有功能（制造、仓储、供销、财务等）以外，管理上更加适应企业多地点、多工厂、多国家生产经营的趋势，覆盖到多工厂管理、质量管理、实验室管理、设备维修管理、运输管理、过程控制接口、数据采集接口、电子通信（如采用EDI、电子邮件等）、法规与标准、项目管理、金融投资管理、市场信息管理等企业运营的所有领域。

2.灵活的应用环境

ERP汇集了零散型生产和流程型生产的特点，能够很好地支持混合型生产环境，满足企业的多角化经营需求。

3.实时控制能力

ERP强调企业的事前控制能力，可以将设计、制造、销售、运输等通过集成来并行地进行各种相关的作业，为企业提供了对质量、适应变化、客户满意、绩效等关键问题的实时分析能力。

(二)ERP的应用效益

ERP在企业管理中能起到巨大的作用，主要体现在：

1.提供集成的信息系统，实现业务数据和资料的即时共享。ERP要求企业内部消除"信息孤岛"，在整个企业范围内实现集成和共享。

2.理顺和规范业务流程，消除业务处理过程中的重复劳动，实现业务处理的标准化和规范化。业务处理的随意性被系统禁止，使得企业管理的基础工作得以加强，工作的质量得以保证。

3.大大提高数据的准确性与及时性，分析手段更加规范和多样化。数据的处理由系统完成，不但减轻了工作强度，还帮助企业管理人员从烦琐的事物中解放出来，用更多的时间研究业务过程中存在的问题。

4.加强内部控制，在工作控制方面能做到分工明确，适时控制，对每一个环节中存在的问题都能及时反映出来，系统可以提供绩效评定所需要的数据。

5.通过系统的应用自动协调各部门的业务，使企业的资源得到统一的规划和运用，降低库存,加快资金周转的速度,将各部门连成一个富有团队精神的整体,协调运作。

6.帮助决策。公司的决策层能适时得到企业动态的经营数据和ERP的模拟功能来协助进行正确的决策。

(三)ERP的常用模块

ERP的常用模块包括生产制造部分、供应链部分、财务部分和人力资源管理部分。

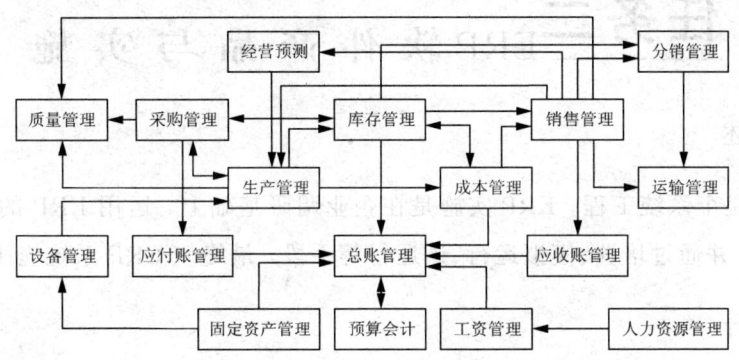

图1-1 系统流程图

任务二 ERP软件产品与实施

一、任务描述

ERP的实施是个系统工程，ERP实施是在企业调研基础上，运用ERP的管理思想辅导企业改造作业流程，并通过培训、模拟运行、试运行等手段，最终使ERP系统应用上线的过程。

二、任务设计

1. 上网搜索国内外主要的ERP产品
2. 熟悉ERP的实施过程

三、任务实现

（一）国内外主要的ERP产品介绍

1. SAP

SAP公司成立于1972年，总部位于德国沃尔多夫市，它是ERP解决方案的先驱，SAP软件是全世界排名第一的ERP软件，可以为各种行业、不同规模的企业提供全面的解决方案。目前，在全球有180多个国家的超过232000家用户正在运行着SAP软件。SAP早在20世纪80年代就开始同中国的国营企业合作，并取得了成功经验。1995年在北京正式成立SAP中国公司，并陆续建立了上海、广州、大连分公司。

2. Oracle

甲骨文公司是全球最大的企业软件公司，总部位于美国加利福尼亚州的红木滩。1989年正式进入中国市场，目前，Oracle中国公司在北京、上海、广州和成都设立了分支机构。2013年，甲骨文已超越IBM，成为继Microsoft后全球第二大软件公司。

3. 用友

用友软件股份有限公司成立于1988年，是中国最大的ERP、CRM、人力资源管理、商业分析、内审、小微企业管理软件和财政、汽车、烟草等行业应用解决方案提供商。其中，中国500强企业超过60%是用友的客户。"用友软件"是中国软件行业最知名品牌，是中国软件业最具代表性企业。

4. 金蝶

金蝶国际软件集团有限公司总部位于中国深圳，始创于1993年8月。IDC权威数据显示，金蝶软件连续十年位居中国中小型企业市场占有率第一，金蝶 KIS 和 K/3 是中国中小型企业市场中占有率最高的企业管理软件。

(二)ERP 项目的实施过程

ERP 项目是一个庞大的系统工程，涉及面广，投入大，实施周期长，存在一定的风险，所以应建立一套科学的实施办法和程序来保证项目的成功。ERP 系统的实施过程如下：

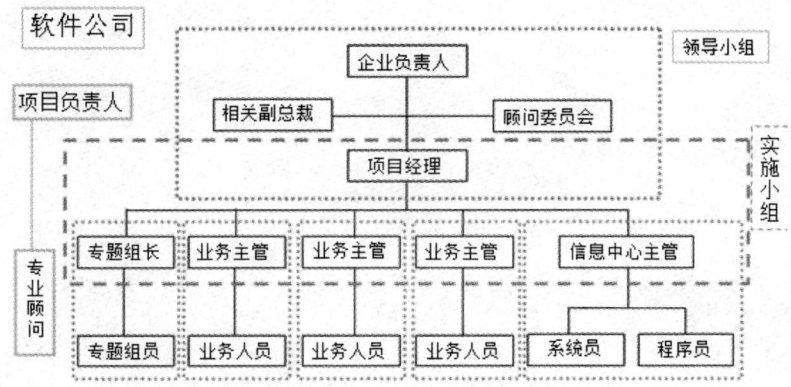

图 1-2　ERP 实施的项目组织

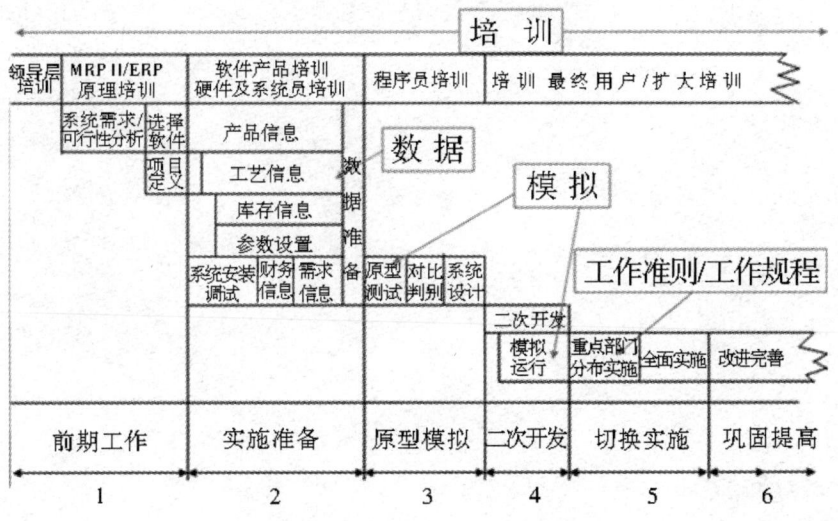

图 1-3　ERP 实施的一般流程

项目二

系统管理

学习目标

了解系统管理的工作功能；能熟练掌握建立企业账套及增加用户、角色、设置权限、账套修改等操作。

预备知识

(一)系统管理

用友 ERP-U8 软件产品是由多个产品组成的，各个产品之间相互联系、数据共享，对于企业的资金流、物流、信息流的统一管理和实时反映提供了有效的方法、工具。对于多个产品的操作，系统需要对账套进行建立、修改、删除和备份，操作员的建立、角色的划分和权限的分配等功能，需要一个平台来进行集中管理，系统管理模块的功能就是提供这样一个操作平台。其优点是对于企业的信息化管理人员可以进行方便的管理、及时的监控，可以随时掌握企业的信息系统状态。系统管理的使用对象为企业的信息管理人员(系统管理员 Admin)或账套主管。系统管理模块主要能够实现如下功能：

1. 对账套进行统一管理，包括建立、修改、引入和输出(恢复备份和备份)
2. 对操作员及其功能权限实行统一管理，设立统一的安全机制，包括用户、角色和权限设置
3. 允许设置自动备份计划，系统根据这些设置定期进行自动备份，实现账套的自动备份
4. 对年度账的管理，包括建立、引入、输出年度账和结转上年数据，清空年度数据

(二)企业账的建立

用友 ERP-U8 系统对登录系统管理的人员做了严格限制，系统只允许以两种身份注册进入系统管理：一是以系统管理员的身份，二是以账套主管的身份。系统管理员负责整个系统的安全运行和数据维护。以系统管理员身份注册进入，可以进行账套的建立、备份和恢复，设置操作员和权限，监控系统运行过程，清除异常任务等。账套主管负责对所管辖账套的管理，其工作任务为确定企业会计核算的规则，对企业年度账进行管理，为该账套内操作员分配权限，组织企业业务处理按既定流程运行。对所管辖的账套来说，账套主管是级别最高的，拥有所有子系统的操作权限。

企业在使用系统之前，首先需要在系统中建立企业的基本信息。其主要包括核算单位名称、所属行业、启用时间、编码规则等，简称"建账"。

任务案例资料

山东金诚贸易有限公司,简称金诚贸易,该公司成立于2018年年末,2019年1月1日正式运营,主要经营业务为体育运动服装与体育用品。

1.建账信息

账套号:007;账套名称:供应链账套;启用会计期间:2019年1月1日。

2.单位信息

单位名称:山东金诚贸易有限公司;单位简称:金诚贸易;单位地址:济南市丁香路3600号;法人代表:郑宁;邮编:250359;联系电话:0531－89638888;税号:110108201822666。

3.核算类型

该企业记账本位币为人民币(RMB);企业类型为商业;行业性质为2007年新会计制度科目;账套主管为钱悦;按行业性质预设会计科目。

4.基础信息

该企业无外币核算(后因业务发展需有外币核算),进行经济业务处理时,需要对存货、客户、供应商进行分类。

5.分类编码方案

科目编码级次:4－2－2－2

部门编码级次:2－2

客户分类编码级次:2－2

供应商分类编码级次:2－2

存货分类编码级次:2－3

收发类别编码级次:1－2

结算方式编码级次:2

其他均为默认

6.设置数据精度

该企业对存货数量、存货单价、开票单价、简述、换算率等小数位数均约定为2位(系统默认值)。

7.角色分工及其权限

111 钱悦(口令1)

角色:账套主管

222 孙珂(口令2)

角色:采购主管、销售主管、仓库主管、存货核算员

负责购销存业务,具有采购管理、销售管理、库存管理、存货核算的全部操作权限,还拥有总账、应收系统、应付系统的全部操作权限(此处授予如此多的权限是为了便于操作,在实际工作中需要根据本单位实际情况授权)。

(8)启用的系统和启用日期

2019年1月1日分别启用007账套的"采购管理"、"销售管理"、"库存管理"、"存货核算"、"总账"、"应收"和"应付"系统。

建 立 账 套

一、任务描述

系统管理的主要功能是对用友 ERP－U8 管理软件的各个产品进行统一操作管理和数据维护,具体包括账套管理、年度账管理、操作员及权限的集中管理、系统数据及运行安全的管理等方面。

二、任务设计

山东金诚贸易有限公司于 2019 年 1 月购置并成功安装了用友 ERP－U8.72 管理软件,需要完成以下管理任务:

1. 注册系统管理

2. 增加操作员

增加"钱悦""孙珂"两个操作员。

3. 建立账套

根据企业基本资料,建立山东金诚贸易有限公司核算账套。

三、操作步骤

1. 注册系统管理

(1)执行"开始"|"程序"|"用友 ERP－U8.72"|"系统服务"|"系统管理"命令,启用系统管理。

(2)执行"系统"|"注册"命令,打开"登录"对话框。

(3)在"登录到"处填写电脑名称("我的电脑"右键"属性"|"计算机名称"|"完整的计算机名称"),单击"确定"按钮,以系统管理员身份进入系统管理。如图 2-1 所示。

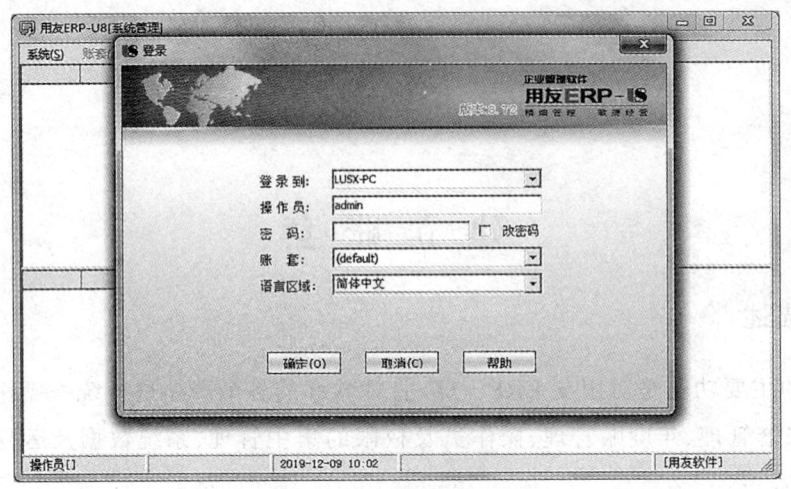

图 2-1 用友 ERP 系统登录

小 贴 士

①系统只允许两种角色登录系统管理,一是系统管理员,二是账套主管。

②系统管理员是用友 ERP－U8.72 管理系统中权限最高的操作员,他对系统数据安全和运行安全负责。因此,企业安装用友 ERP－U8.72 管理系统后,应该及时更改系统管理员密码,以保障系统的安全性。用友 ERP－U8.72 默认系统管理员密码为空。

③设置或更改系统管理员密码的方法是:在系统管理"登录"对话框中输入操作员密码后,选中"改密码"复选框,单击"确定"按钮,打开"设置操作员口令"对话框,在"新口令"与"确认新口令"文本框中输入系统管理员的新密码,并使两者保持一致,单击"确定"按钮进入"用友 ERP－U8.72【系统管理】"窗口。

④第一次使用软件,必须以系统管理员身份进入,建立账套和指定相应的账套主管之后,才能用账套主管身份登录系统管理。

2.增加操作员

(1)执行"权限"|"用户"命令,进入用户管理窗口。

(2)单击工具栏上的"增加"按钮,打开增加用户的对话框。

(3)输入编号111,姓名"钱悦"认证方式为"用户＋口令(传统)";口令和确认口令均为1,并在所属角色列表中选择"账套主管"角色。如图 2-2 所示。

(4)单击"增加"按钮,保存设置。

(5)同理,增加用户"孙珂",在所属角色列表中选择"采购主管"、"销售主管"、"仓库主管"和"存货核算员",然后保存设置。如图 2-3 所示。

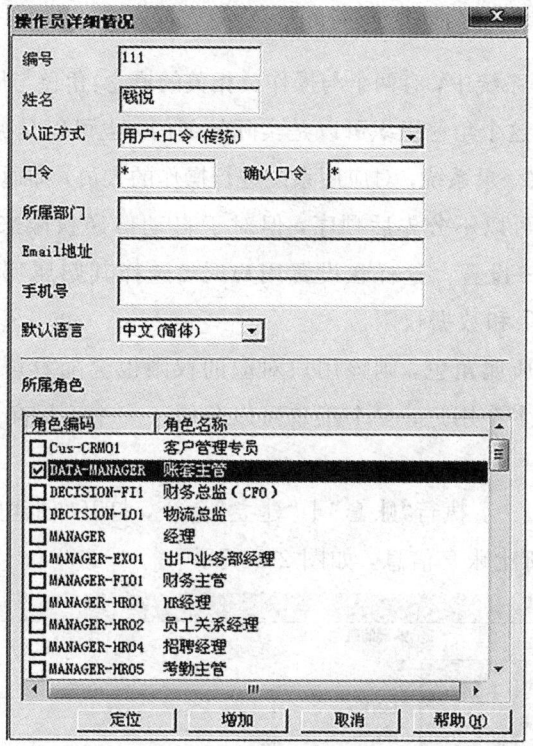

图 2-2　增加用户"钱悦"

图 2-3　增加用户"孙珂"

小 贴 士

①在 ERP-U8.72 管理系统中,有两个与操作员相关的概念:角色与用户。角色是指在企业管理中拥有某一类职能的组织,这个角色组织可以是实际的部门,也可以是拥有同一类职能的人构成的虚拟组织。而用户是指有权登录系统,对应用系统进行操作的人员,即通常所说的"操作员"。

②用户和角色的设置可以不分先后顺序,但对于自动传递权限来说,应该先设置角色,然后分配权限,最后进行用户设置。这样在设置用户时,选择其归属哪一种角色,则其自动具有该角色权限,包括功能权限和数据权限。

③如果修改了用户的所属角色,则该用户对应的权限也会随着角色的改变而相应改变。

④一个角色可以拥有多个用户,一个用户可以分属于多个不同角色。

3.建立账套

(1)在"系统管理"窗口中,执行"账套"|"建立"命令,打开"创建账套|账套信息"对话框。

(2)按实验资料录入新建账套信息,如图 2-4 所示。

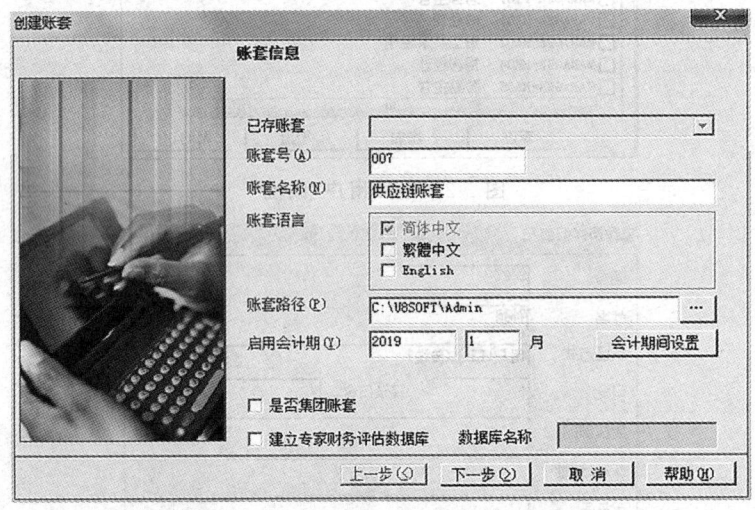

图 2-4 "创建账套|账套信息"对话框

小 贴 士

①账套号是账套的唯一内部标识,由 3 位数字组成,必须唯一,不允许与已有账套的账套号重复,账套号设置后不允许修改。

②账套名称是账套的外部标识,它将与账套号一起显示在系统正在运行的屏幕上,账套号名称可以自行设置,并可以由账套主管在修改账套功能中进行修改。

③如果选择"是否集团账套"复选框,则此账套启用"集团服务"模块后的汇总分子公司数据的账套,不做企业之应用。

④如果选择"建立专家财务评估数据库"复选框,并确定数据库名称,则此账套将会与专家财务评估模块集成应用。

⑤单位信息中只有"单位名称"是必须输入的。

⑥单位名称应该录入企业的全称,以便打印发票时使用。

(3)单击"下一步"按钮,打开"单位信息"对话框。

(4)按实验资料输入单位信息。

(5)单击"下一步"按钮,打开"核算类型"对话框。按照实验资料录入相应信息。如图2-5所示。

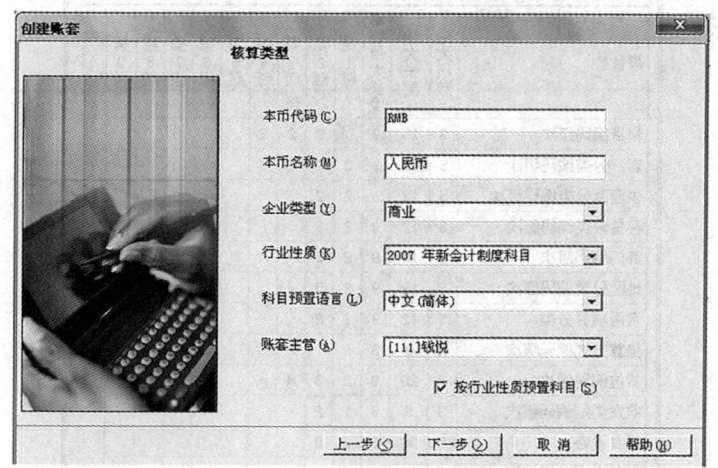

图2-5 "核算类型"对话框

小 贴 士

①系统默认企业类型是"工业",可以修改。只有选择"工业"企业类型,供应链管理系统才能处理产品入库、限额领料等业务。只有选择"商业"企业类型,供应链管理系统才能处理受托代销业务。

②行业性质将决定系统预设科目的内容,必须正确选择。

(6)单击"下一步"按钮,打开"基础信息"对话框,选中"存货是否分类""客户是否分类""供应商是否分类"。如图2-6所示。

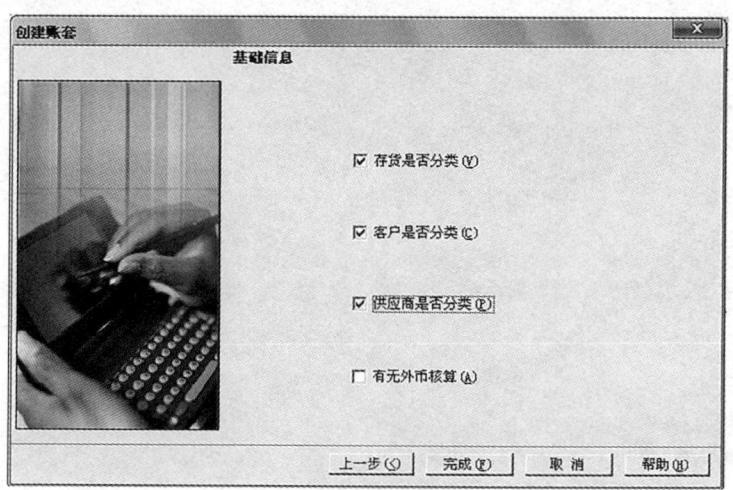

图2-6 "基础信息"对话框

(7)单击"完成"按钮,系统弹出"创建账套"对话框,单击"是"。系统建立账套需要一段时间,请耐心等候。建账完成后,自动弹出"编码方案"对话框,根据试验资料要求填写编码方案。如图 2-7 所示。

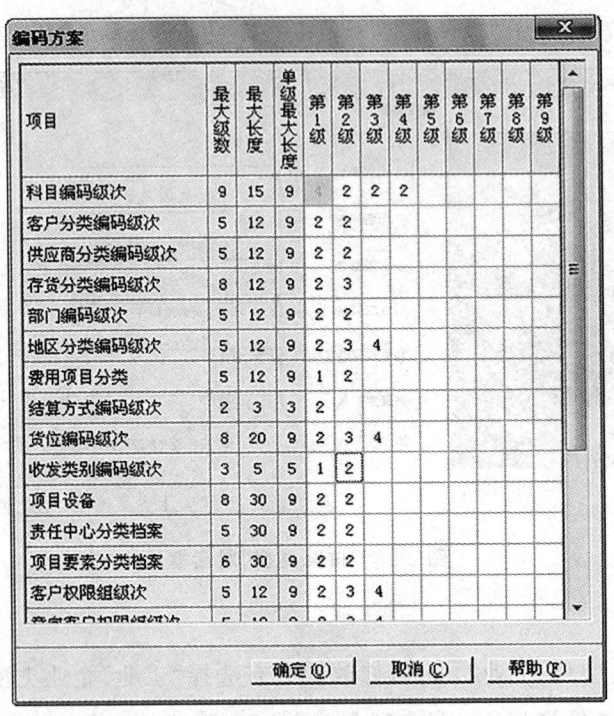

图 2-7 "编码方案"对话框

(8)单击"确定"按钮后,再单击"取消"按钮,进入"数据精度定义"对话框,点击"确定",默认系统预设的数据精度。系统自动弹出"创建账套"对话框,点击"否",结束建账过程。

任务二 权限分配

一、任务描述

为了保证权责清晰和企业经营数据的安全与保密,按照企业内部控制的要求,需要对系统中所有的操作人员进行分工,设置各自的操作权限。通过对系统操作分工和权限的管理,一方面可以避免与企业无关的人员进入系统,另一方面可以对系统所包含的各子产品的操作进行协调,以保证各负其责,流程顺畅。

二、任务设计

1.查看"钱悦"是否为账套主管

2.使"孙珂"具有"采购管理""销售管理""库存管理""存货核算""应收款管理""应付款管理""总账"权限

3.设置角色权限

增加编号为"1"的"业务主管"角色,使其具有"公用目录设置""公共单据""采购管理""销售管理""库存管理""存货核算"权限

4.启用供应链及相关子系统

三、任务实现

1.查看"钱悦"是否为007账套的主管

(1)在"系统管理"窗口中,执行"权限"|"权限"命令,选择"007账套",时间为"2019年",从左侧操作员列表中选择"111 钱悦",可以看到"账套主管"为选中状态。

小 贴 士

①只有系统管理员(admin)才有权设置或取消账套主管。一个账套可以拥有多个账套主管。

②设置权限时应注意分别选中"用户"和相应的账套。

③如果在"角色管理"或"用户管理"中已将"用户"归属于"账套主管"角色,则该操作员即已定义为系统内所有账套的主管。如果在"权限管理"中指定某个"用户"为某账套的账套主管,则该用户只是该账套的账套主管。

④账套主管拥有该账套的所有权限,因此无须为账套主管另外赋权。

2.为操作员"孙珂"赋权

(1)在"操作员权限"窗口中,选择"222 孙珂",点击"修改"按钮,在右侧进行修改。

(2)选中"采购管理""销售管理""库存管理""存货核算""应付款管理""应收款管理""总账"复选框,点击"保存"。如图2-8所示。

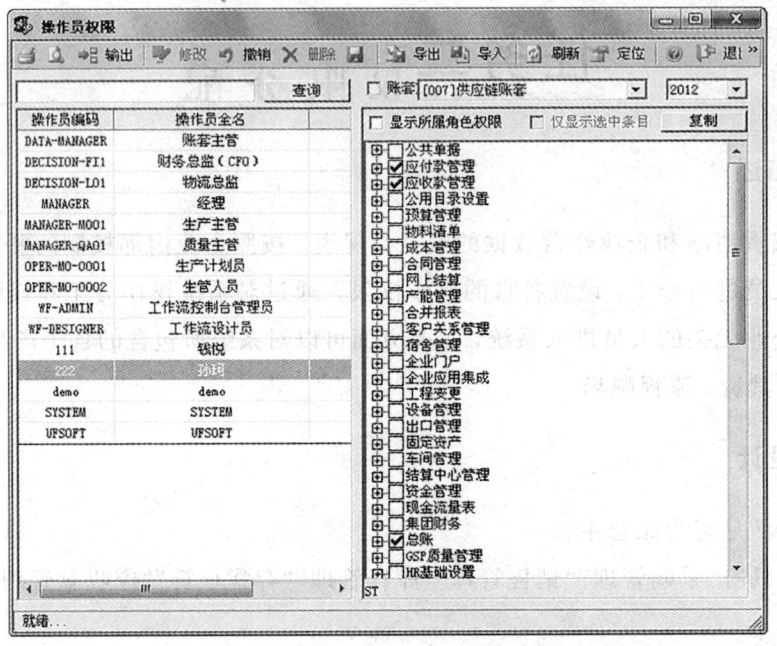

图2-8 增加和调整权限

3.增加"业务主管"角色并赋权

(1)执行"权限"|"角色"命令,增加一个新角色"业务主管",编号"1",执行"权限"|"权限"命令,增加调整角色权限。

(2)选中"公共单据""公用目录设置""采购管理""销售管理""库存管理""存货核算"复选框,并保存。如图2-9所示。

图2-9 设置角色权限

4.系统启用

(1)执行"开始"|"程序"|"用友 ERP－U8.72"|"企业应用平台"命令,以账套主管钱悦身份注册进入企业应用平台,在"操作员"文本框中可以输入操作员编码,也可以输入操作员姓名。此处输入111,密码1,选择007账套,日期为"2019年1月1日"。如图2-10所示。

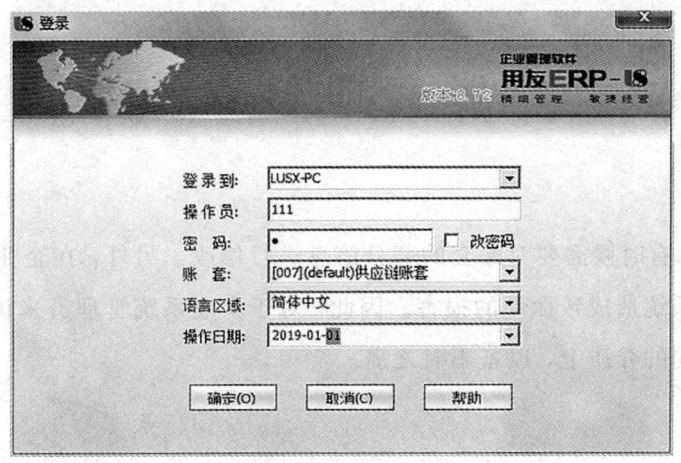

图2-10　登录账套

(2)点击"确定",进入企业应用平台窗口。

(3)在窗口左侧的"工作列表"中单击"基础设置"标签。

(4)双击"基本信息",双击"系统启用",打开"系统启用"对话框。

(5)选中"总账"前的复选框,把日期修改为"2019年1月1日"。

(6)同理,分别启用"总账""应收款管理""应付款管理""销售管理""采购管理""库存管理""存货核算"。如图2-11所示。

图2-11　启用系统

— 17 —

任务三 账套的修改与输出

一、任务描述

在实际操作中,有时候需要对账套的部分信息进行修改。另外,在企业运营中有些不可预知的因素可能会对系统造成致命性的损害。因此,对于企业系统管理员来讲,应该及时地把企业的数据存储在不同的介质上,以备不时之需。

二、任务设计

1. 因业务发展,需要进行外币核算,增加账套的外币核算功能
2. 输出账套并保存好

三、操作步骤

1. 修改账套信息

(1)如果已经以系统管理员身份进入了系统管理,需要执行"系统"|"注销"命令注销当前操作员。然后重新选择"系统"|"注册"命令,打开"注册"对话框。

(2)输入用户名111,密码1,在账套下拉列表中选择"007供应链账套",把日期修改为"2019年1月1日",单击"确定",以账套主管身份进入系统管理。

(3)执行"账套"|"修改"命令,通过"下一步"找到"基础信息"对话框,选中"有无外币核算"复选框,点击"完成",完成账套信息修改。如图2-12所示。

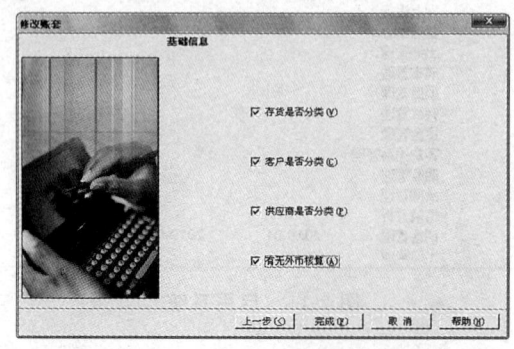

图 2-12 以账套主管身份修改账套

2.账套输出与保存

(1)在 C 盘建立"供应链账套备份"文件夹。

(2)在 C:\"供应链账套备份"文件夹中新建"007-2 建立账套"文件夹。

(3)由系统管理员(admin)注册系统管理,在"系统管理"窗口中,执行"账套"|"输出"命令,打开"账套输出"对话框。

(4)在"账套号"文本框中选择"007 供应链账套"。

(5)单击"确定",打开"选择账套备份路径"对话框。

(6)将路径选择为 C:\"供应链账套备份"\"007-2 建立账套"文件夹,点击"确定"。

(7)系统会弹出"输出成功"对话框,单击"确定",备份完成。

(8)可将文件夹"007-2 建立账套"压缩保存至 U 盘或其他存储工具中。

项目三

基础设置

学习目标

了解账套基础设置包括的主要内容;掌握账套基础设置的方法;理解基础设置在整个系统中的共享作用;理解设置基础档案对日常业务处理的影响。

预备知识

(一)基本信息设置

为了使用友 ERP-U8 管理软件能够成为连接企业员工、用户和合作伙伴的公共平台,使系统资源得到高效、合理的使用,在用友 ERP-U8 管理软件中设立了 U8 应用平台。通过应用平台,系统使用者能够从单一人访问其所需的个性化信息,定义自己的业务工作,并设计自己的工作流程。用友 U8.72 版实现了以场景驱动业务工作,并在门户中体现,系统预置了四个常用工作场景:简易桌面、高级桌面、业务场景、企业流程图,并可自由切换。通过应用平台,可进行 U8 的系统服务、基础信息设置和相关业务处理。

在启用新账套之前,应根据企业的实际情况,结合系统基础档案设置的要求,事先做好基础数据的准备工作。录入这部分资料时,先录入机构部门,再录入人员;如果建账时选择了客户或供应商分类,那么先录分类情况再录档案;录入基础档案遵循"增加—保存"的操作步骤,系统同时提供修改和删除的操作。

(二)总账及期初余额

总账系统是财务及企业管理软件的核心系统,适合于各行各业进行账务处理及管理工作,因此也称为账务处理系统。总账系统既可以独立运行,也可以与其他系统集成应用。总账系统的主要功能包括初始设置、凭证处理、辅助核算、账簿查询、期末处理等。

总账系统在整个企业管理信息系统中居于核心地位,它通过开放的数据接口、标准化的业务流程使总账系统同其他系统有机地结合成一体。总账系统不仅可以直接输入记账凭证,而且可以接收来自各管理系统的自动转账凭证,进行总分类核算。它汇集了一个单位全面的经济活动数据,进行处理并提供综合性和总结性的会计信息。它还为会计报表和财务分析等系统提供有关数据和信息,以满足投资者、债权人、管理人员和政府部门等企业内外各方面对会计信息的需求。

期初余额录入是将手工会计资料录入系统的过程之一。余额和累计发生额的录入要从最底层科目开始,上级科目的余额和累计发生数据由系统自动计算。红字余额应输入负号。一般情况下,系统中资产类科目的余额方向为借方,负债类及所有者权益类科目的余额方向为贷方,但是有一部分调整科目,如"坏账准备""累计折旧"等科目的余额方向与同类余额方向相反。在建立会计科目时,如果没有对这些科目的余额方向进行调整,就需要在期末余额录入中调整正确。

在初次使用总账系统时,用户应将经过整理的手工账目的各科目期初余额及发生额等相关数据录入系统中。若用户是在年初建账,则输入的期初余额就是年初余额。若用户是在会计年度中建账,则应输入建账月份的月初余额和年初到此时的各科目借、贷方累计发生额,系统自动倒算出年初余额。

任 务 案 例 资 料

1.部门档案

表 3-1　部门档案

部门编码及名称	部门编码及名称
01 公司总部	0101 经理办公室
02 财务部	0102 行政办公室
03 采购部	0401 生产一部
04 生产部	0402 生产二部
05 销售部	0501 批发部
06 仓储部	0502 门市部
07 运输部	

2.人员类别

表 3-2　人员类别

分类编码	分类名称
1001	管理人员
1002	行政人员
1003	营销人员
1004	采购人员
1005	生产人员

3.人员档案

表 3-3 人员档案

一级部门编码和名称	二级部门编码和名称	人员类别	职员编码和姓名	性别	是否业务员
01 公司总部	0101 经理办公室	管理人员	001 钱悦	男	是
	0102 行政办公室	行政人员	002 郑宁	女	是
02 财务部	无	管理人员	003 孙珂	女	是
03 采购部	无	采购人员	004 赵彤	女	是
04 生产部	0401 生产一部	生产人员	005 任飞	男	是
	0402 生产二部	生产人员	006 翟佳	女	是
05 销售部	0501 批发部	营销人员	007 杨鹏	男	是
	0502 门市部	营销人员	008 宫盛	男	是
06 仓储部	无	管理人员	009 郁红	女	是
07 运输部	无	管理人员	010 王岚	男	是

4.客户和供应商分类资料

表 3-4 客户和供应商分类资料

类别名称	一级分类编码和名称	二级分类编码和名称
供应商	01 服装商	0101 批发商
		0102 代销商
	02 器材商	0201 批发商
		0202 代销商
客户	01 经销商	0101 北京市经销商
	02 批发商	0201 广东省批发商
		0202 浙江省批发商
	03 子公司	0301 山西省子公司
	04 零散客户	0401 零散客户

5.付款条件

表 3-5 付款条件

付款条件编码	信用天数	优惠天数1	优惠率1	优惠天数2	优惠率2	优惠天数3	优惠率3
01	30	10	4	20	2	30	0
02	60	20	2	40	1	60	0
03	60	30	2	45	1	60	0

6.供应商档案

表3-6 供应商档案

供应商编号	供应商名称/简称	所属分类	开户银行	银行账号	税号
001	嘉禾公司	0101	中国工商银行	21117788	0103333456
002	永益公司	0102	中国建设银行	02105599	0215556789
003	明文公司	0201	中国工商银行	02025566	0203333799
004	瑞恒公司	0202	中国建设银行	01025678	0102222566

7.客户档案

表3-7 客户档案

客户编码	客户名称	客户简称	所属分类	开户银行	银行账号	税号	信用额度	付款条件	默认值
001	北京通达百货公司	北京通达	0101	中国建设银行	55667788	010222211666	200万元	01	是
002	广州润景百货公司	广州润景	0201	中国工商银行	22336688	020181333888	500万元	02	是
003	杭州启航百货公司	杭州启航	0202	中国农业银行	33355777	057199933777	500万元	03	是
004	山西庆盛贸易公司	山西庆盛	0301	中国建设银行	55522333	008527766999	800万元		是
005	零散客户	零散客户	0401						

8.存货资料

(1)计量单位。

01：自然单位，无换算率。包括件、条、套、只、对、箱、盒、次(编号分别为1-8)。

02：换算1组，固定换算率。包括只、盒、箱(编号分别为9、901、902)。1盒＝10只，1箱＝40盒。

03：换算2组，固定换算率。包括件、包、大包(编号分别为10、1001、1002)。1包＝20件，1大包＝10包。

(2)存货分类和存货档案。

表 3-8 存货分类和存货档案

存货分类		存货编码及名称	计量单位组	计量单位	税率	属性	参考成本	参考售价	计划价/售价
一级	二级								
01 商品	01001 服装	001 嘉禾女T恤	换算2组	件	13%	内销、外销、外购	200	280	
		002 嘉禾女装	换算2组	件	13%	内销、外销、外购	160	220	
		003 嘉禾女套装	自然单位	套	13%	内销、外销、外购	350	500	
		004 嘉禾男T恤	换算2组	件	13%	内销、外销、外购	300	500	
		005 嘉禾男装	换算2组	件	13%	内销、外销、外购	200	280	
		006 嘉禾男套装	自然单位	套	13%	内销、外销、外购	800	1200	
		007 永益女风衣	换算2组	件	13%	内销、外销、外购	120	200	
		008 永益男风衣	换算2组	件	13%	内销、外销、外购	150	220	
	01002 器材	009 明文乒乓球	换算1组	只	13%	内销、外销、外购	8	12	13
		010 明文羽毛球	换算1组	只	13%	内销、外销、外购	8.5	13	14
		011 明文羽毛球拍	自然单位	对	13%	内销、外销、外购	200	250	280
		012 瑞恒乒乓球	换算1组	只	13%	内销、外销、外购	12	20	22
		013 瑞恒羽毛球	换算1组	只	13%	内销、外销、外购	14	22	24
		014 瑞恒乒乓球拍	自然单位	对	13%	内销、外销、外购	480	600	630
02 劳务	02001 劳务费用	015 运输费	自然单位	次	9%	内销、外销、外购、应税劳务			

9.结算方式

01 现金支票;02 转账支票;03 商业承兑汇票;04 银行承兑汇票;05 电汇。

10.开户银行

编码:01;银行账号:660001018899;开户银行:中国工商银行济南支行。

11.仓库档案

01:嘉禾仓库,采用先进先出法;02:永益仓库,采用全月平均法;03:器材仓;采用售价法。

12.收发类别

表 3-9 收发类别

一级编码及名称	二级编码及名称	一级编码及名称	二级编码及名称
1 入库	101 采购入库	2 入库	201 销售出库
	102 采购退货		202 销售退货
	103 盘盈入库		203 盘亏出库
	104 调拨入库		204 调拨出库
	105 其他入库		205 其他出库

13.采购类型和销售类型

表 3-10 采购类型和销售类型

采购类型		销售类型	
名称	入库类别	名称	出库类别
01 厂商采购	采购入库	01 批发销售	销售出库
02 代销商进货	采购入库	02 经销商批发	销售出库
03 采购退回	采购退货	03 销售退回	销售退货
		04 门市零售	销售出库

14.费用项目

表 3-11 费用项目

费用项目编码	费用项目名称
01	运输费
02	装卸费
03	包装费
04	业务招待费

15.发运方式

表 3-12　发运方式

发运方式编码	发运方式名称
01	公路运输
02	铁路运输
03	水运
04	邮寄

业务基础设置

一、任务描述

基础档案是系统日常业务处理必需的基础资料,是系统运行的基石。一个账套总是由若干个子系统构成,这些子系统共享共用的基础档案信息。可以在"基础设置"窗口设置各子系统需要的机构人员档案、客商档案、仓库档案等。

二、任务设计

1. 建立部门档案
2. 建立人员类别
3. 建立人员档案
4. 建立客户和供应商分类
5. 设置付款条件
6. 建立供应商档案
7. 建立客户档案
8. 建立存货资料
9. 设置结算方式
10. 设置开户银行
11. 建立仓库档案
12. 建立收发类别
13. 设置采购和销售类型
14. 设置费用项目
15. 设置发运方式

三、操作步骤

1. 建立部门档案

执行"机构人员"|"部门档案"命令,打开"部门档案"窗口,按照实验资料录入部门信息。如图3-1所示。

小 贴 士

①在部门档案设置中,如果存在多级部门,必须先建立上级部门,才能增加其下级部门。下级部门编码应包含上级部门编码。

②修改部门档案时,部门编码不能修改。

③已经使用的部门不允许删除。

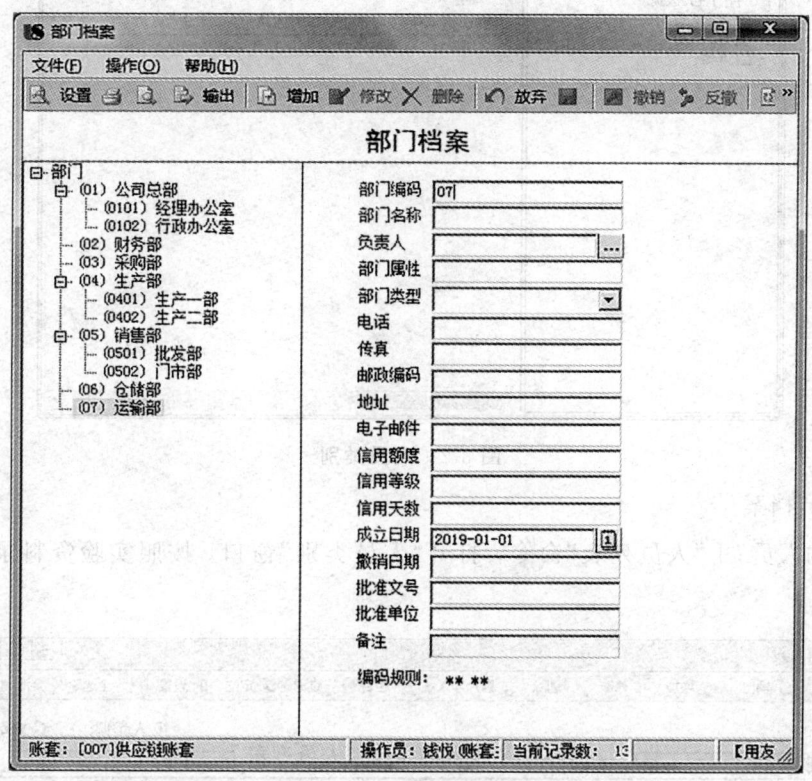

图 3-1 "部门档案"窗口

2.建立人员类别

执行"机构人员"|"人员类别"命令,打开"人员类别"窗口,按照实验资料录入人员档案。如图 3-2 所示。

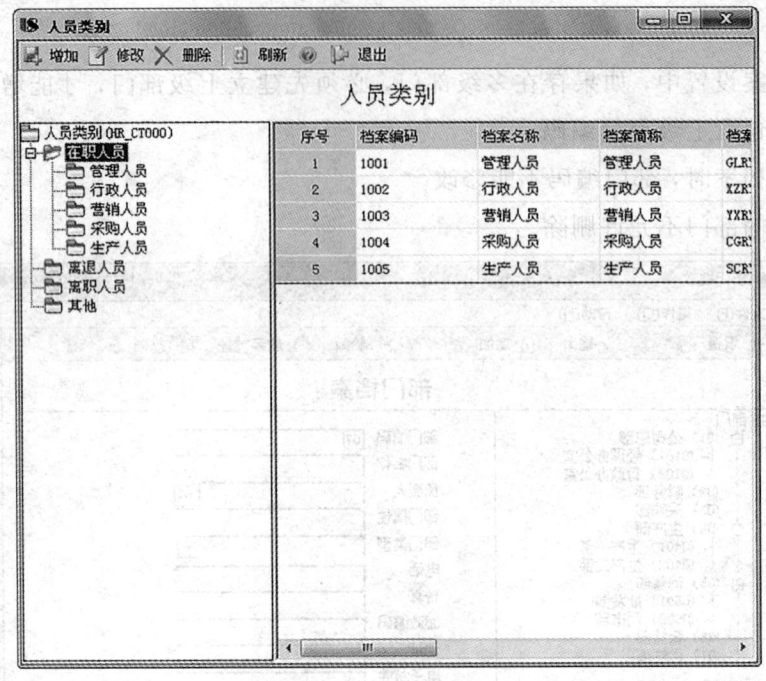

图 3-2 人员类别

3.建立人员档案

执行"机构人员"|"人员列表"命令,打开"人员类别"窗口,按照实验资料录入人员档案。如图 3-3 所示。

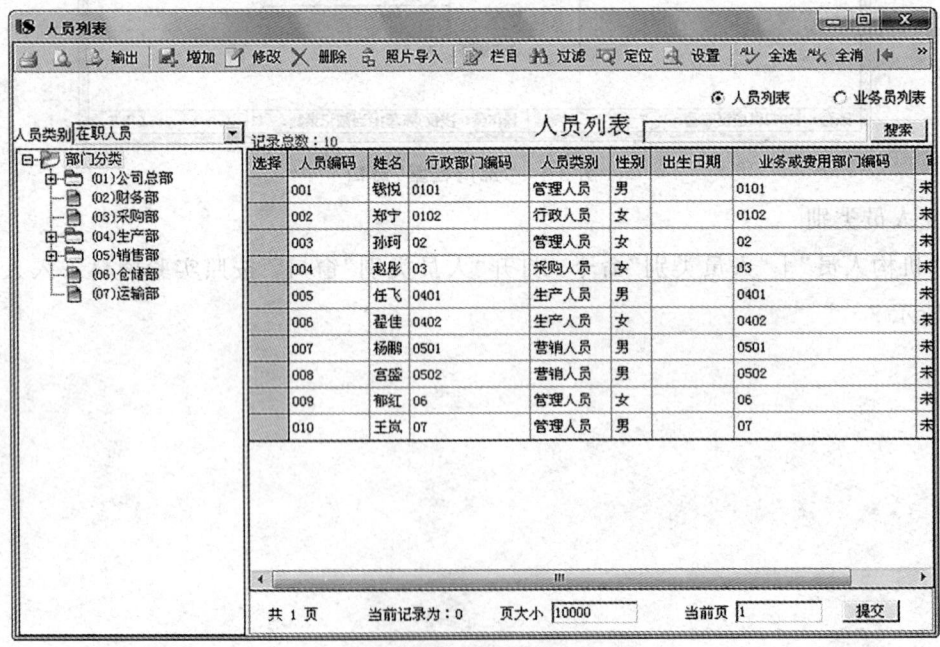

图 3-3 人员列表

4.建立供应商和客户分类

(1)执行"客商信息"|"供应商分类"命令,打开"供应商分类"窗口,按实验资料输入供应商分类信息。如图3-4所示。

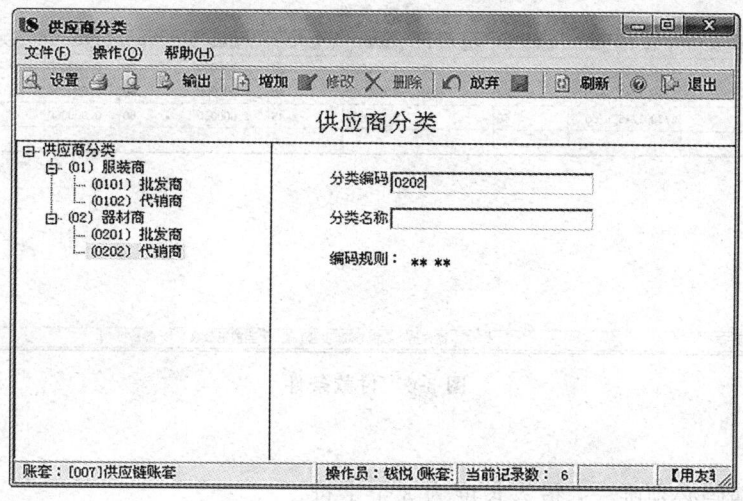

图 3-4 供应商分类

(2)执行"客商信息"|"客户分类"命令,打开"客户分类"窗口,按实验资料输入客户分类信息。如图3-5所示。

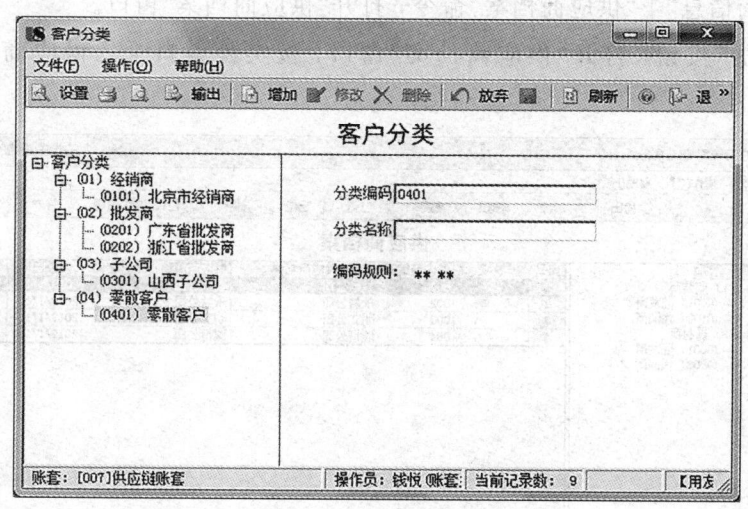

图 3-5 客户分类

小 贴 士

①分类编码必须符合编码方案中定义的编码规则。

②分类中如果已经录入客户档案,则该客户分类资料不能修改、删除。

5.设置付款条件

执行"收付结算"|"付款条件"命令,打开"付款条件"窗口,按照实验资料输入付款条件。如图3-6所示。

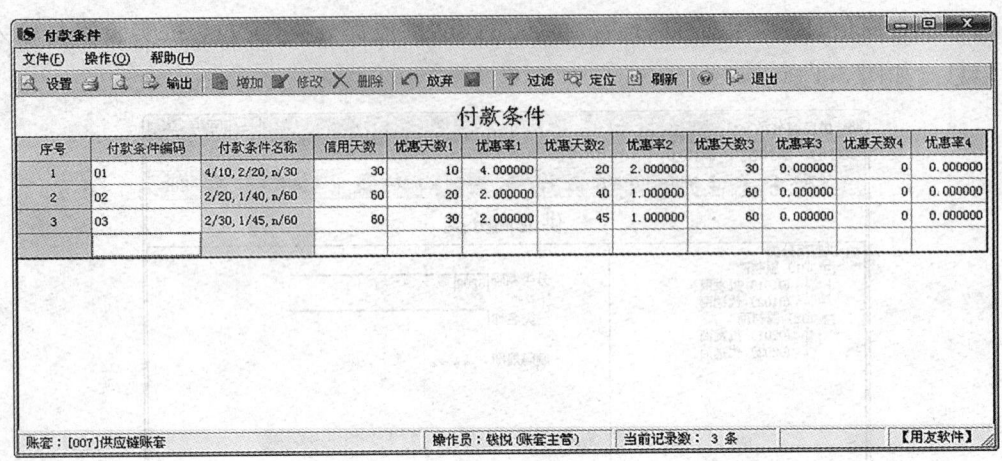

图 3-6　付款条件

小　贴　士

①付款条件编码必须唯一，最大长度为 3 个字符。

②付款条件一旦被引用，便不能进行修改和删除。

6．建立供应商档案

(1)执行"客商信息"|"供应商档案"命令，打开"供应商档案"窗口。

(2)点击"增加"按钮，打开"供应商档案"窗口，按实验资料录入供应商信息。如图 3-7 所示。

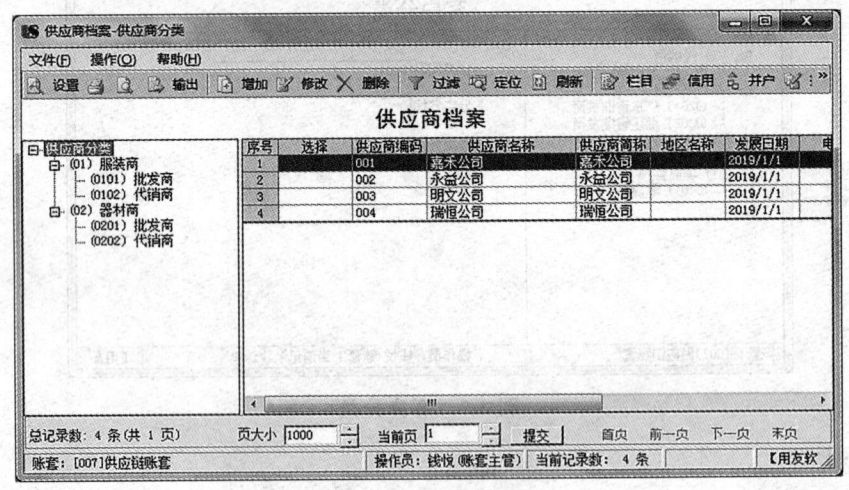

图 3-7　供应商档案

7．建立客户档案

(1)执行"客商信息"|"客户档案"命令，打开"客户档案"窗口。

(2)点击"增加"按钮，打开"客户档案"窗口，按实验资料录入客户信息，点击"银行"可录入开户银行、银行账号等信息。如图 3-8 所示。

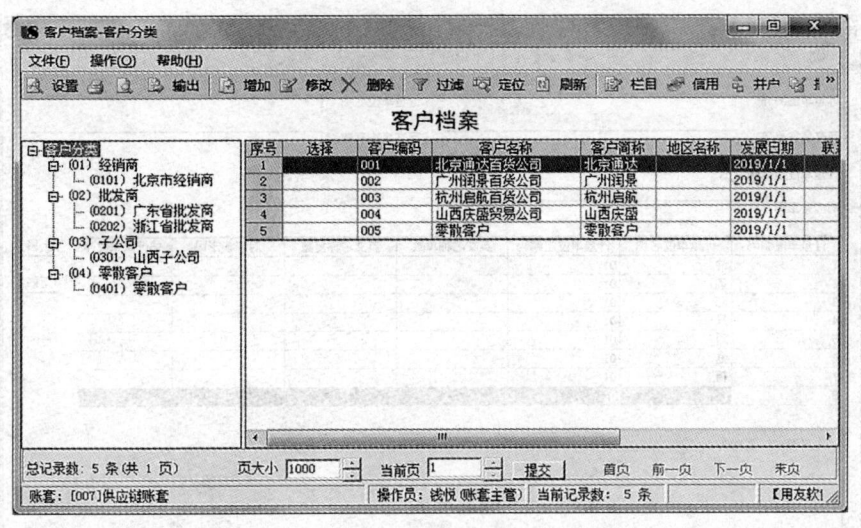

图 3-8 客户档案

8.设置存货资料

(1)计量单位。

①执行"存货"|"计量单位"命令,打开"计量单位"窗口。

②单击"分组",点击"增加",增加计量单位组。如图 3-9 所示。

③选中相应计量单位组,点击"单位",增加计量单位。如图 3-10 所示。

小 贴 士

①在增加有换算率的计量单位时,应注意换算率的填写。

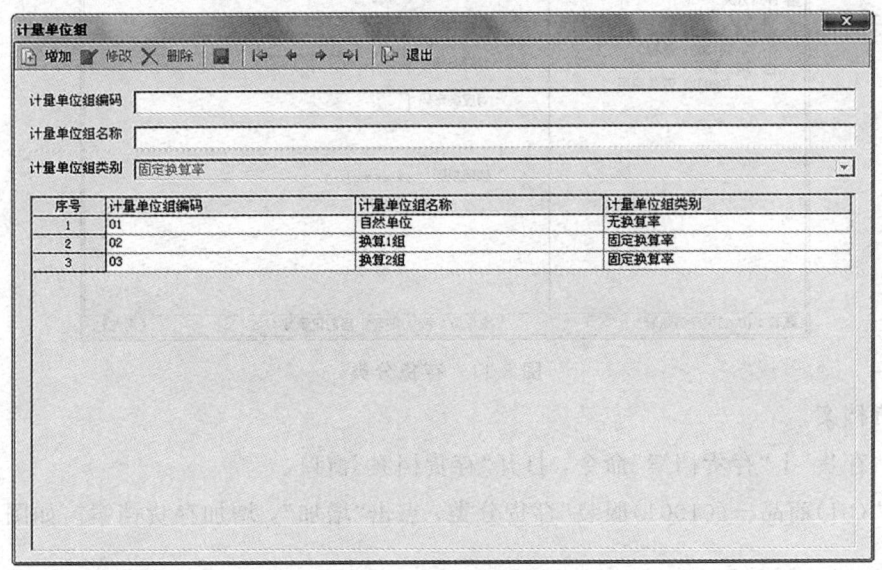

图 3-9 计量单位组

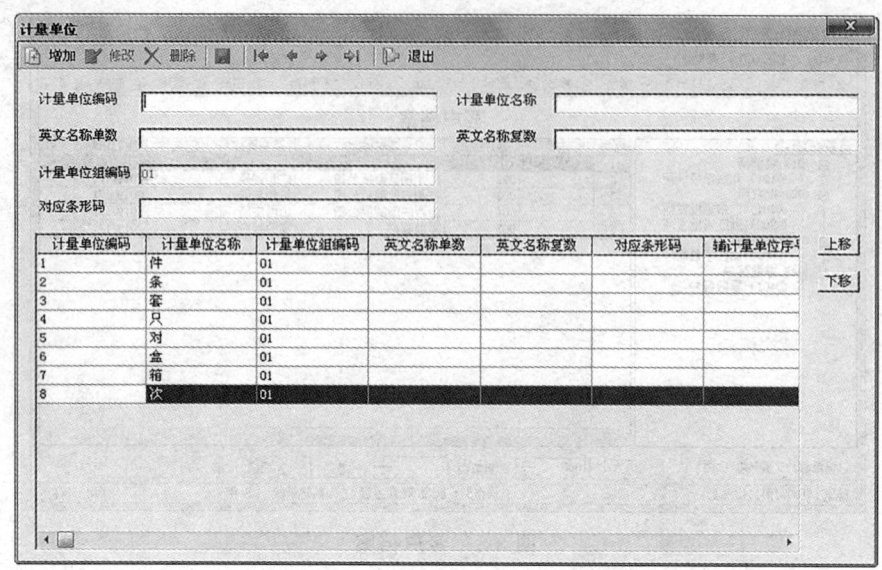

图 3-10 "自然单位组"的计量单位

(2)存货分类。

①执行"存货"|"存货分类"命令,打开"存货分类"窗口,按照实验资料输入存货分类信息。如图 3-11 所示。

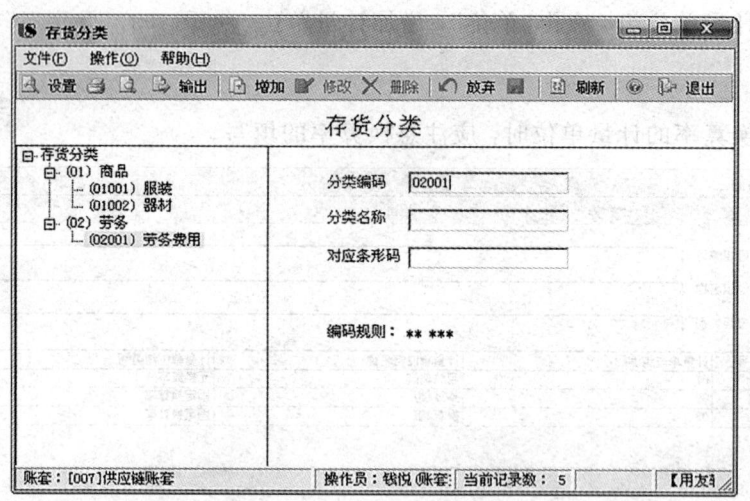

图 3-11 存货分类

(3)存货档案。

①执行"存货"|"存货档案"命令,打开"存货档案"窗口。

②选中"(01)商品—(01001)服装"存货分类,点击"增加",增加存货档案。如图 3-12 所示。

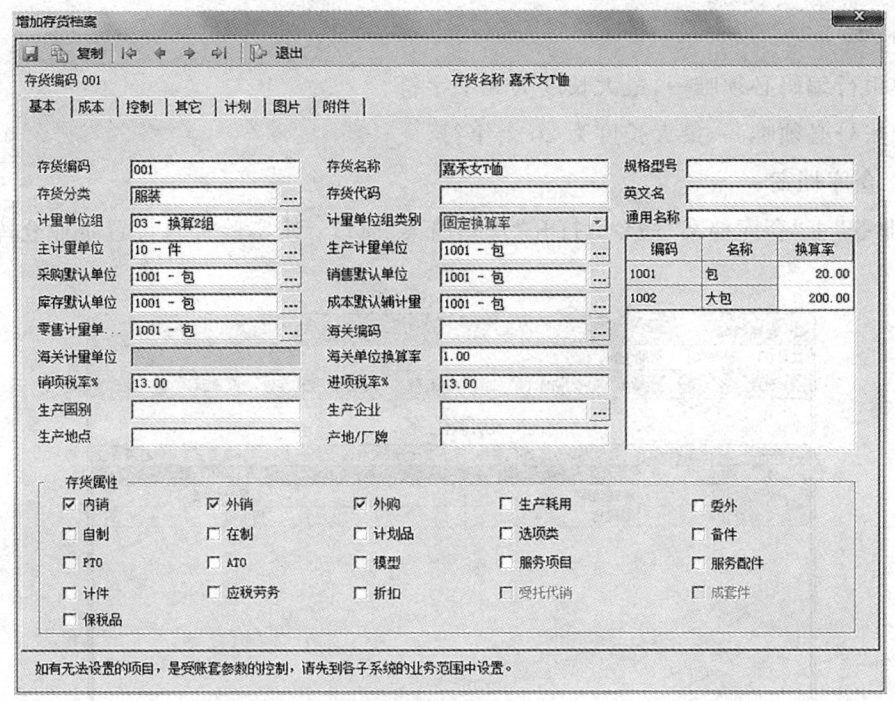

图 3-12 增加存货档案

③点击"保存",保存存货档案信息。

④重复上述步骤,输入全部存货档案。

小 贴 士

①存货属性:系统为存货设置了 18 种属性,其目的是在参照输入时缩小参照范围。具有"内销""外销"属性的存货可用于出售;具有"外购"属性的存货可用于采购;具有"生产耗用"属性的存货可用于生产领用;具有"自制"属性的存货可由企业生产;具有"在制"属性的存货是指正在制造过程中;具有"应税劳务"属性的存货可以抵扣进项税,是指可以开具在采购发票上的运输费等应税劳务。

②如果"受托代销"是灰颜色即处于无法选择的状态,则需要在"企业应用平台"窗口中,单击"业务"选项,执行"供应链" | "库存管理" | "初始设置" | "选项"命令,打开"选项"窗口;选中"有无受托代销业务"复选框,单击"确定"按钮,退出即可。

③同一存货可以设置多个属性。

9.设置结算方式

执行"收付结算" | "结算方式"命令,打开"结算方式"窗口,按实验资料输入结算方式。

10.设置开户银行

执行"收付结算" | "本单位开户银行"命令,打开"本单位开户银行"窗口,按实验资料输入开户银行信息。

小 贴 士

①开户银行编码必须唯一,最大长度为 3 个字符。

②银行账号必须唯一,最大长度为 20 个字符。

11.建立仓库档案

执行"业务"|"仓库档案"命令,打开"仓库档案"窗口,按实验资料设置企业仓库。如图 3-13 所示。

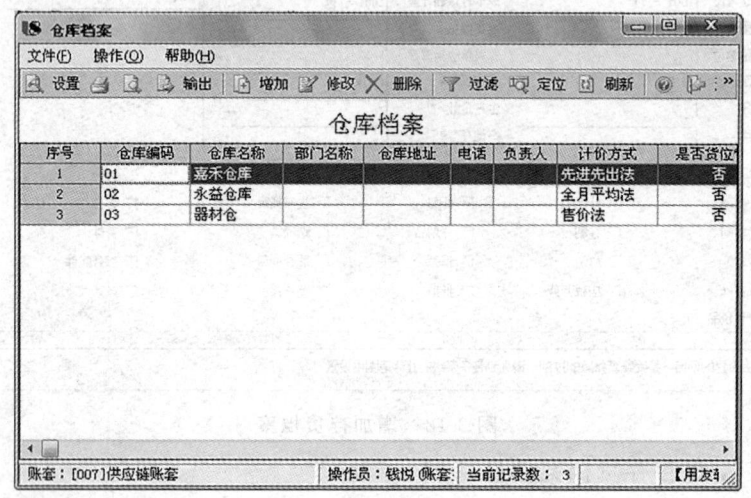

图 3-13 仓库档案

12.建立收发类别

执行"业务"|"收发类别"命令,打开"收发类别"窗口,按实验资料输入收发类别。如图 3-14 所示。

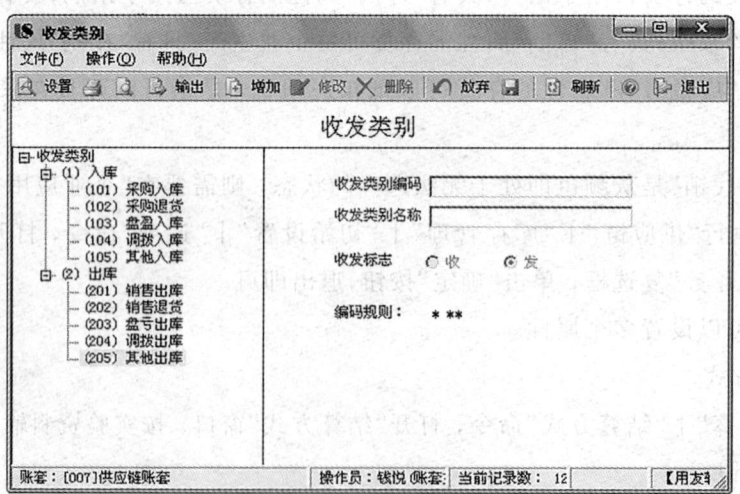

图 3-14 收发类别

13.设置采购和销售类型

(1)采购类型。

执行“业务”|“采购类型”命令，打开“采购类型”窗口，按实验资料输入采购类型。如图 3-15 所示。

序号	采购类型编码	采购类型名称	入库类别	是否默认值	是否委外...	是否列入MPS/MRP计划
1	01	厂商采购	采购入库	否	否	是
2	02	代销商进货	采购入库	否	否	是
3	03	采购退回	采购退货	否	否	是
						是

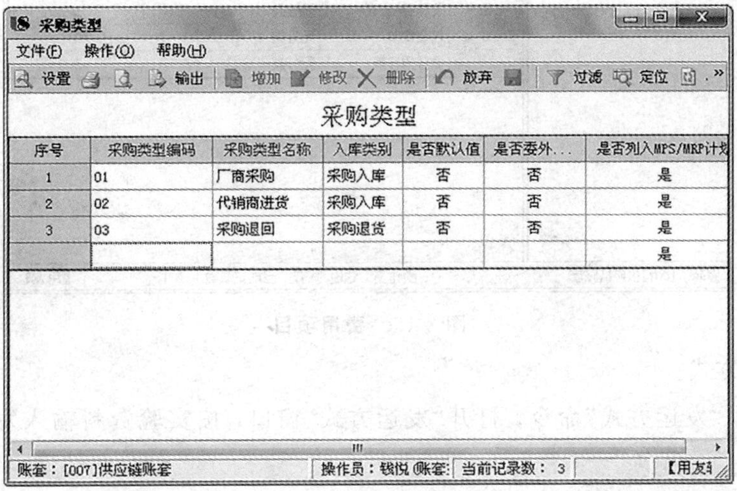

图 3-15　**采购类型**

(2)销售类型。

执行“业务”|“销售类型”命令，打开“销售类型”窗口，按实验资料输入销售类型。如图 3-16 所示。

序号	销售类型编码	销售类型名称	出库类别	是否默认值	是否列入MPS/MRP
1	01	批发销售	销售出库	否	是
2	02	经销商批发	销售出库	否	是
3	03	销售退回	销售退货	否	是
4	04	门市零售	销售出库	否	是
					是

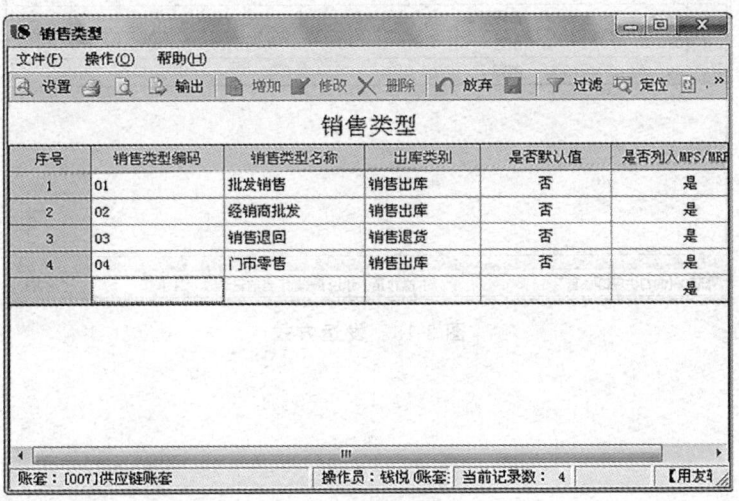

图 3-16　**销售类型**

14.设置费用项目

执行“业务”|“费用项目分类”命令，打开“费用项目分类”窗口，建立一个编码为“1”、名称为“无分类”的费用项目分类，然后打开“费用项目”窗口，录入全部费用项目。如图 3-17 所示。

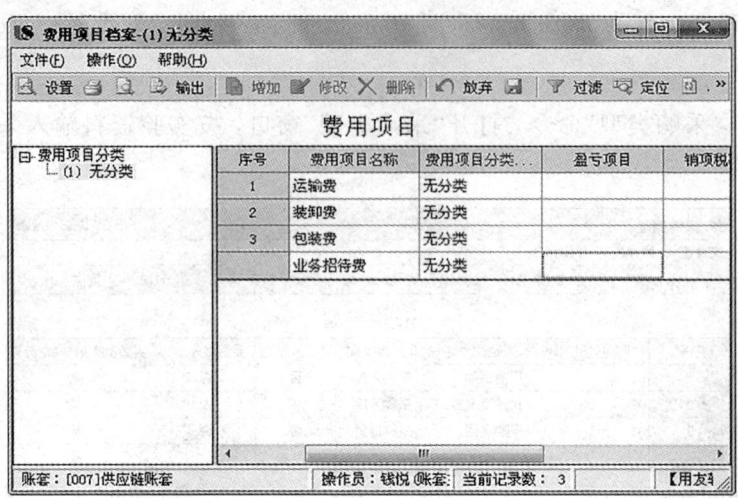

图 3-17 费用项目

15.设置发运方式

执行"业务"|"发运方式"命令,打开"发运方式"窗口,按实验资料输入发运方式。如图 3-18 所示。

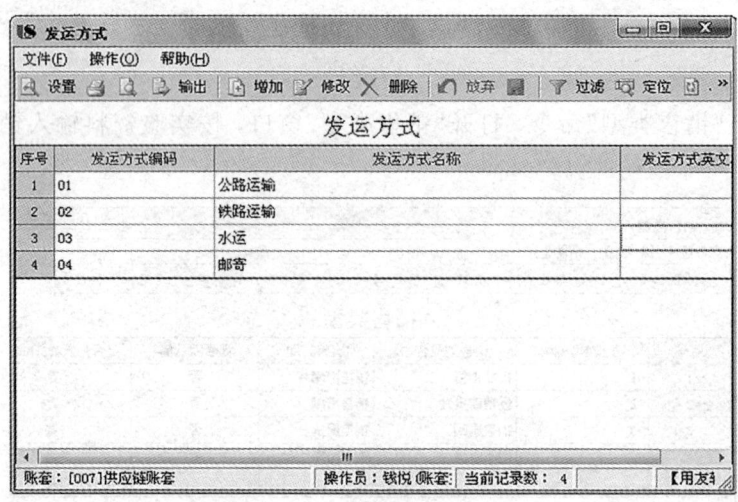

图 3-18 发运方式

任务二 财务基础设置

任务案例资料

1. 007账套总账系统的参数

不允许修改、作废他人填制的凭证。

2. 设置会计科目

修改会计科目"1321代理业务资产"的科目名称为"受托代销商品",修改会计科目"应收账款"、"应收票据"和"预收账款"的辅助核算类型为"客户往来",受控于"应收系统";修改会计科目"应付票据"和"预付账款"的辅助核算类型为"供应商往来",受控于"应付系统";增加"220201应付贷款"科目,将辅助核算类型设置为"供应商往来",受控于"应付系统";增加"220202 暂估应付款"科目;增加"410401 未分配利润"科目;增加"222101 应交增值税"科目,增加"22210101进项税额"科目,增加"22210102 销项税额"科目。

3. 设置凭证类别

表3-13 凭证类别

类别字	类别名称	限制类型	限制科目
收	收款凭证	借方必有	1001 1002
付	付款凭证	贷方必有	1001 1002
转	转账凭证	凭证必无	1001 1002

4. 总账系统期初余额

表3-14 总账系统期初余额

资产			负债和所有者权益		
科目	方向	金额	科目	方向	金额
库存现金	借	8000	短期借款	贷	200000
银行存款	借	380000	暂估应付款	贷	155000
库存商品	借	1019500	长期借款	贷	500000
商品进销差价	贷	-2600	实收资本	贷	1200000
受托代销商品	借	41500	盈余公积	贷	207600
发出商品	借	272000	未分配利润	贷	220000

续表

资产			负债和所有者权益		
固定资产	借	880000			
累计折旧	贷	121000			
合计	借	2482600	合计	贷	2482600

一、任务描述

财务基础设置是应用总账系统的基础工作,是用户根据本企业的需要建立账务应用环境,通过分析企业业务流程、管理要求和会计核算要求,设计总账系统的参数和相应的基础设置。

二、任务设计

1. 设置总账系统参数
2. 设置会计科目
3. 设置凭证类别
4. 录入期初余额
5. 输出并保存账套

三、操作步骤

1. 设置总账系统参数

(1)在"业务工作"中,执行"财务会计"|"总账"命令,打开"总账"系统。

(2)在"总账"系统中,执行"总账"|"设置"|"选项"命令,打开"选项"对话框。

(3)单击"权限"标签,然后单击"编辑"按钮。

(4)取消"允许修改、作废他人填制的凭证"复选框的选中状态。

(5)单击"确定"按钮。

2. 设置会计科目

(1)在"基础设置"中,执行"基础档案"|"财务"|"会计科目"命令,打开"会计科目"对话框。

(2)按照实验资料修改、增加相应会计科目。

3. 设置凭证类别

(1)在"基础设置"中,执行"基础档案"|"财务"|"凭证类别"命令,打开"凭证类别"对话框。

(2)在"凭证类别"对话框中,选中"收款凭证""付款凭证""转账凭证"的按钮。

（3）单击"确定"后，点击"修改"，按照实验资料录入凭证类别信息。如图 3-19 所示。

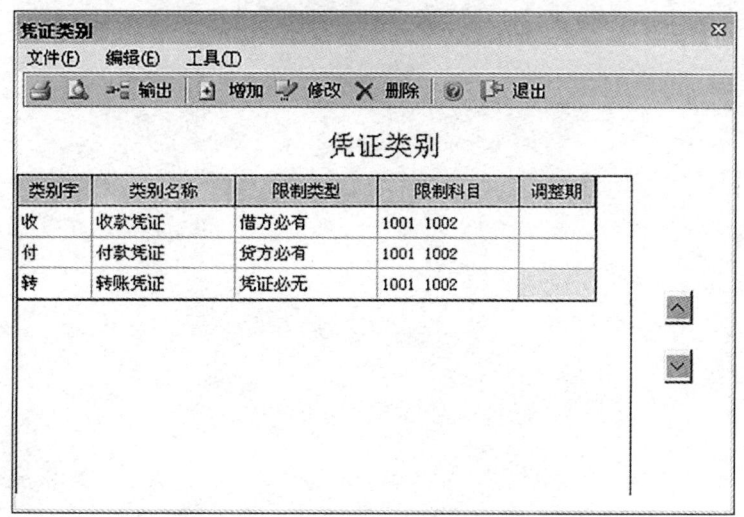

图 3-19　凭证类别

4.录入期初余额

（1）打开"业务工作"选项卡，执行"财务会计"|"总账"|"设置"|"期初余额"命令，按照实验资料录入期初余额。

（2）单击"试算"按钮，生成"期初试算平衡表"。如图 3-20 所示。

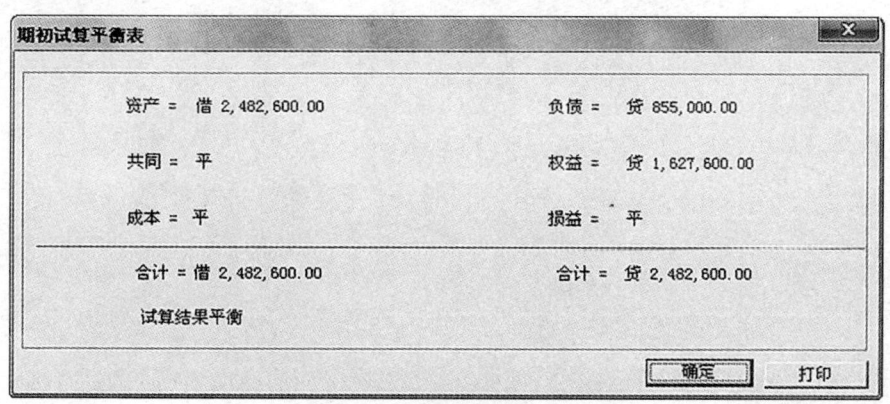

图 3-20　期初试算平衡表

5.输出并保存账套

（1）在 C:\"供应链账套备份"文件夹中新建"007-3 建立账套"文件夹。

（2）将账套输出至 C:\"供应链账套备份"\"007-3 建立账套"文件夹中。

项目四

采购与应付系统

学习目标

了解采购管理系统的初始设置工作,运用采购管理系统对普通采购业务、受托代销业务、直运采购业务、退货业务和暂估业务及时进行处理,及时进行采购结算。能够与应付款管理系统、总账系统集成使用,以便及时处理采购款项,并对采购业务进行相应的账务处理。

预备知识

一、采购概述

1.采购的工作流程

(1)建立供应商档案。

包括供应商代码、名称、地址、电话、联系人,以及商品名称、规格、价格、批量要求、付款条件、发货地点、运输方式、供应商信誉等。

(2)选择供应商和询价。

查询档案记录,选择适当供应商进行洽谈。

(3)核准并下单采购。

①根据采购订单核准采购正确性、确定交货批量和交货日期,确定收货地点、运输和卸货方式,明确责任,确定付款方式。

②签订供货协议。

(4)采购订单追踪。

①设置追踪日期。

②抽检货品质量、控制进度、物流情况。

(5)采购订单完成。

①采购订单费用结算、费用差异分析。

②供应商评价、订单批量调整。

(6)对供应商进行有效管理。

(7)严格管理采购价格。

(8)可以选择采购流程。

(9)及时进行采购结算。

(10)采购执行情况分析。

2.采购管理系统包括：

(1)采购系统初始设置。

包括设置采购管理系统业务处理所需要的采购参数、基础信息及采购期初数据。

(2)采购业务处理。

采购业务处理主要包括请购、订货、到货、入库、采购发票、采购结算等采购业务全过程的管理。可以处理普通采购业务、受托代销业务、直运业务等业务类型。企业可根据实际业务情况，对采购业务流程进行可选配置。

(3)采购账簿及采购分析。

提供各种采购明细表、增值税抵扣明细表、各种统计表及采购账簿供用户查询。同时提供采购成本分析、供应商价格对比分析、采购类型结构分析、采购资金比重分析、采购费用分析、采购货龄综合分析。

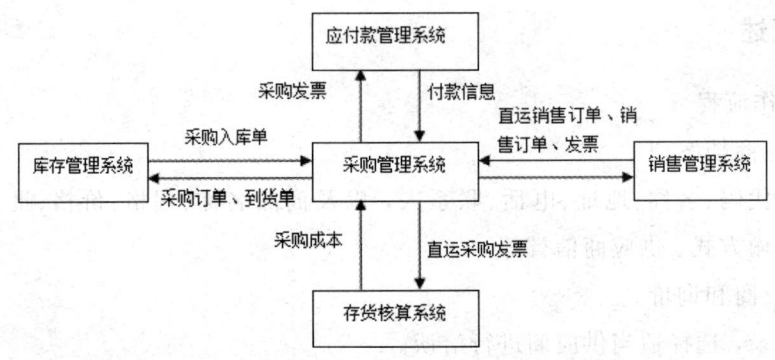

图 4-1 采购管理系统与其他系统的数据关系

二、采购业务及权限控制

1.业务选项

普通业务是否必有订单：打勾选择，可随时修改。

直运业务必有订单：显示"销售管理"选项，不可修改。在"销售管理"的【设置——销售选项——业务控制——是否有直运销售业务】、【设置——销售选项——直运销售必有订单】进行设置。

受托代销业务必有订单：打勾选择，可随时修改。只有在建立账套时选择企业类型为"商业"或"医药流通"的账套，而且在【设置——采购选项——业务及权限控制——启用受托代销】设置有受托代销业务时，才能选择此项。

启用受托代销:打勾选择。只有在建立账套时选择企业类型为"商业"或"医药流通"的账套,该选项才可选。将该项打上勾,表示企业有受托代销业务,采购系统菜单中会出现有关受托代销的单据、受托代销结算、受托代销统计账表。用户可以在"采购管理"设置,也可以在"库存管理"设置,在其中一个系统的设置,同时改变在另一个系统的选项。

退货必有订单:只有在启用"普通业务必有订单"时才可用。在必有订单时,如果启用"退货必有订单",则在制作采购退货单时,只能参照来源单据生成;否则,可手工新增。

超单据控制:允许超订单到货及入库:打勾选择,可随时修改。如不允许,则参照订单生成到货单、入库单时,不可超订单数量。如允许,可超订单数量,但不能超过订单数量入库上限,即订单数量×(1+入库超额上限),入库上限在存货档案中设置。

允许超计划订货:打勾选择,可随时修改。如不允许,则参照采购计划(MPS/MRP、ROP)生成采购订单时,累计订货量不可超过采购计划的核定订货量。如允许,则参照 MPS/MRP 计划生成的多张请购单和采购订单的合计数量不能大于对应 MPS/MRP 计划的计划数量×(1+存货档案"订货超额上限"),参照 ROP 计划不控制数量。

允许超请购订货:打勾选择,可随时修改。如不允许,则参照请购单生成采购订单时,累计订货量不可超过请购单量。如允许,则参照请购单生成的采购订单的累计订货量不能大于对应请购单数量×(1+存货档案"请购超额上限")。

订单变更:打勾选择,可随时修改。如选中,则系统记录变更历史供用户查询。

供应商供货控制:具体控制规则参见供应商存货对照表对业务的控制。不检查:不控制供应商存货的对应关系。检查提示:只给出提示,是否控制由用户选择。严格控制:严格按照供应商存货价格表进行控制。

是否启用代管业务:不启用,则不能进行代管业务的处理,代管业务菜单将看不见。启用,可以进行代管业务处理。

2.价格管理

入库单是否自动带入单价:单选,可随时更改。只有在"采购管理"不与"库存管理"集成使用,即采购入库单在"采购管理"填制时可设置。手工录入:用户直接录入。参考成本:取存货档案中的参考成本,可修改;若无,则手工录入。最新成本:取存货档案中的最新成本,可修改;若无,则手工录入。

订单、到货单、发票单价录入方式:单选,可随时修改。手工录入:用户直接录入。取自供应商存货价格表价格:带入供应类型为"采购"的无税单价、含税单价、税率,可修改;若无则手工录入。最新价格:系统自动取最新的订单、到货单、发票上的价格,包括无税单价、含税单价、税率,可修改。取价规则参见"历史交易价参照设置"。

历史交易价参照设置:填制单据时可参照的存货价格,最新价格的取价规则也在此设置,可随时更改。来源:单选,用户可选择在业务中作为价格基准的单据,在参照历史交易价和取最新价格时取该单据的价格。选择内容为订单、到货单、发票。是否按供应商取价:打勾选择,选中则按照当前单据的客户带入历史交易价。按照供应商取价能够更加精确地反映交易价,因为同一种存货,从不同供应商取得的进价可能有所差异。显示最近( )次历史交易价记录:录入,默认为10次。

最高进价控制口令:录入,系统默认为"system",可修改,可为空。设置口令,则在填制采购单据时,如超过最高进价,系统提示,并要求输入控制口令,口令不正确不能保存采购单据。不设置口令,则在填制采购单据时,如超过最高进价,系统提示,不需输入口令,确定后即可保存。

修改税额时是否改变税率:打勾选择,默认为不选中。税额一般不用修改,在特定情况下,如系统和手工计算的税额相差几分钱,用户可以调整税额尾差。若选择是,则税额变动反算税率,不进行容差控制。若选择否,则税额变动不反算税率,在调整税额尾差(单行)、保存单据(合计)时,系统检查是否超过容差,超过则不允许修改,未超过则允许修改。当不选中上述选项时,要进行税额的容差控制,必填以下两项。单行容差:录入,默认为0.06。修改税额超过容差时,系统提示,取消修改,恢复原税额。合计容差:录入,默认为0.36。保存单据超过合计容差时,系统提示,返回单据。单行容差控制:如果用户修改税额时,系统根据当前行修改前的税额与用户修改后的税额进行比较,如果修改后的税额与修改前的税额的差值的绝对值大于设置的容差数值,则提示"输入的税额变化超过容差"。合计容差控制:如果用户修改单据中表体行的税额时,系统将修改后的税额合计与修改前的税额合计进行比较,如果修改后的税额与修改前的税额的差值的绝对值大于设置的合计容差数值,则提示超过容差。若单据表体存在多种税率,则系统不进行合计容差控制。若启用应付管理,则应付管理读取该选项,且在应付系统中不可修改。

3.结算选项

商业版费用是否分摊到入库成本:打勾选择,商业企业由用户来决定采购费用是否要分摊到存货成本中。如选中,则可以进行费用折扣分摊。如未选中,则不能使用分摊功能,手工结算时费用记录不能分摊到入库单记录,费用折扣结算时运费发票记录不能与采购入库单记录、存货结算。

选单只含已审核的发票记录:打勾选择,可随时修改。如果选中,则自动结算和手工结算时只包含已审核的发票记录。

4.公共及参照控制参数

浮动换算率的计算规则:供应链所有模块的公共选项,任何一个模块中该选项发生变化,其他模块该选项将会同步发生变化。单选,选择内容为以数量为主、以件数为主。公式:数量=件数×换算率。

单据默认税率:录入,必填,默认为17,可修改。用户填制采购单据时自动带入采购单据的表头税率,可修改。普通发票的表头税率默认为0,运费发票的表头税率默认为7。

单据进入方式:单选,默认值为空白单据,可随时修改。空白单据:进入单据卡片时,不显示任何信息。最后一张单据:进入单据卡片时,显示最后一次操作的单据。

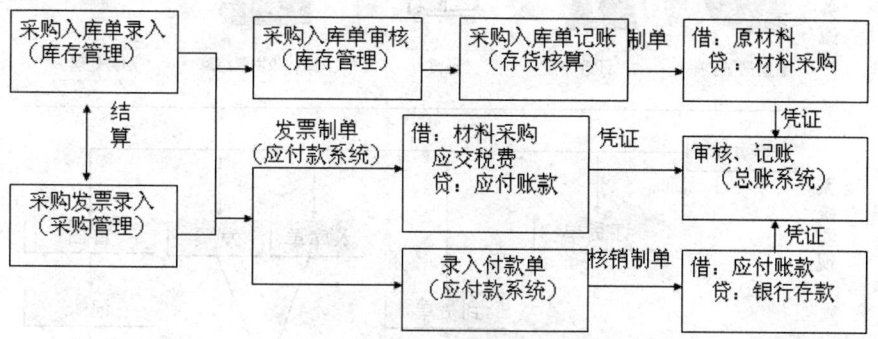

图 4-2 单货同行的采购业务

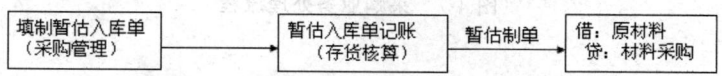

图 4-3 暂估业务:当月货到票未到

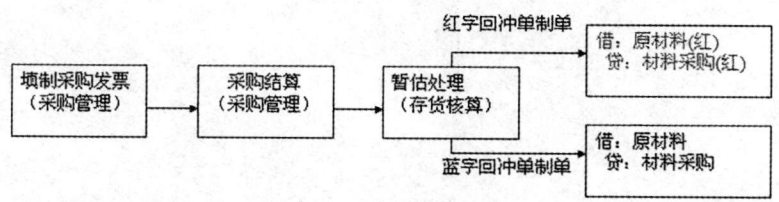

图 4-4 暂估业务:下月发票到

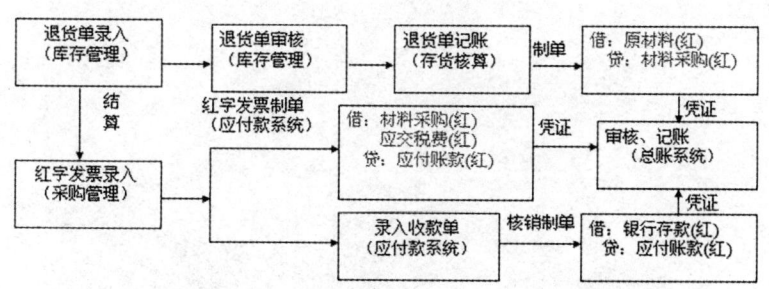

图 4-5 退货业务处理流程

图 4-6 现结业务处理流程

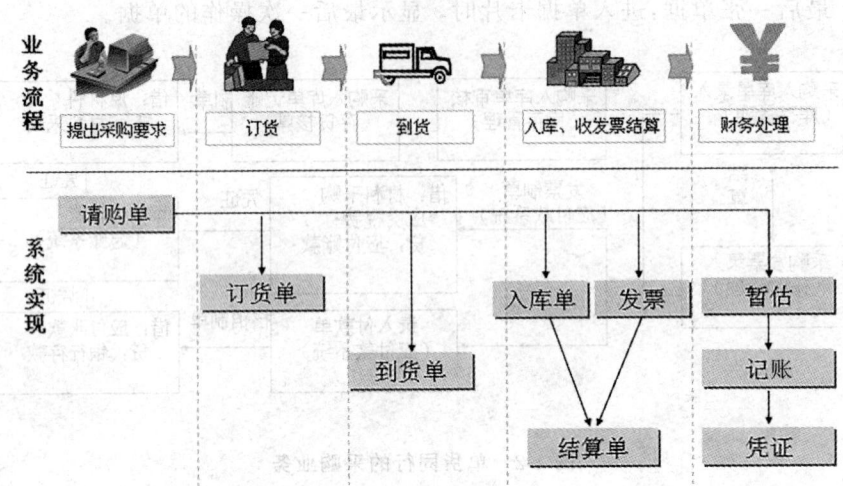

图 4-7 采购业务处理流程

采购初始设置

任务案例资料

1.设置系统参数

(1)设置采购管理系统参数。

启用受托代销业务。

允许超订单到货及入库。

订单、到货单、发票单价录入方式:手工录入。

专用发票默认税率:13%。

(2)修改存货档案。

将明文乒乓球、明文羽毛球、明文羽毛球拍设置为"受托代销"属性。

(3)设置库存管理系统参数。

有受托代销业务。

有组装业务。

采购入库审核时改现存量。

销售出库审核时改现存量。

其他出入库审核时改现存量。

不允许超可用量出库。

出入库检查可用量。

自动带出单价的单据包括全部出库单。

其他设置由系统默认。

(4)设置存货核算系统参数。

核算方式:按仓库核算。

暂估方式:单到回冲。

销售成本核算方式:按销售发票。

委托代销成本核算方式:普通销售发票。

零成本出库按参考成本价核算。

结算单价与暂估单价不一致需要调整出库成本。

其他设置由系统默认。

(5)应付款管理系统参数设置和初始设置。

应付核销方式:按单据。
单据审核日期依据:单据日期。
控制科目依据:按供应商。
受控科目制单方式:明细到单据。
采购科目依据:按存货。
汇兑损益方式:月末处理。

初始设置:

基本科目设置:应付科目220201,预付科目1123,采购科目1401;税金科目22210101,银行承兑科目2201,商业承兑科目2201。

结算方式科目设置:现金支票、转账支票、电汇结算方式科目1002。

2.启用期初数据

(1)采购管理系统(采购系统均为不含税价)。

期初暂估单:

2018年12月18日,嘉禾女套装100套,单价350元,入嘉禾仓库,购自嘉禾服装厂。

2018年12月8日,嘉禾男套装150套,单价800元,入嘉禾仓库,购自嘉禾服装厂。

受托代销期初数:

2018年12月10日,明文乒乓球20只,单价8元,入器材仓,明文器材厂委托代销。

2018年12月28日,明文羽毛球30只,单价8.5元,入器材仓,明文器材厂委托代销。

(2)库存系统、存货系统期初数据。

表4-1 库存系统和存货系统期初数据

仓库名称	存货编码和名称	数量	单价/元	金额/元	期初差异	差价科目
嘉禾仓库	001 嘉禾女T恤	100	200	20000		
嘉禾仓库	004 嘉禾男T恤	200	300	60000		
嘉禾仓库	002 嘉禾女装	100	160	16000		
嘉禾仓库	005 嘉禾男装	200	200	40000		
嘉禾仓库	003 嘉禾女套装	50	350	17500		
嘉禾仓库	006 嘉禾男套装	30	800	24000		
永益仓库	007 永益女风衣	300	120	36000		
永益仓库	008 永益男风衣	500	150	75000		
器材仓	009 明文乒乓球	50	8	400		
器材仓	010 明文羽毛球	60	8.5	510		
器材仓	012 瑞恒乒乓球	100	12	1200	12	1407 商品进销差价

续表

仓库名称	存货编码和名称	数量	单价/元	金额/元	期初差异	差价科目
器材仓	013 瑞恒羽毛球	200	14	2800	14	1407 商品进销差价

一、任务描述

采购管理系统设置，是指在处理日常采购业务之前，确定采购业务的范围、类型以及对各种采购业务的核算要求，这是采购管理系统初始化的一项重要工作。因为一旦采购管理系统进行期初记账或开始处理日常业务，有的系统参数就不能修改，有的也不能重新设置。因此，在系统初始化时应该设置好相关的系统参数。

二、任务设计

1. 分别启用采购管理、库存管理、存货核算和应付款管理系统并设置系统参数
2. 将存货档案修改为"受托代销"
3. 分别进行采购管理、库存管理、存货核算和应付款管理系统的初始设置并输入期初余额
4. 进行采购管理、库存管理、存货核算的期初记账
5. 输出账套并保存

三、操作步骤

1. 设置系统参数

（1）设置采购管理系统参数。

①登录企业应用平台，日期为 2019 年 1 月 31 日，打开"业务工作"选项卡，执行"供应链"|"采购管理"命令，打开采购管理系统。

②在系统菜单下，执行"设置"|"采购选项"命令，弹出"采购选项设置"对话框。

③打开"业务及权限控制"选项卡，对本单位需要的参数进行选择。选中"启用受托代销"和"允许超订单到货及入库"以及"订单\到货单\发票单价录入方式"选项区的"手工录入"单选按钮，其他选项可以按系统默认设置，如图 4-8 所示。

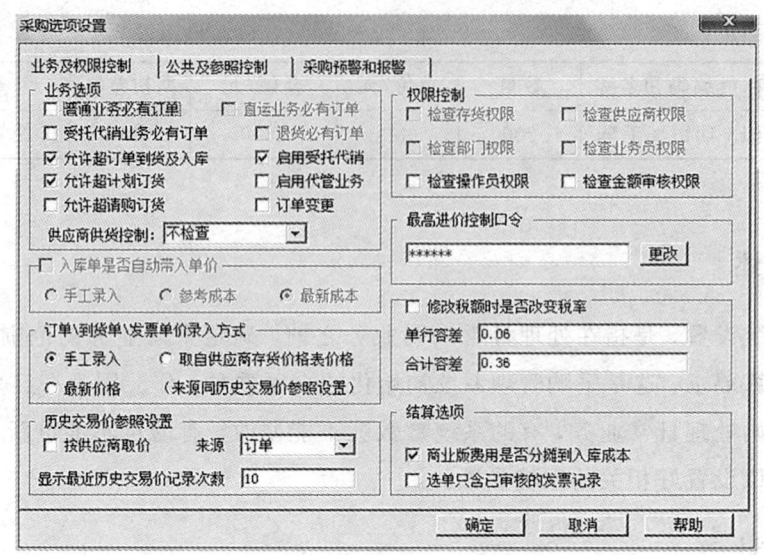

图 4-8 采购系统基本参数设置

④打开"公共及参照控制"选项卡,修改"单据默认税率"为 13%,如图 4-9 所示。

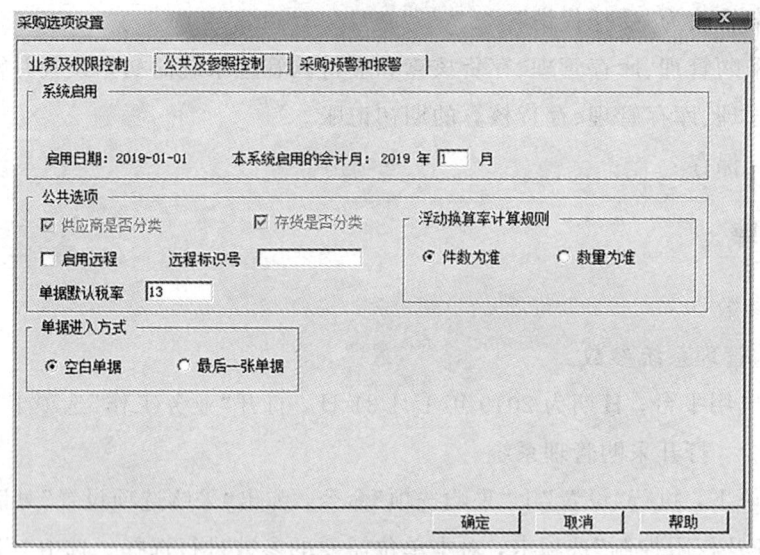

图 4-9 采购系统控制参数设置

⑤所有参数选定后,单击"确定"按钮,保存系统参数的设置。

(2)修改存货档案

①打开"基础设置"选项卡,执行"存货"|"存货档案"命令,打开"存货档案"窗口。

②选中窗口左边的"器材"类存货,再选中右侧"存货档案"窗口中的"009 明文乒乓球"所在行,单击"修改"按钮,打开"修改存货档案"对话框。

③选中"受托代销"复选框,如图 4-10 所示。

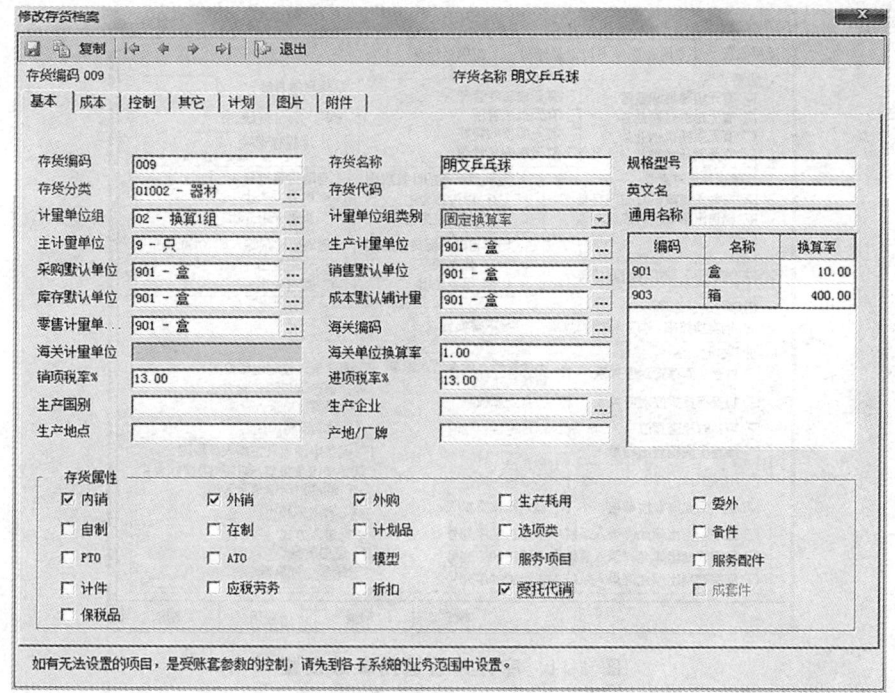

图 4-10 "修改存货档案"对话框

④单击"保存"按钮,保存对存货档案的修改信息。

⑤单击"下一张"按钮,打开"修改存货档案"的"010 明文羽毛球"对话框;重复上述步骤,保存所有需要修改的存货档案信息。再单击"下一张"按钮,打开"修改存货档案"的"011 明文羽毛球拍"对话框;重复上述步骤,保存任务案例资料中所有需要修改的存货档案信息。

⑥单击"退出"按钮退出。

(3)设置库存管理系统参数。

①打开"业务工作"选项卡,执行"供应链"|"库存管理"命令,打开库存管理系统。

②在库存管理系统的系统菜单下,执行"初始设置"|"选项"命令,打开"库存选项设置"对话框。

③选中"通用设置"选项卡中的"有无受托代销业务""有无组装拆卸业务""采购入库审核时改现存量""销售出库审核时改现存量"和"其他出入库审核时改现存量"复选框,如图 4-11 所示。

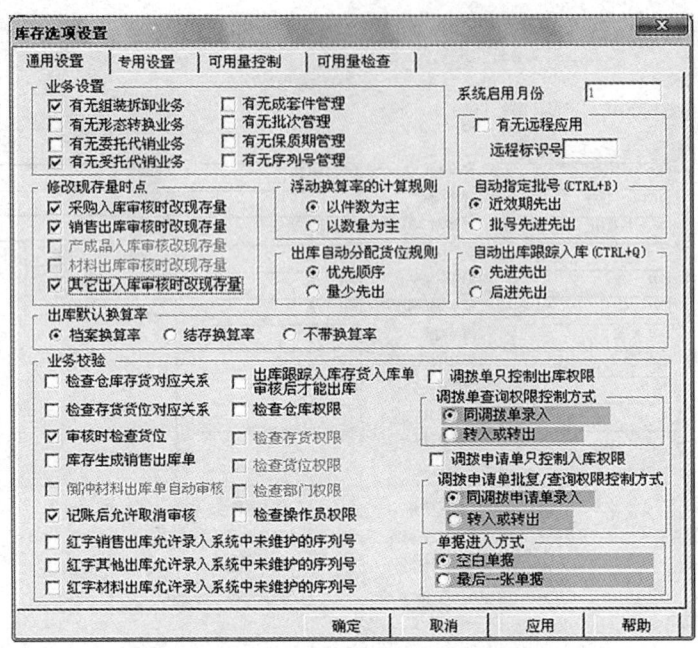

图 4-11　库存系统通用参数设置

④打开"专用设置"选项卡，在"自动带出单价的单据"选项区域中选中"销售出库单""其他入库单"和"调拨单"复选框，如图 4-12 所示。

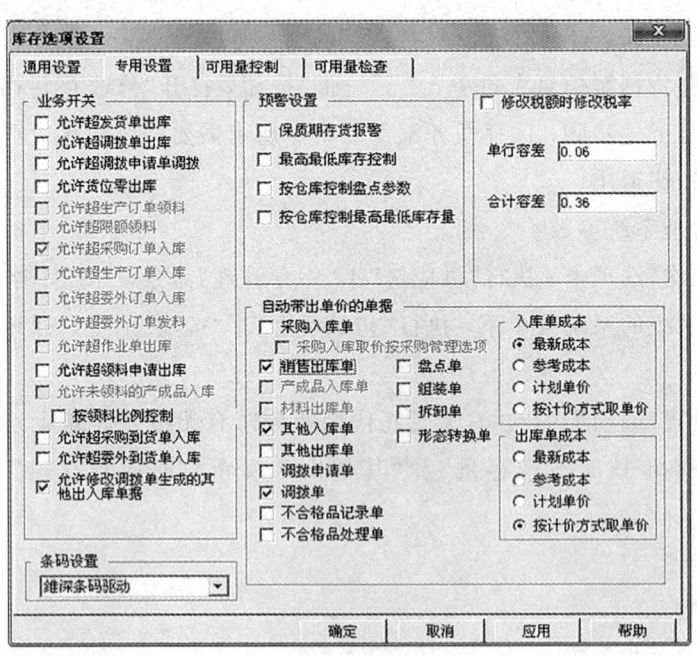

图 4-12　库存系统专用参数设置

⑤打开"可用量控制"选项卡，默认不允许超可用量出库。

⑥打开"可用量检查"选项卡，选中"出入库检查可用量"复选框。

⑦单击"确定"按钮，保存库存系统的参数设置。

(4)设置存货核算系统参数。

①打开"业务工作"选项卡,执行"供应链"|"存货核算"命令,打开存货核算系统。

②在存货核算系统菜单中,执行"初始设置"|"选项"|"选项录入"命令。打开"选项录入"对话框。

③在"核算方式"选项卡中设置核算参数。核算方式为"按仓库核算";暂估方式为"单到回冲";销售成本核算方式为"销售发票";委托代销成本核算方式为"按普通销售核算";零成本出库按参考成本价核算。如图4-13所示。

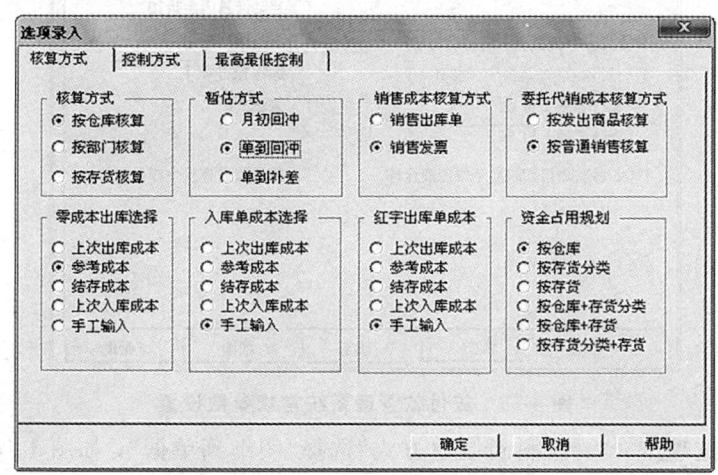

图4-13 存货核算参数设置

④打开"控制方式"选项卡,选中"结算单价与暂估单价不一致是否需要调整出库成本"复选框,如图4-14所示。其他选项由系统默认。

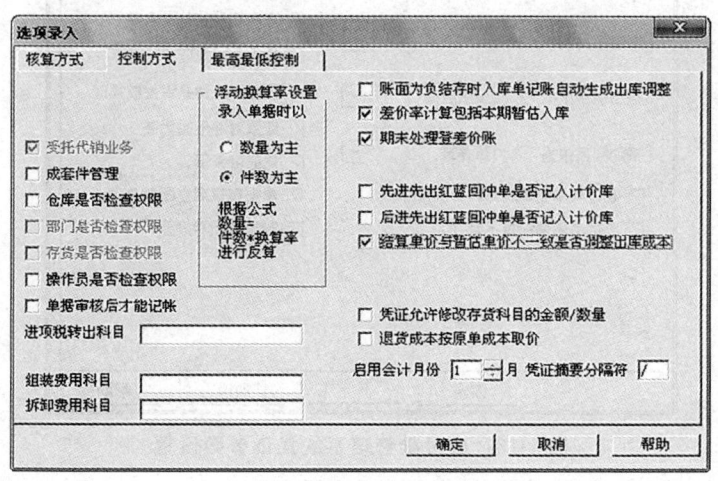

图4-14 存货核算控制方式参数

⑤单击"确定"按钮,保存存货核算系统参数的设置。

(5)应付款管理系统参数设置和初始设置。

①执行"业务工作"|"财务会计"命令,进入应付款管理系统。

②在系统菜单下,执行"设置"|"选项"命令,弹出"账套参数设置"对话框。

③打开"常规"选项卡,单击"编辑"按钮,使所有参数处于可修改状态。"单据审核日期依据"选择"单据日期",如图 4-15 所示。

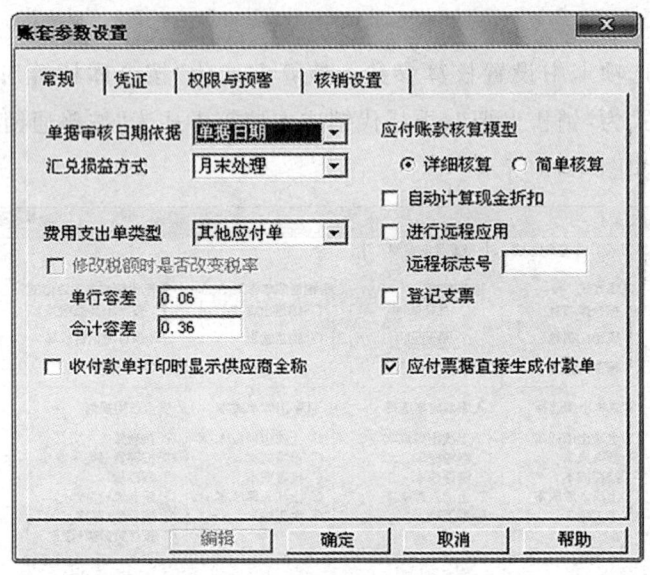

图 4-15　应付款管理系统常规参数设置

④打开"凭证"选项卡,"受控科目制单方式"选择"明细到单据",如图 4-16 所示。

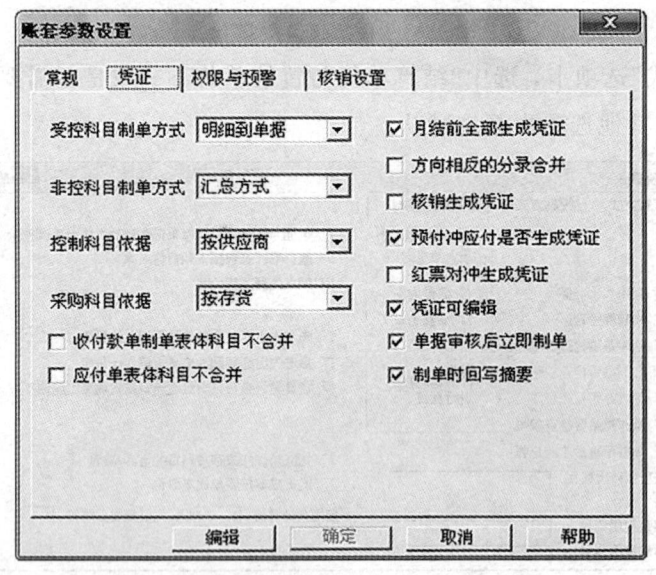

图 4-16　应付款管理系统凭证参数设置

⑤单击"确定"按钮,保存应付款管理系统的参数设置。

⑥执行"设置"|"初始设置"命令,打开"初始设置"对话框。单击"设置科目"中的"基本科目设置",根据实验要求对应付款管理系统的基本科目进行设置,如图 4-17 所示。

··项目四 采购与应付系统··

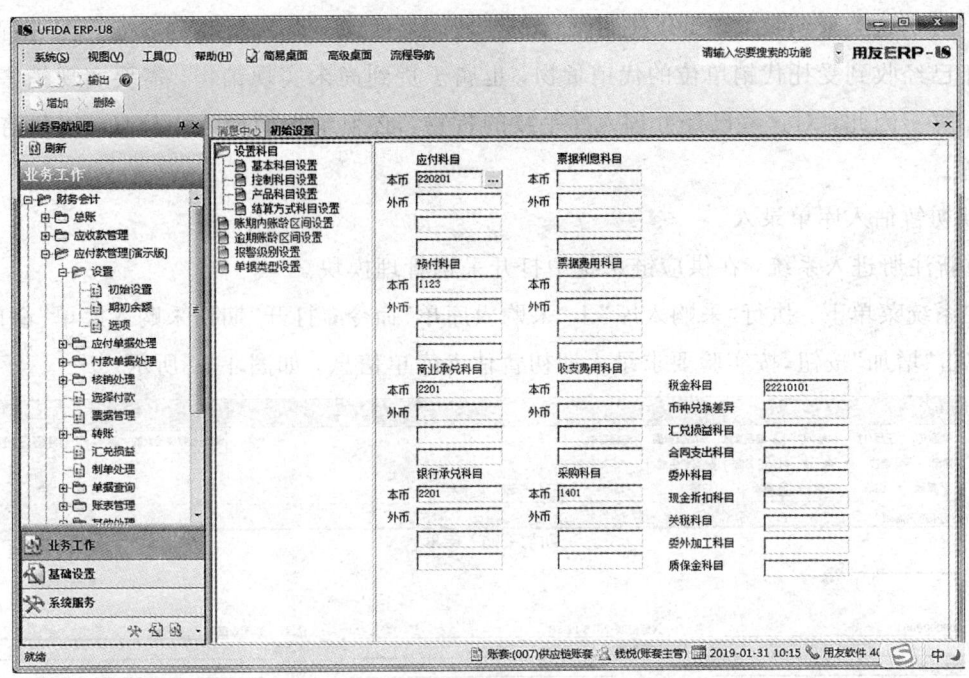

图 4-17　应付款管理系统基本科目设置

⑦执行"结算方式科目设置"命令，根据实验要求对应付款管理系统的结算方式科目进行设置。具体结算方式科目设置，如图 4-18 所示。

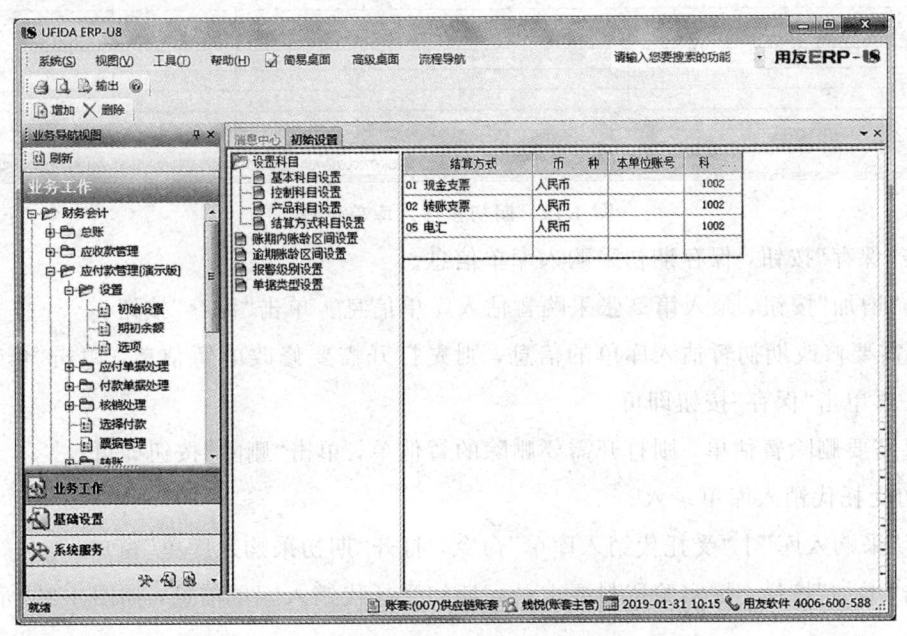

图 4-18　应付款管理系统结算科目设置

2.期初数据录入

（1）采购管理系统期初数据录入。

采购管理系统的期初数据是指在启用系统之前，已经收到采购货物，但尚未收到对方开具

— 57 —

的发票。对于这类采购货物,可以按暂估价先办理入库手续,待以后收到发票,再进行采购结算。对于已经收到受托代销单位的代销货物,也属于货到尚未实现销售,需要实现销售之后才能办理结算。因此,对这些已经办理入库手续的货物,必须录入期初入库信息,以便将来及时进行结算。

①期初暂估入库单录入。

a.重新注册进入系统,在供应链系统中打开采购管理模块。

b.在系统菜单下,执行"采购入库"|"采购入库单"命令,打开"期初采购入库单"窗口。

c.单击"增加"按钮,按实验要求录入期初暂估入库单信息,如图4-19所示。

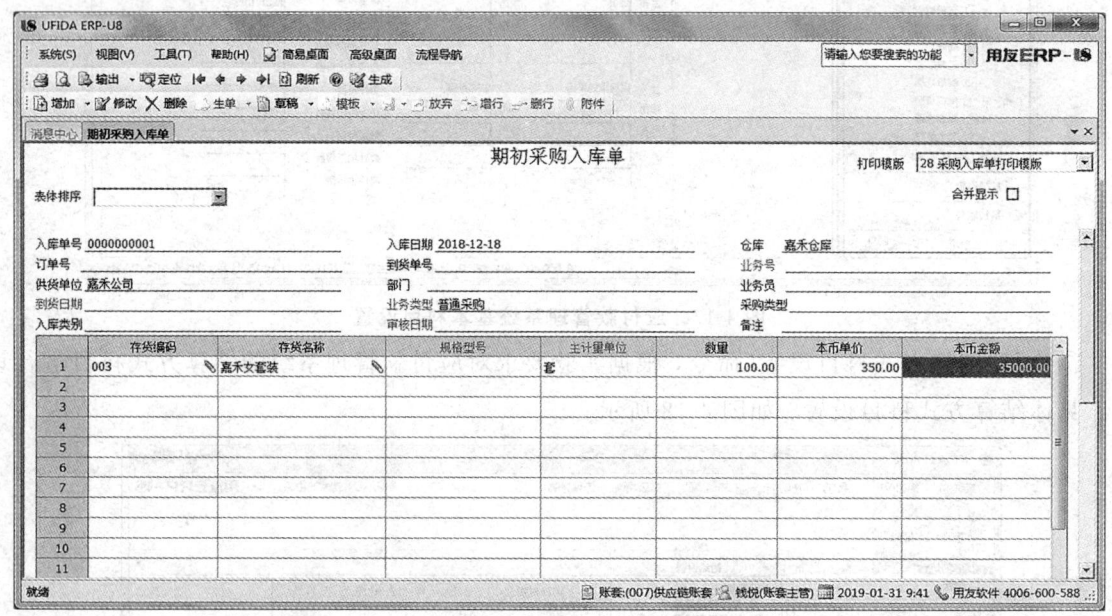

图4-19 期初暂估入库单信息

d.单击"保存"按钮,保存期初采购入库单信息。

e.单击"增加"按钮,录入第2张采购暂估入库单信息。单击"保存"按钮。

f.如果需要修改期初暂估入库单的信息,则先打开需要修改的暂估单,单击"修改"按钮,修改完毕,再单击"保存"按钮即可。

g.如果需要删除暂估单,则打开需要删除的暂估单,单击"删除"按钮即可。

②期初受托代销入库单录入。

a.执行"采购入库"|"受托代销入库单"命令,打开"期初采购入库单"窗口。

b.单击"增加"按钮,按实验资料要求录入期初受托代销入库单信息,如图4-20所示。

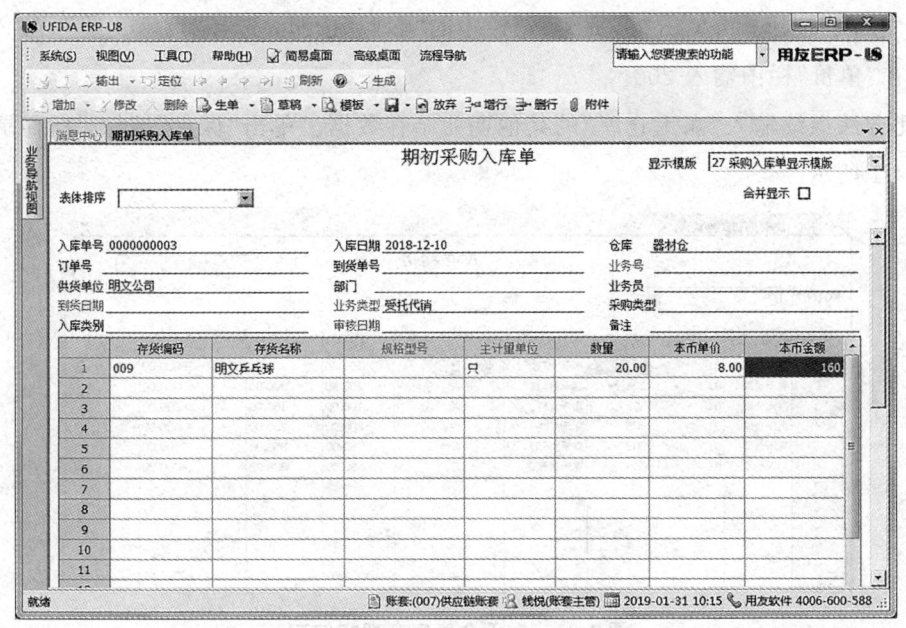

图 4-20 期初受托代销入库单信息

c. 单击"保存"按钮。

d. 单击"增加"按钮,按照任务案例资料录入另一张受托代销入库单信息,并单击"保存"按钮。

e. 单击"退出"按钮。期初受托代销入库单全部录入之后,单击"退出"按钮,退出期初采购入库单录入界面。

f. 如果需要修改期初受托代销入库单的信息,则先打开需要修改的单据,单击"修改"按钮,修改完毕,再单击"保存"按钮即可。

g. 如果需要删除受托代销入库单,则打开需要删除的单据,单击"删除"按钮即可。

小 贴 士

① 在采购管理系统期初记账前,采购管理系统的"采购入库",只能录入期初入库单。期初记账后,采购入库单需要在库存系统中录入或生成。

② 采购管理系统期初记账前,期初入库单可以修改、删除,期初记账后,不允许修改和删除。

(2) 库存管理系统期初数据录入。

库存管理系统期初数据录入方法有两种:一是在库存管理系统中直接录入;二是从存货核算系统中取数。

① 库存系统直接录入。

a. 在库存管理系统中,执行"初始设置"|"期初结存"命令,打开"库存期初"窗口。

b. 在"库存期初"窗口中将仓库选择为"嘉禾仓库"。

c.单击"修改"按钮,再单击"存货编码"栏中的"参照"按钮,选择"嘉禾女装";在"数量"栏中输入100,在"单价"栏中输入200。

d.以此方法继续输入"嘉禾仓库"的其他期初结存数据。单击"保存"按钮,保存录入存货信息,如图4-21所示。

仓库	仓库编码	存货编码	存货名称	规	主计量单位	数量	单价	金额	入库
嘉禾仓库	01	001	嘉禾女T恤		件	100.00	200.00	20000.00	
嘉禾仓库	01	004	嘉禾男T恤		件	200.00	300.00	60000.00	
嘉禾仓库	01	002	嘉禾女装		件	100.00	160.00	16000.00	
嘉禾仓库	01	005	嘉禾男装		件	200.00	200.00	40000.00	
嘉禾仓库	01	003	嘉禾女套装		套	50.00	350.00	17500.00	
嘉禾仓库	01	006	嘉禾男套装		套	30.00	800.00	24000.00	

图4-21　嘉禾仓库库存期初结存

e.在"库存期初"窗口中将仓库选择为"永益仓库"。单击"修改"按钮,依次输入"永益仓库"的期初结存数据并保存,如图4-22所示。

仓库	仓库编码	存货编码	存货名称	规	主计量单位	数量	单价	金额	入库
永益仓库	02	007	永益女风衣		件	300.00	120.00	36000.00	
永益仓库	02	008	永益男风衣		件	500.00	150.00	75000.00	

图4-22　永益仓库库存期初结存

f.在"库存期初"窗口中将仓库选择为"器材仓"。单击"修改"按钮,依次输入"器材仓"的期初结存数据并保存,如图4-23所示。

仓库	仓库编码	存货编码	存货名称	规	主计量单位	数量	单价	金额	入库
器材仓	03	009	明文乒乓球		只	50.00	8.00	400.00	
器材仓	03	010	明文羽毛球		只	60.00	8.50	510.00	
器材仓	03	012	瑞恒乒乓球		只	100.00	12.00	1200.00	
器材仓	03	013	瑞恒羽毛球		只	200.00	14.00	2800.00	

图4-23　器材仓库存期初结存

g.单击"批审"按钮,确认所有仓库录入的存货信息。

小 贴 士

①库存期初结存数据必须按照仓库分别录入。

②如果默认存货在库存系统中的计量单位不是主计量单位,则需要录入该存货的单价和金额,由系统计算该存货数量。

③退出存货期初数据录入功能时,系统对当前仓库的所有期初数据进行合法性检查,并提示不完整的数据项。

④库存期初数据录入完成后,必须进行审核工作。期初结存数据的审核实际是期初记账的过程,表明该仓库期初数据录入工作的完成。

⑤库存期初数据审核是分仓库分存货进行的,即针对一条存货记录进行审核。如果执行"批审"功能,则对选中仓库的所有存货执行审核,但并非审核所有仓库的存货。

⑥审核后的库存期初数据不能修改、删除,但可以弃审后进行修改或删除。

⑦如果有期初不合格品数据,也可以录入到期初数据中。执行"初始设置"|"期初数据"|"期初不合格品"命令,单击"增加"按钮进行录入,并单击"审核"按钮后退出。

⑧从存货系统取数。

当库存管理系统与存货核算系统集成使用时,库存管理系统可以从存货核算系统中读取存货核算系统与库存管理系统启用月份相同的会计期间的期初数。如果两个系统启用月份相同,则直接取存货的期初数;如果两个系统启用月份不同,即存货先启、库存后启,则期初数据需要将存货的期初数据和存货在库存系统启用之前的发生数进行汇总求出结存,才能作为存货的期初数据被库存系统读取。

小 贴 士

①取数只能取出当前仓库的数据,即一次只能取出一个仓库的期初数据。

②如果当前仓库已经存在期初数据,系统将提示"是否覆盖原有数据"。一般应选择覆盖,否则,期初数据会发生重复。

③只有第一年启用时,才能使用取数功能;以后年度结转上年后,取数功能不能使用,系统自动结转期初数据。

④取数成功后,也必须对所有仓库的所有存货进行审核,以完成期初记账工作。

(3)存货核算系统期初数据录入。

存货核算系统期初数据可以直接录入,有的也可以从库存管理系统读取。"分期收款发出商品"的期初数据就只能从销售管理系统取数,而且必须是销售管理系统录入审核后才能取数;按计划价或售价核算出库成本的存货,都应有期初差异或差价。初次使用存货核算系统时,只能从存货核算系统录入这些存货的期初差异余额或期初差价余额。

①存货期初数据录入与审核。

存货期初数据录入方法有两种:一是直接录入;二是从库存管理系统取数。其直接录入方法与库存管理系统类似，在此不再赘述。这里主要讲述用取数的方法录入存货核算期初数据。

a.在用友 ERP－U8.72 存货核算系统中，执行"初始设置"|"期初数据"|"期初余额"命令，打开"期初余额"窗口。

b.仓库选择"嘉禾仓库"。

c.单击"取数"按钮，系统自动从库存管理系统中取出该仓库的全部存货信息，如图 4-24 所示。

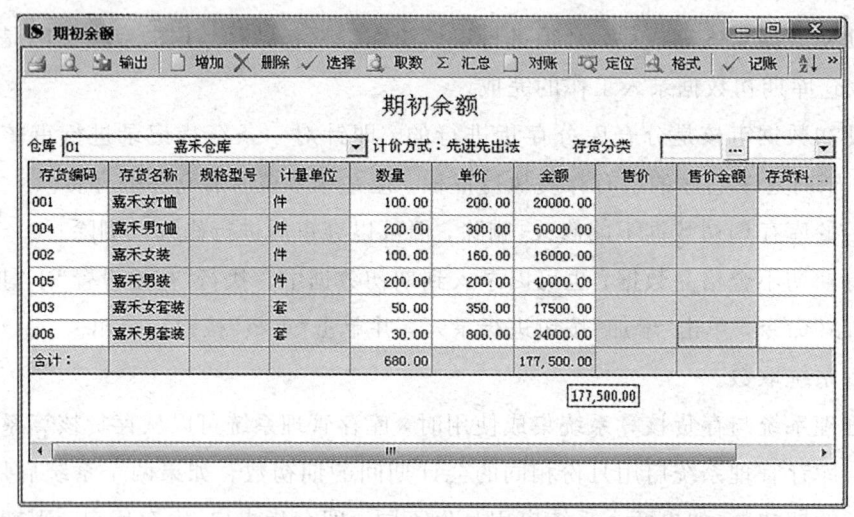

图 4-24　存货核算系统期初取数

d.可以将供应商等信息补充完整。

e.以此方法继续对永益仓库和器材仓进行取数操作。

f.单击"对账"按钮，选择所有仓库，系统自动对存货核算与库存管理系统的存货数据进行核对，如图 4-25 所示。如果对账成功，单击"确定"按钮。

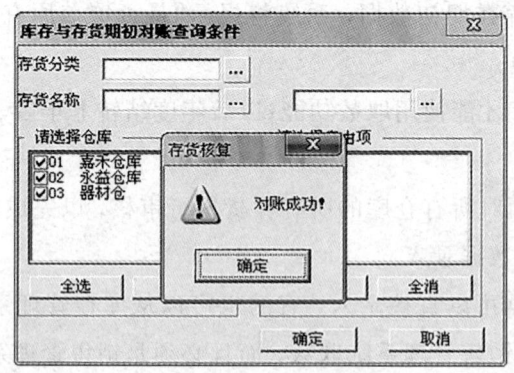

图 4-25　存货核算系统与库存管理系统期初对账

g.单击"退出"按钮退出。

②存货期初差异录入。

按计划价或售价核算出库成本的存货，应该在存货核算系统中录入期初差异余额。

a.在存货核算系统中，执行“初始设置”|“期初数据”|“期初差异”命令，打开“期初差价”窗口。

b.仓库选择“器材仓”。

c.录入瑞恒乒乓球的差价 12，录入瑞恒羽毛球的差价 14 和差价科目“1407 商品进销差价”，如图 4-26 所示。

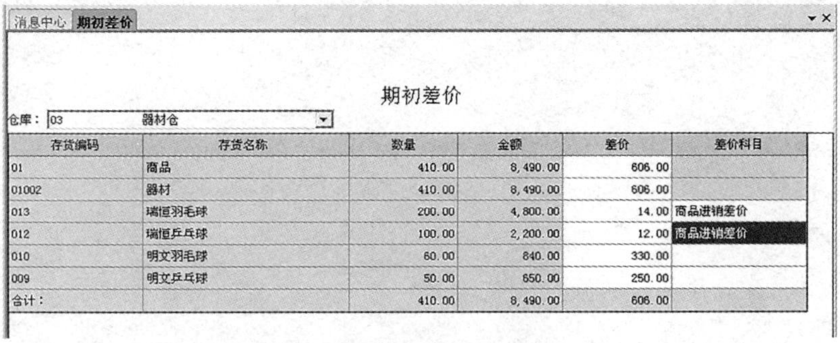

存货编码	存货名称	数量	金额	差价	差价科目
01	商品	410.00	8,490.00	606.00	
01002	器材	410.00	8,490.00	606.00	
013	瑞恒羽毛球	200.00	4,800.00	14.00	商品进销差价
012	瑞恒乒乓球	100.00	2,200.00	12.00	商品进销差价
010	明文羽毛球	60.00	840.00	330.00	
009	明文乒乓球	50.00	650.00	250.00	
合计：		410.00	8,490.00	606.00	

图 4-26　录入存货期初差价

d. 单击“保存”按钮，系统弹出“保存完毕”信息提示框。单击“确定”按钮。

3.期初记账

期初记账是指将有关期初数据记入相应的账表中，它标志着供应链管理系统各个子系统的初始工作全部结束，相关的参数和期初数据不能修改、删除。如果供应链管理系统的各个子系统集成使用，则期初记账应该遵循一定的顺序。

(1)采购管理系统期初记账。

①执行“采购管理”|“设置”|“采购期初记账”命令，打开“期初记账”对话框。

②单击“记账”按钮，弹出“期初记账完毕”信息提示框。

③单击“确定”按钮，完成采购管理系统期初记账。

(2)存货核算系统期初记账。

①执行“存货核算系统”|“初始设置”|“期初数据”|“期初余额”命令，打开“期初余额”窗口。

②单击“记账”按钮，系统弹出“期初记账成功”信息提示框。单击“确定”按钮，完成期初记账工作。

小贴士

①供应链管理系统各个子系统集成使用时，采购管理系统先记账；库存管理系统所有仓库的所有存货必须“审核”确认；最后，存货核算系统记账。

②如果没有期初数据，可以不输入期初数据，但必须执行记账操作。

③如果期初数据是运行“结转上年”功能得到的，为未记账状态，则需要执行记账功能后，才能进行日常业务的处理。

④如果已经进行业务核算，则不能恢复记账。

⑤存货核算系统在期初记账前,可以修改存货计价方式;期初记账后,不能修改计价方式。

4.账套备份

(1)在 C:\"供应链账套备份"文件夹中新建"007-4-1 采购业务初始设置"文件夹。

(2)将账套输出至 C:\"供应链账套备份"\"007-4-1 采购业务初始设置"文件夹中。

任务二 采购单据设置、增加与查询

任务案例资料

1. 采购单据设置

详见下面的任务设计。

2. 采购单据的增加

(1) 采购请购单的填制。

2019年1月2日,采购部赵彤提出采购请求,请求采购嘉禾男T恤、女T恤各10包(200件),嘉禾公司报价均为100元/件,需求日期为1月10日。本单据由账套主管代填并审核。请填制并审核采购请购单。

(2) 采购订单的填制。

2019年1月3日,采购部赵彤向嘉禾公司订购男装50件、女装50件,男装含税单价130元/件,女装含税单价120元/件,计划到货日期为1月12日。本单据由账套主管代填并审核。请填制并审核采购订单。

(3) 拷贝生成下游单据。

2019年1月12日,收到我公司赵彤于1月3日采购自嘉禾公司的男装50件、女装50件,经检验质量全部合格,存入嘉禾仓库中。相应单据由账套主管代填并审核。请用拷贝生单的方式填制并审核到货单、采购入库单。

3. 采购单据的查询

(1) 翻页查询。

请用翻页键查询到2019年1月2日的采购请购单,上面载明了请求采购嘉禾男T恤、女T恤各10包(200件),嘉禾公司报价均为100元/件,需求日期为1月10日。

(2) 列表查询。

请用列表查询2019年1月3日的采购订单,上面载明了嘉禾公司订购男装50件、女装50件,男装含税单价130元/件,女装含税单价120元/件,计划到货日期为1月12日。

一、任务描述

采购单据使用之前,要根据企业具体情况对采购单据进行设置。采购单据主要包括请购单、采购订单、到货单、入库单、发票等单据。单据的增加主要有直接录入和拷贝生单两种方式,单据的查询可以通过翻页按钮查询或在相应单据列表中查询。

二、任务设计

1.设置"允许修改采购系统采购专用发票的编号"

2.单据设计

分别在采购模块的"采购专用发票"、"采购到货单"和"采购订单"单据的表体项目中增加"换算率""采购单位"和"件数"3项内容；为库存模块中的"采购入库单"增加表体内容"库存单位"、"应收件数"、"件数"、"换算率"和"应收数量"。

3.录入或生成请购单、采购订单、采购到货单、采购入库单等普通采购业务单据，并进行审核确认

4.查询等单据

5.账套备份

三、操作步骤

1.设置采购专用发票"允许手工修改发票编号"

采购发票编号既可以由系统统一编号，也可以由用户自行编号。用户进行手工编号或修改编号时，需要先进行单据设置；否则，只能由系统编号，用户不能修改。

(1)以2019年1月31日登录企业应用平台，在"基础设置"选项卡中，执行"单据设置"|"单据编号设置"命令，打开"单据编号设置"对话框。

(2)选择"单据类型"|"采购管理"|"采购专用发票"选项，单击"修改"按钮，选中"手工改动，重号时自动重取"复选框，如图4-27所示。

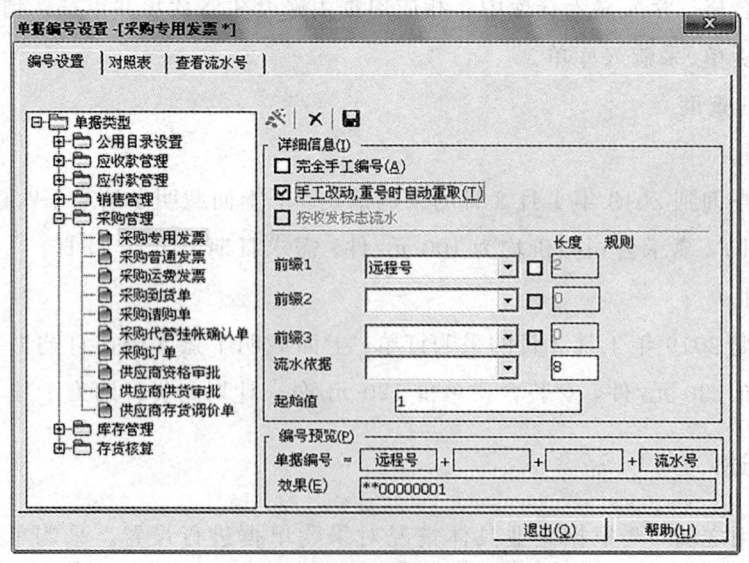

图4-27 "单据编号设置"对话框

(3)单击"保存"按钮,再单击"退出"按钮退出。

(4)如果需要修改其他单据编号的设置,可以重新选中需要修改的单据类型,选中"手工改动,重号时自动重取"复选框,并保存修改设置。

2.单据设计

由于本企业的部分存货采用多计量单位制,因此需要在有关的单据中增加可以分别进行主、辅计量核算的项目内容。需要追加这些内容包括采购模块的"采购专用发票"、"采购到货单"和"采购订单";库存模块中的"采购入库单"和销售模块中的有关单据。

(1)在"基础设置"选项卡中,执行"单据设置"|"单据格式设置"命令,打开"单据格式设置"窗口。

(2)在"单据格式设置"窗口中,执行"U8单据目录分类"|"采购管理"|"专用发票"|"显示"|"专用发票显示模板"命令,在窗口左侧打开"专用发票"。

(3)单击"单据格式设置"窗口,执行"编辑"|"表体项目"命令(或右击,选择快捷菜单中的"表体项目"),打开"表体"对话框。

(4)选中"换算率"、"采购单位"和"件数"复选框,如图4-28。

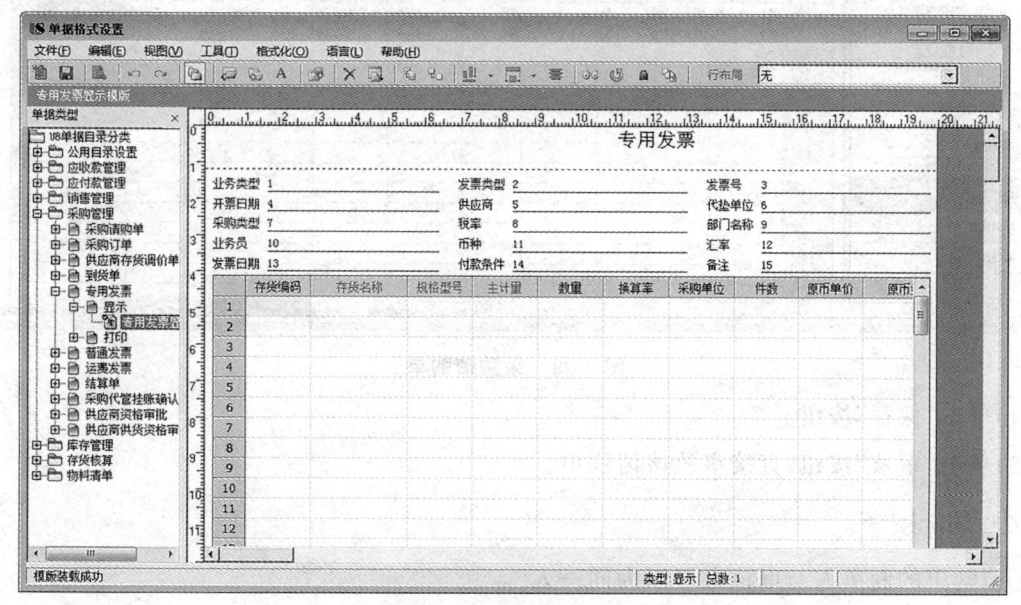

图4-28 单据格式设置

(5)单击"确定"按钮,再单击"保存"图标保存。

(6)以此方法,继续设计采购模块中的采购到货单和采购订单中的表体项目"换算率"、"采购单位"和"件数",分别在确定后保存。

(7)按照上述方法,在库存管理模块中设置"采购入库单"。在采购入库单显示模板的表体项目中增加"库存单位"、"应收件数"、"件数"、"换算率"和"应收数量",单击"确定"按钮,再单击"保存"图标保存。

3.第一笔业务的处理

本笔业务只需录入请购单。

(1)在"业务工作"选项中,执行"供应链"|"采购管理"命令,打开采购管理系统。

(2)执行"请购"|"请购单"命令,打开"采购请购单"窗口。

(3)单击"增加"按钮,选择采购类型为"普通采购",修改采购日期为"2019-01-02",部门为"采购部",请购人员为"赵彤",采购类型为"厂商采购","存货名称"选择"嘉禾男T恤",在"数量"栏中输入200,在"本币单价"栏中输入"100",输入需求日期1月10日,继续输入女T恤的信息,如图4-29所示。

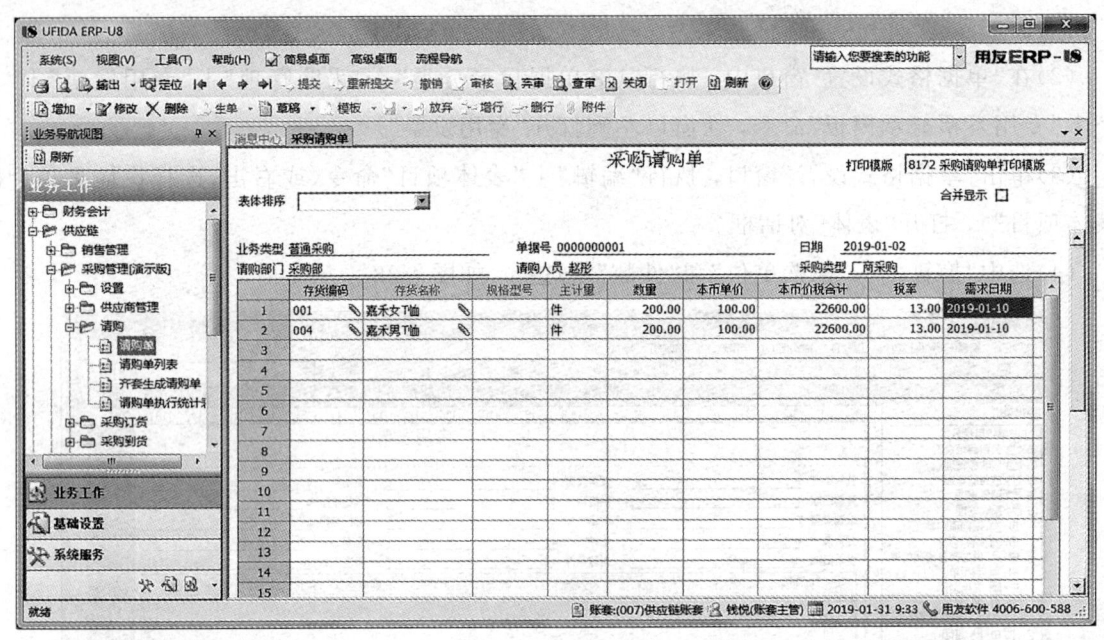

图 4-29 采购请购单

(4)单击"保存"按钮。

(5)单击"审核"按钮,直接审核该请购单。

小 贴 士

①请购单的制单人与审核人可以为同一人。

②审核后的请购单不能直接修改。

③如果要修改审核后的请购单,需要先"弃审",再"修改",修改后单击"保存"按钮确认并保存修改信息。

④没有审核的请购单可以直接删除;已经审核的请购单需要先"弃审",然后才能删除。

⑤查询尽购请购单,可以查看"请购单列表"。在列表中,单击需要查询的单据,可以打开该请购单;也可以在此执行"弃审""删除"操作。

4.第二笔业务的处理

本笔业务需要录入采购订单。采购订单可以直接输入,也可以根据请购单自动生成。

(1)在采购管理系统中,执行"采购订货"|"采购订单"命令,打开"采购订单"窗口。

(2)单击"增加",修改日期为"2019-01-03",并根据实验资料修改表头项目。

(3)分别输入女装、男装的件数50和原币含税单价120元、130元,计划到货日期1月12日。

(4)单击"保存",并审核,如图4-30所示。

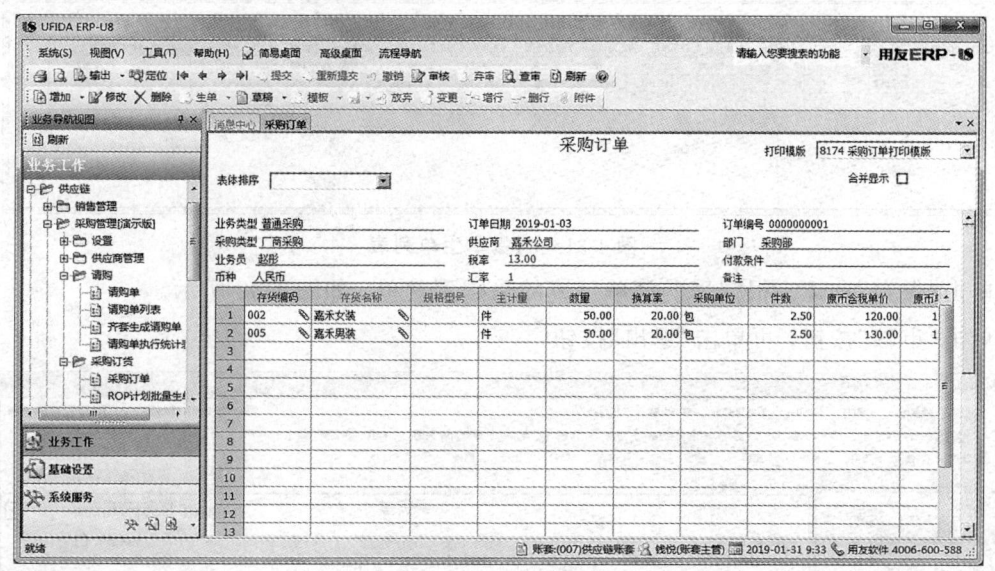

图4-30 采购订单

5.第三笔业务的处理

(1)生成采购到货单。

①在采购管理系统中,执行"采购到货"|"到货单"命令,打开"到货单"窗口。

②单击"增加"按钮,修改日期为"2019-01-12"。

③单击"生单"下拉按钮,选择"采购订单";单击"过滤"按钮,系统弹出"拷贝并执行"窗口,如图4-31所示。

④在"拷贝并执行"窗口中选中所选的采购订单,单击"确定"按钮,系统自动生成到货单。

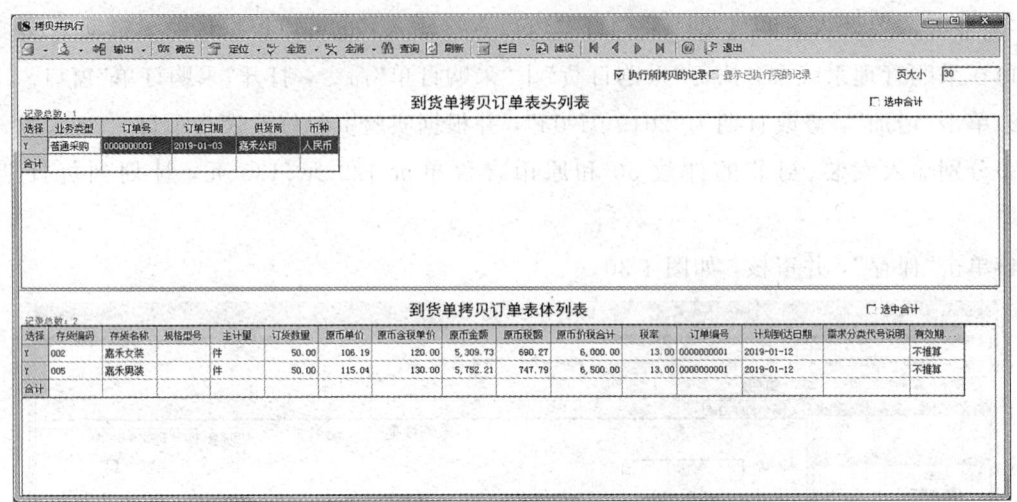

图 4-31 到货单生单列表

⑤单击"保存"按钮。根据采购订单生成的采购到货单,如图 4-32 所示。

⑥单击"审核"按钮,再单击"退出"按钮。

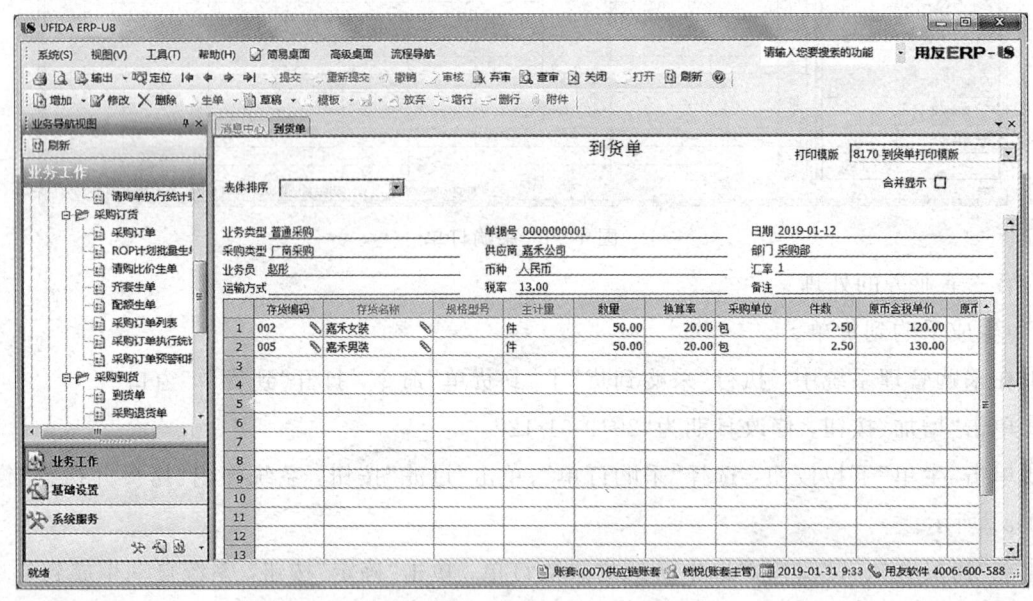

图 4-32 到货单

小 贴 士

①采购到货单可以手工录入,也可以通过拷贝采购订单生成到货单。

②如果采购到货单与采购订单信息有差别,可以直接据实录入到货单信息,或者直接修改生成的到货单信息,再单击"保存"按钮确认修改的到货单。

③没有生成下游单据的采购到货单可以直接删除。

④已经生成下游单据的采购到货单不能直接删除,需要先删除下游单据后,才能删除采购到货单。

(2)生成采购入库单。

当采购管理系统与库存管理系统集成使用时,采购入库单需要在库存管理系统中录入。如果采购管理系统不与库存管理系统集成使用,则采购入库业务在采购管理系统中进行处理。

①在企业应用平台中,启动"库存管理"系统。

②在库存管理系统中,执行"入库业务"|"采购入库单"命令,打开"采购入库单"窗口。

③单击"生单"下拉按钮,选中"采购到货单(批量)";单击"过滤"按钮,弹出"到货单生单列表"窗口。

④双击"选择"按钮,选中栏出现"Y",如图4-33所示。

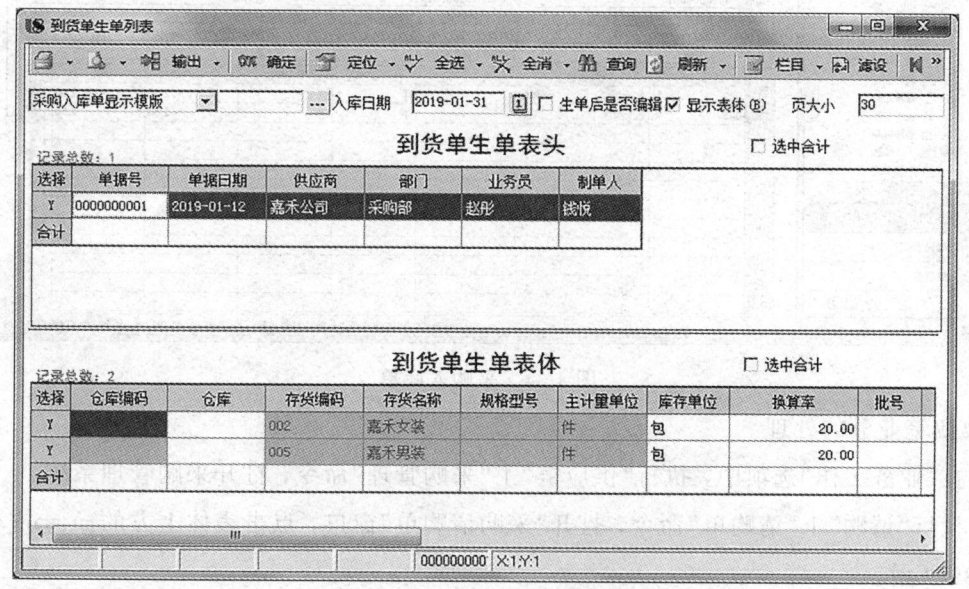

图 4-33 到货单生单列表

小 贴 士

①如果要取消"拷贝并执行"窗口中的选择,可以在Y处双击鼠标取消。

②拷贝采购请购单生成的采购订单可以直接保存并审核。

③拷贝采购请购单生成的采购订单信息可以修改。但是如果根据请购单拷贝生成的采购订单已经审核,则不能直接修改,需要先"弃审"再"修改"。

④拷贝采购请购单生成的采购订单如果已经生成到货单或采购入库单,也不能直接修改、删除采购订单信息,需要将其下游单据删除后,才能修改。

⑤如果需要按计划批量生单,需要执行"采购管理"|"采购订货"|"计划批量生单"命令,打开"过滤条件选择"对话框,过滤选择请购单,由系统自动成批生成采购订单。

⑥如果需要查询采购订单,可以查看"采购订单列表"。

⑦在表体中的"仓库"栏空白位置参照输入相关信息,单击"仓库"栏参照按钮,选择"嘉禾仓库"。

⑧单击"确定"按钮,系统显示"生单成功"。

⑨系统显示生成的采购入库单,如图4-34所示。可以对生成的采购入库单进行有限制的修改,此处仅需要修改入库日期即可。

⑩单击"审核"按钮,再单击"退出"按钮。

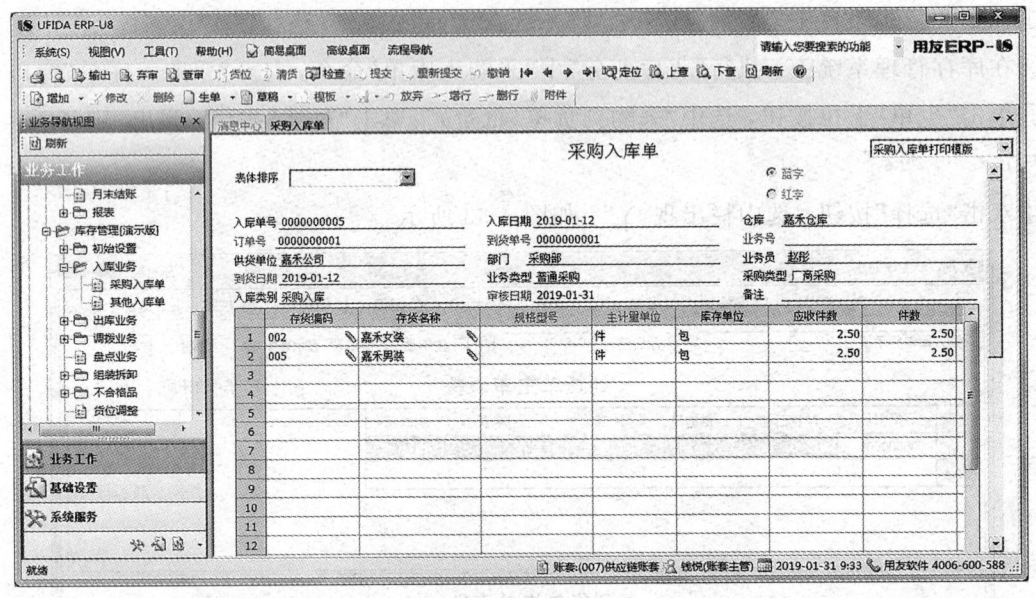

图 4-34 采购入库单

6.第四笔业务的处理

(1)在"业务工作"选项中,执行"供应链"|"采购管理"命令,打开采购管理系统。

(2)执行"请购"|"请购单"命令,打开"采购请购单"窗口,点击表体上方的⇐、⇒进行查询,如图4-35所示。

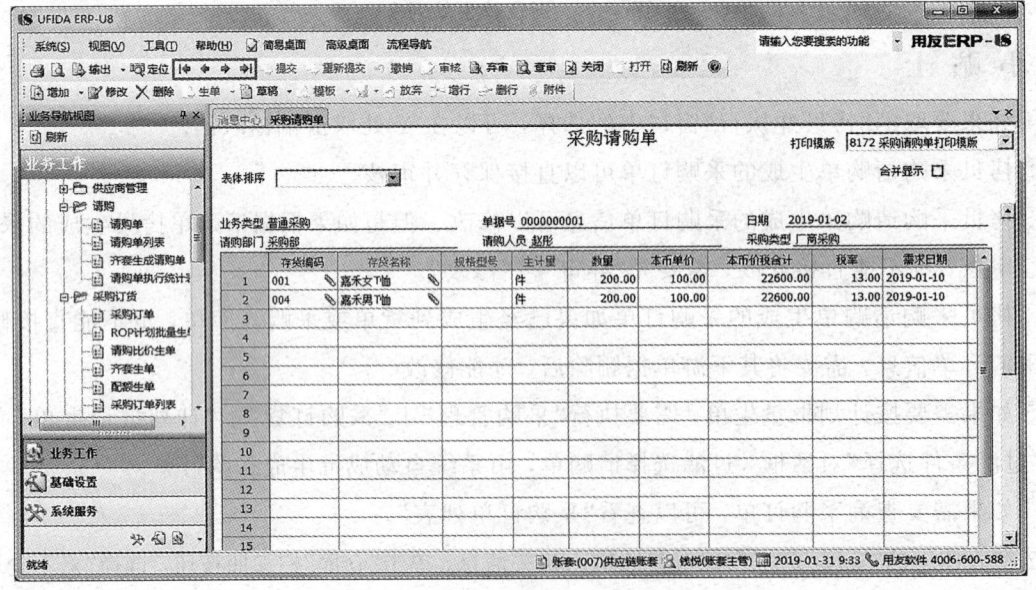

图 4-35 采购请购单查询

7.第五笔业务的处理

(1)在"业务工作"选项中,执行"供应链"|"采购管理"命令,打开采购管理系统。

(2)执行"采购订单"|"采购订单列表"命令,打开"采购订单列表"窗口,点击过滤进行查询,如图 4-36 所示。

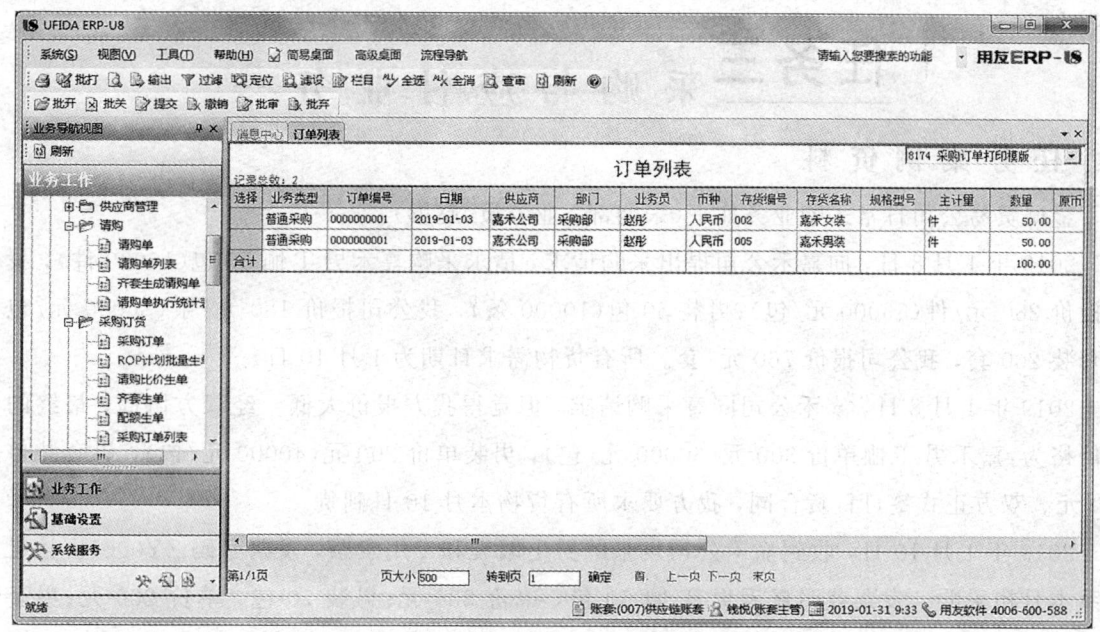

图 4-36 采购订单列表

8.账套备份

(1)在 C:\"供应链账套备份"文件夹中新建"007-4-2 采购单据设置"文件夹。

(2)将账套输出至 C:\"供应链账套备份"\"007-4-2 采购单据设置"文件夹中。

任务三 采购与应付业务

任务案例资料

金诚贸易公司日常采购业务如下(采购部,业务员:赵彤)。

2019年1月8日,向嘉禾公司提出采购请求,请求采购嘉禾男T恤50包(10000件),我公司报价280元/件(56000元/包);男装50包(10000条),我公司报价180元/条(36000元/包);男套装200套,我公司报价760元/套。所有货物需求日期为1月10日。

2019年1月8日,嘉禾公司同意采购请求,但觉得我方报价太低。经双方协商,最终的订购价格为:嘉禾男T恤单价300元(60000元/包),男装单价200元(40000元/包),男套装单价800元。双方正式签订订货合同,我方要求所有货物本月10日到货。

2019年1月10日,收到嘉禾公司发来的男士服装和专用发票,发票号码ZY0001。该批服装系本月初采购。发票载明嘉禾男T恤50包,单价300元;男装50包,单价200元;男套装200套,单价800元。经检验质量全部合格,办理入库(嘉禾仓库)手续。财务部门确认该笔存货成本和应付款项,尚未付款。

一、任务描述

普通采购业务流程是最基本的采购流程,主要由请购单、采购订单、到货单、入库单、发票、应付单等单据构成。公司进行采购业务时,向供应商下达采购订单后,等待供应商发货,一般是货物先到,供应商开具的发票(对于采购方来说是采购发票,在采购业务中,采购方不开发票)后到。

二、任务设计

1.录入或生成请购单、采购订单、采购到货单、采购入库单等普通采购业务单据,并进行审核确认

2.录入或生成采购发票,并按要求修改采购发票编号

3.进行采购结算

4.支付采购款项或确认应付账款

5.在总账系统查看有关凭证

6.账套备份

三、操作步骤

1.第一笔业务的处理

本笔业务只需录入请购单。

（1）登录企业应用平台，日期为2019年1月31日。在"业务工作"选项中，执行"供应链"|"采购管理"命令，打开采购管理系统。

（2）执行"请购"|"请购单"命令，打开"采购请购单"窗口。

（3）单击"增加"按钮，选择采购类型为"普通采购"，修改采购日期为"2019-01-08"，部门为"采购部"，采购类型为"厂商采购"，"存货编码"选择"嘉禾男T恤"，在"数量"栏中输入10000，在"无税单价"栏中输入"280"。继续输入嘉禾男装和嘉禾男套装的信息。如图4-37所示。

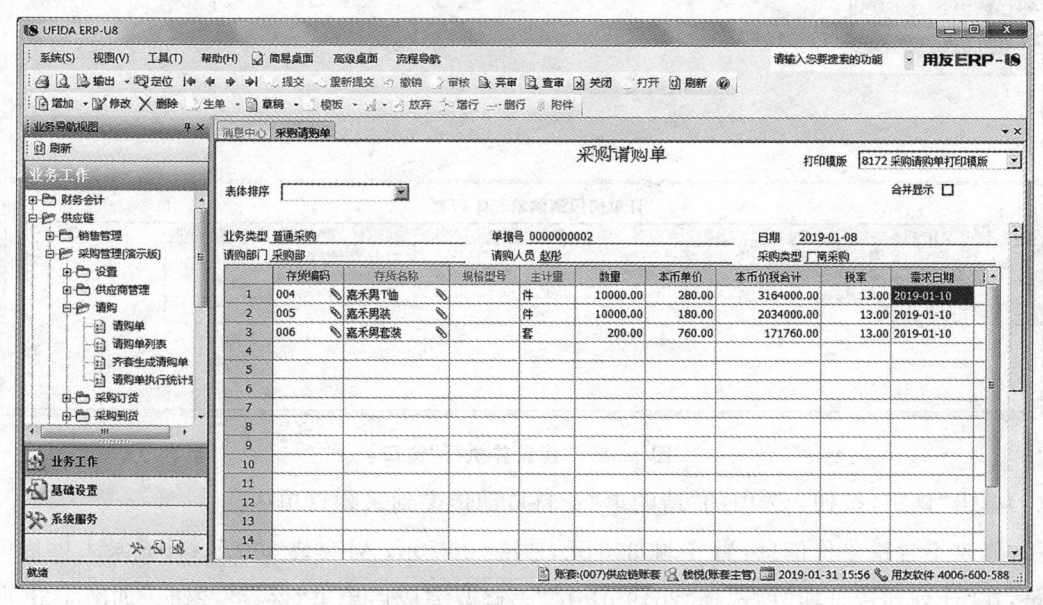

图4-37　"采购请购单"

（4）单击"保存"按钮。

（5）单击"审核"按钮，直接审核该请购单。

小 贴 士

①请购单的制单人与审核人可以为同一人。

②审核后的请购单不能直接修改。

③如果要修改审核后的请购单，需要先"弃审"，再"修改"，修改后单击"保存"按钮确认并保存修改信息。

④没有审核的请购单可以直接删除；已经审核的请购单需要先"弃审"，然后才能删除。

⑤查询尽购请购单，可以查看"请购单列表"。在列表中，单击需要查询的单据，可以打开该请购单；也可以在此执行"弃审""删除"操作。

2.第二笔业务的处理

本笔业务需要录入采购订单。采购订单可以直接输入,也可以根据请购单自动生成。

(1)在采购管理系统中,执行"采购订货"|"采购订单"命令,打开"采购订单"窗口。

(2)单击"增加",修改日期为"2019-01-08"。

(3)单击"生单"下拉按钮,选择"请购单",打开"过滤条件选择"对话框。

(4)单击"过滤",打开"拷贝并执行"窗口。

(5)双击鼠标左键选中需要拷贝的请购单,即打上"Y"选中标志,如图4-38所示。

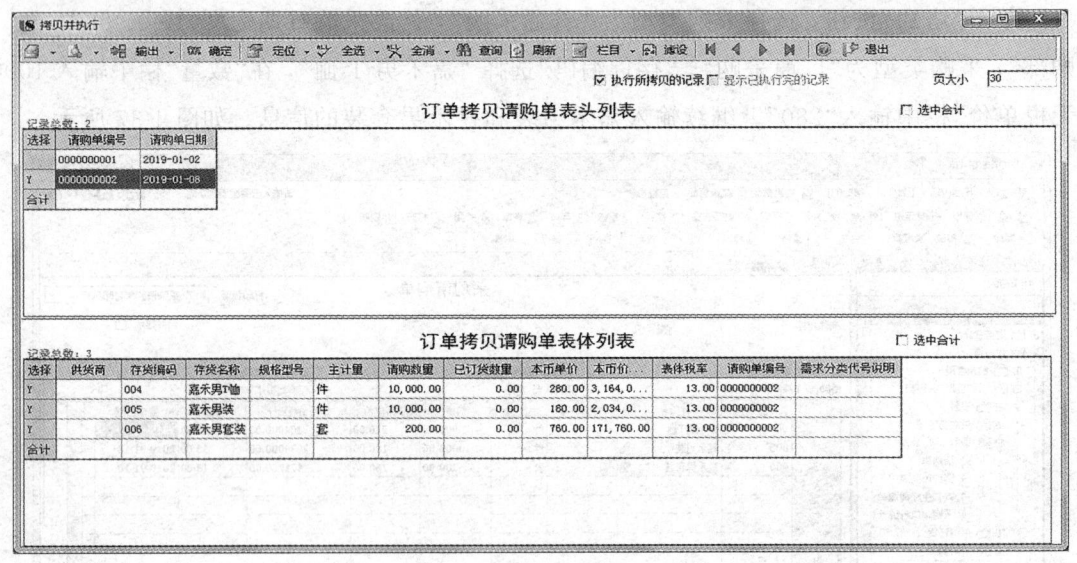

图4-38 "拷贝并执行"窗口

(6)单击"确定"按钮,选中的"请购单"资料自动传递到采购订单中。

(7)修改不含税单价信息:男T恤300元,男装200元,男套装800元;补充录入供货单位、业务员;在"计划到货日期"栏选择"2019-01-10"。修改完成后单击"保存"按钮。如图4-39所示。

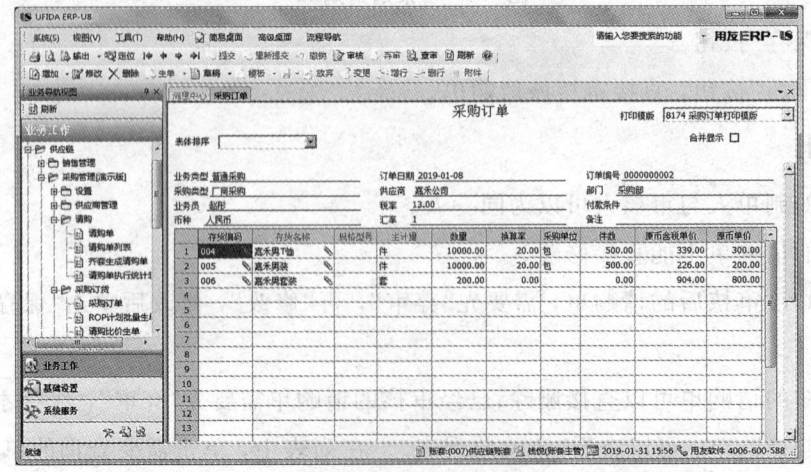

图4-39 修改、审核采购订单

(8)单击"审核"按钮,审核确认拷贝生成的采购订单。

小贴士

①如果要取消"拷贝并执行"窗口中的选择,可以在Y处双击鼠标取消。

②拷贝采购请购单生成的采购订单可以直接保存并审核。

③拷贝采购请购单生成的采购订单信息可以修改。但是如果根据请购单拷贝生成的采购订单已经审核,则不能直接修改,需要先"弃审"再"修改"。

④拷贝采购请购单生成的采购订单如果已经生成到货单或采购入库单,也不能直接修改、删除采购订单信息,需要将其下游单据删除后,才能修改。

⑤如果需要按计划批量生单,需要执行"采购管理"|"采购订货"|"计划批量生单"命令,打开"过滤条件选择"对话框,过滤选择请购单,由系统自动成批生成采购订单。

⑥如果需要查询采购订单,可以查看"采购订单列表"。

3.第三笔业务的处理

该笔业务需要录入采购到货单、采购入库单和采购专用发票,也可以只录入采购入库单和采购专用发票,并进行采购结算。采购到货单可以直接录入,也可以根据采购订单拷贝生成;采购入库单只能在库存系统中输入或生成,可以直接录入,也可以根据采购到货单、采购订单自动生成;采购专用发票可以直接录入,也可以通过拷贝采购入库单或采购订单生成。

(1)生成采购到货单。

①在采购管理系统中,执行"采购到货"|"到货单"命令,打开"到货单"窗口。

②单击"增加"按钮,修改日期为"2019-01-10"。

③单击"生单"下拉按钮,选择"采购订单";单击"过滤"按钮,系统弹出"拷贝并执行"窗口。

④在"拷贝并执行"窗口中选中所选的采购订单,单击"确定"按钮,系统自动生成到货单。

⑤单击"保存"按钮。根据采购订单生成的采购到货单,如图4-40所示。

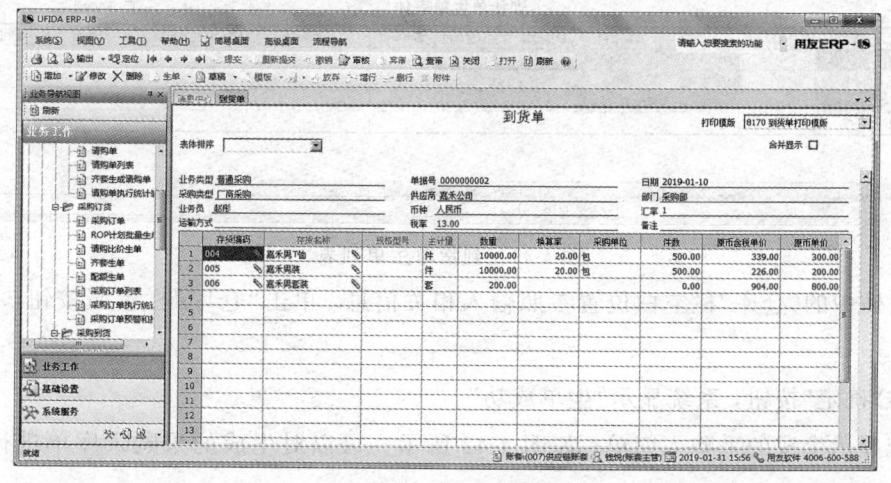

图4-40 采购到货单

⑥单击"审核"按钮,再单击"退出"按钮。

小 贴 士

①采购到货单可以手工录入，也可以通过拷贝采购订单生成到货单。

②如果采购到货单与采购订单信息有差别，可以直接据实录入到货单信息，或者直接修改生成的到货单信息，再单击"保存"按钮确认修改的到货单。

③没有生成下游单据的采购到货单可以直接删除。

④已经生成下游单据的采购到货单不能直接删除，需要删除下游单据后，才能删除采购到货单。

(2) 生成采购入库单。

当采购管理系统与库存管理系统集成使用时，采购入库单需要在库存管理系统中录入。如果采购管理系统不与库存管理系统集成使用，则采购入库业务在采购管理系统中进行处理。

①在企业应用平台中，启动"库存管理系统"。

②在库存管理系统中，执行"入库业务"|"采购入库单"命令，打开"采购入库单"窗口。

③单击"生单"下拉按钮，选中"采购到货单(批量)"；单击"过滤"按钮，弹出"到货单生单列表"窗口。

④双击"选择"按钮，选中栏出现"Y"，如图4-41所示。

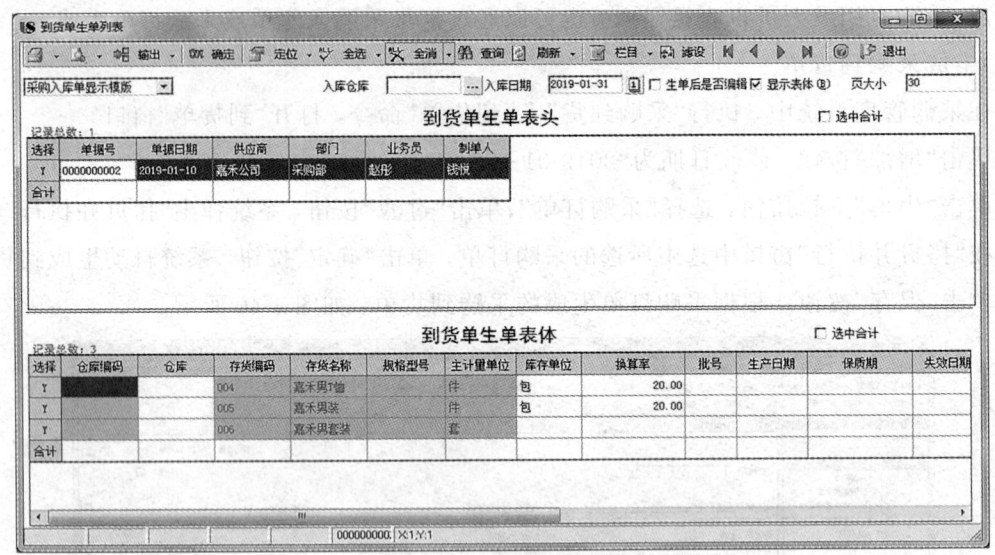

图 4-41 到货单生单列表

⑤在表体中的"仓库"栏空白位置参照输入相关信息，单击"仓库"栏参照按钮，选择"嘉禾仓库"。

⑥单击"确定"按钮，系统显示"生单成功"。

⑦系统显示生成的采购入库单，如图4-42所示。可以对生成的采购入库单进行有限制的修改。

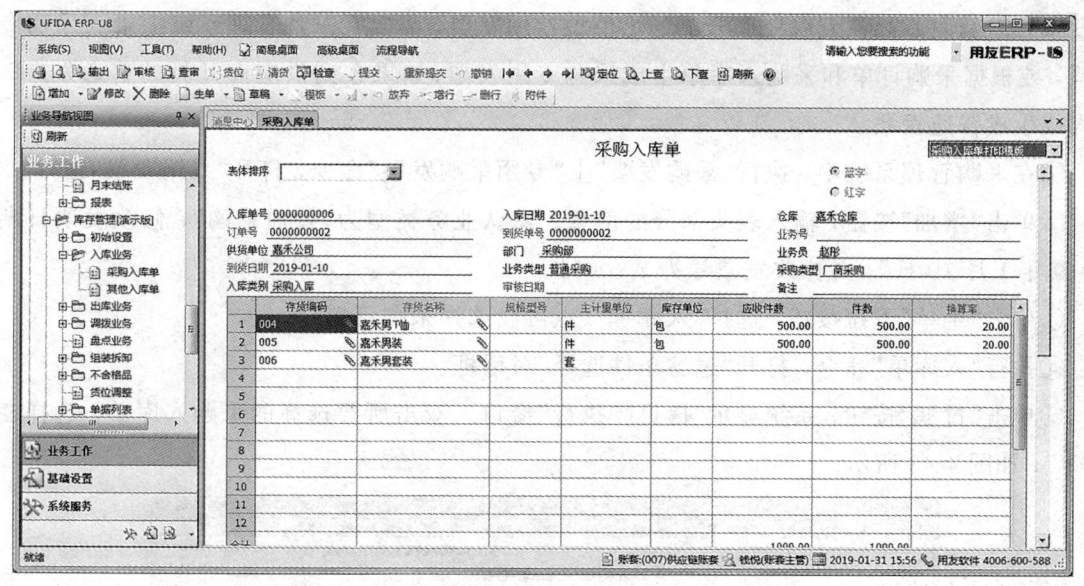

图 4-42 采购入库单

⑧单击"审核"按钮,确认保存采购入库单。

小 贴 士

①采购入库单必须在库存管理系统中录入或生成。

②在库存管理系统中录入或生成的采购入库单,可以在采购管理系统中查看,但不能修改或删除。

③如果需要手工录入采购入库单,则在库存管理系统中打开采购入库单窗口时,单击"增加"按钮,可以直接录入采购入库单信息。

④如果在采购选项中设置了"普通业务必有订单",则采购入库单不能手工录入,只能参照生成。如果需要手工录入采购入库单,则需要先取消"普通业务必有订单"选项。

⑤采购入库单可以拷贝采购订单生成,也可以拷贝采购到货单生成。如果拷贝采购订单生成,则单击"生单"下拉按钮,打开"过滤条件选择"对话框,选择单据后单击"确定"按钮,生成采购入库单。

⑥根据上游单据拷贝生成下游单据后,上游单据不能直接修改、弃审。删除下游单据后,其上游单据才能执行"弃审"操作,弃审后才能修改。

⑦要查询采购入库单,可以在采购系统中查看"采购入库单列表"。

(3)填制采购发票。

采购发票是供应商开出的销售货物的凭证,系统根据采购发票确认采购成本,并据以登记应付账款。采购发票按业务性质分为蓝字发票和红字发票;按发票类型分为增值税专用发票、普通发票和运费发票。收到供应商开具的增值税专用发票,需要在采购管理系统中录入采购专用发票,或根据采购订单和采购入库单生成采购专用发票;如果收到供应商开具的普通发票,则录入或生成普通发票。

①在采购管理系统中,执行"采购发票"|"专用采购发票"命令,打开"专用发票"窗口。

②单击"增加"按钮,输入表头部分的信息。默认业务类型为"普通采购",修改发票日期为"2019年1月10日",并修改发票号为ZY0001。

③单击"生单"下拉按钮,选择"入库单"(也可以选择采购订单)。

④执行"入库单"命令,打开"过滤条件选择"对话框。

⑤单击"过滤"按钮,系统显示"拷贝并执行"窗口。双击所要选择的采购入库单,选择栏显示"Y",如图4-43所示。

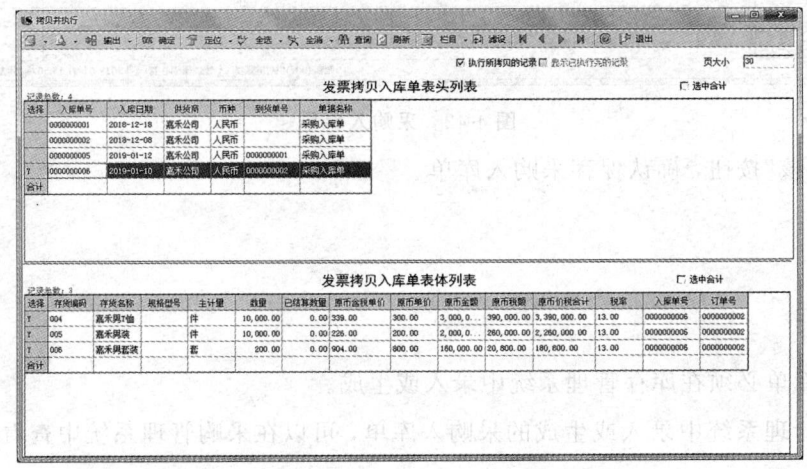

图4-43 采购入库单列表

⑥单击"确定"按钮,系统将采购入库单自动传递过来,生成采购专用发票,如图4-44所示。

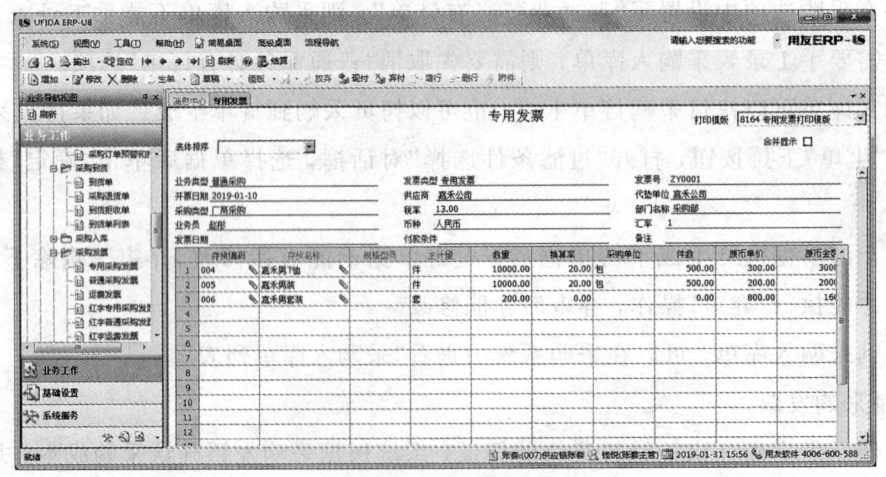

图4-44 采购专用发票

⑦所有信息输入、修改完成后，单击"保存"按钮，保存参照采购入库单生成的采购专用发票。

小贴士

①采购发票包括采购专用发票、采购普通发票、采购运费发票和采购红字发票。

②采购发票可以手工输入，也可以根据采购订单、采购入库单参照生成。

③如果在采购选项中设置了"普通采购必有订单"，则不能手工录入采购发票，只能参照生成采购发票。如果需要手工录入，则需要先取消"普通业务必有订单"选项。

④如果录入采购专用发票，需要先在基础档案中设置有关开户银行信息，否则，只能录入普通发票。

⑤采购专用发票中的表头税率是根据专用发票默认税率带入的，可以修改。采购专用发票的单价为无税单价，金额为无税金额，税额等于无税金额与税率的乘积。

⑥普通采购发票的表头税率默认为0，运费发票的税率默认为9%，可以进行修改；普通发票、运费发票的单价为含税单价，金额为价税合计。

⑦如果收到供应商开具的发票但没有收到货物，可以对发票进行压单处理，待货物运达后，再输入采购入库单并进行采购结算；也可以先将发票输入系统，以便实时统计在途物资。

⑧在采购管理系统中可以通过查看"采购发票列表"来查询采购发票。

（4）采购结算。

采购结算就是采购报账，是指采购人员根据采购入库单、采购发票核算采购入库成本。采购结算生成采购结算单，它是记载采购入库单记录与采购发票记录对应关系的结算对照表。采购结算分为自动结算和手工结算。采购自动结算是由系统自动将符合条件的采购入库单记录和采购发票记录进行结算。系统按照三种结算模式进行自动结算：入库单和发票结算、红蓝入库单结算、红蓝发票结算。

①在采购管理系统中，执行"采购结算"|"自动结算"命令，系统弹出"采购自动结算"对话框。

②根据需要输入结算过滤条件和结算模式，如单据的起止日期；选择"入库单和发票"结算模式；单击"过滤"按钮，系统自动进行结算。如果存在完全匹配的记录，则系统弹出信息提示对话框，如图4-45所示，单击"确定"按钮。如果不存在完全匹配的记录，则系统弹出"状态：没有符合条件的红蓝入库单和发票"信息提示对话框。

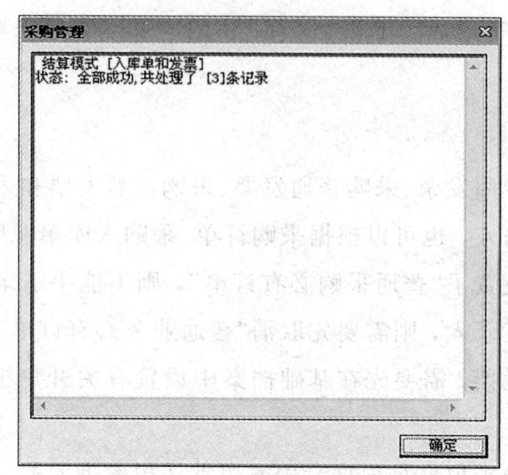

图 4-45 成功结算信息

③执行"结算单列表"命令，单击"过滤"按钮，双击需要查询的结算表，可以打开结算表，查询、打印本次自动结算结果。

④单击"退出"按钮。

小 贴 士

①设置采购自动结算过滤条件时，存货分类与存货是互斥的，即同时只能选择一个条件进行过滤。

②结算模式为复选，可以同时选择一种或多种结算模式。

③执行采购结算后的单据不能进行修改、删除操作。

④如果需要删除已经结算的发票或采购入库单，可以在"结算单列表"中打开该结算单并删除，这样才能对采购发票或采购入库单执行相关的修改、删除操作。

(5)采购成本核算。

采购成本的核算在存货核算系统中进行。存货核算系统记账后，才能确认采购商品的采购成本。

操作步骤

①在存货核算系统中，执行"业务核算｜"正常单据记账"命令，打开"正常单据记账条件"窗口。

②选择"仓库"中的"嘉禾仓库"。

③单击"确定"按钮，再单击"过滤"按钮。打开窗口"正常单据记账列表"窗口。

④单击"全选"按钮，如图 4-46 所示。

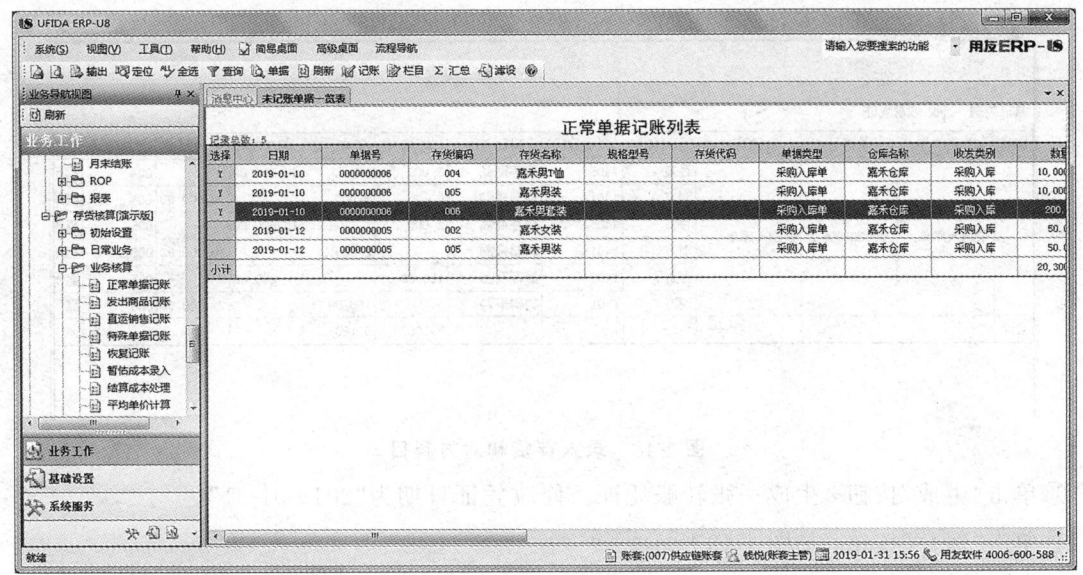

图 4-46 选择单据

⑤单击"记账"按钮,显示"记账成功",将采购入库单记账。

⑥单击"退出"。

⑦执行"财务核算"|"生成凭证"命令,打开"生成凭证"窗口。

⑧单击"选择"按钮,打开"查询条件"对话框。

⑨选中"(01)采购入库单(报销记账)"复选框。

⑩单击"确定"按钮,打开"未生成凭证单据一览表"窗口。

⑪单击"选择"栏,或单击"全选"按钮,选中待生成凭证的单据,单击"确定"按钮。如图4-47所示。

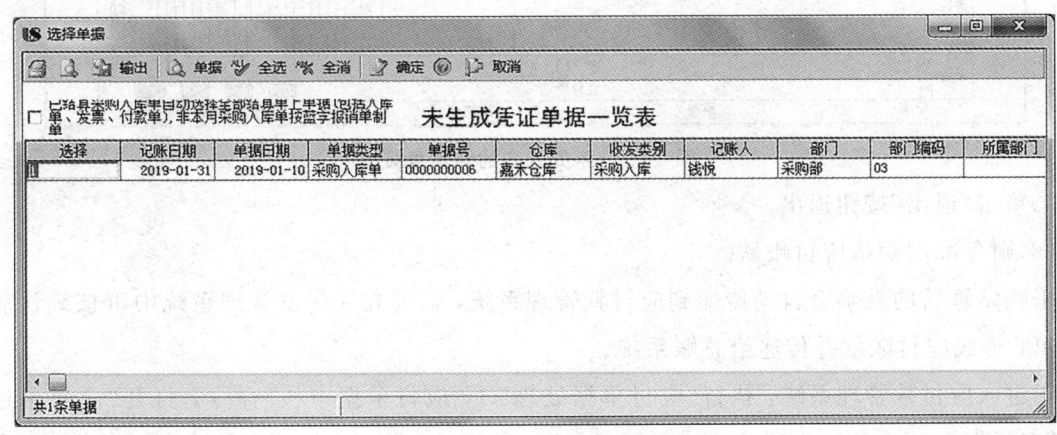

图 4-47 选择单据

⑫选择科目编"转账凭证",分别录入或选择"存货"科目编码为1405,"对方"科目编码为1401,如图4-48所示。

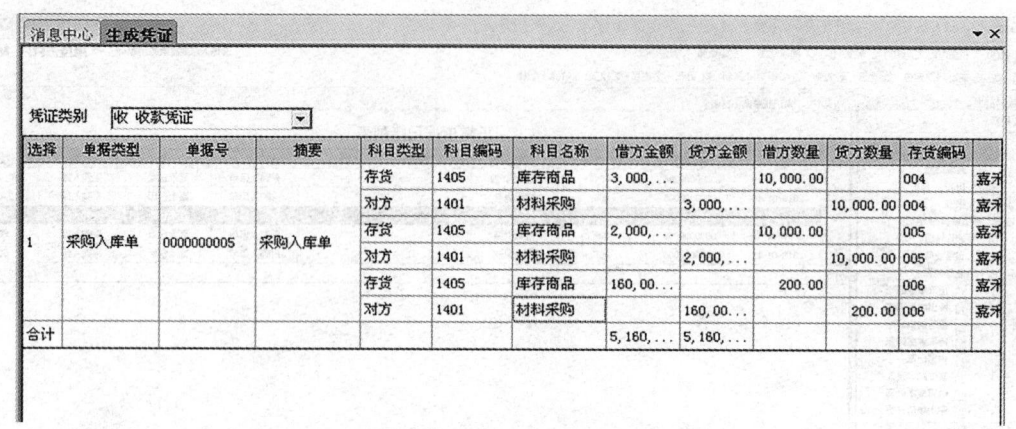

图 4-48　录入存货和对方科目

⑬单击"生成"按钮，生成一张转账凭证。修改凭证日期为"2019-01-31"。

⑭单击"保存"按钮，如图 4-49 所示。

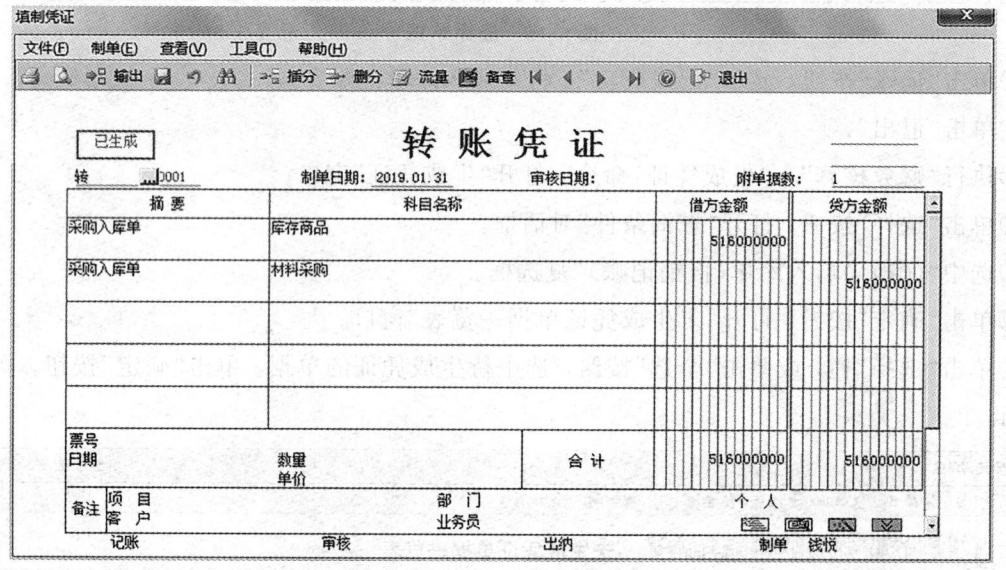

图 4-49　存货入库的转账凭证

⑮单击"退出"按钮退出。

（6）财务部门确认应付账款。

采购结算后的发票会自动传递到应付款管理系统，需要在应付款管理系统中审核确认后进行制单，形成应付账款并传递给总账系统。

①进入应付款管理系统，执行"应付单据处理"｜"应付单据审核"命令，打开"应付单过滤条件"对话框。

②单击"确定"按钮，系统弹出"应付单据列表"窗口。

③单击"选择"栏，或单击"全选"按钮，如图 4-50 所示。

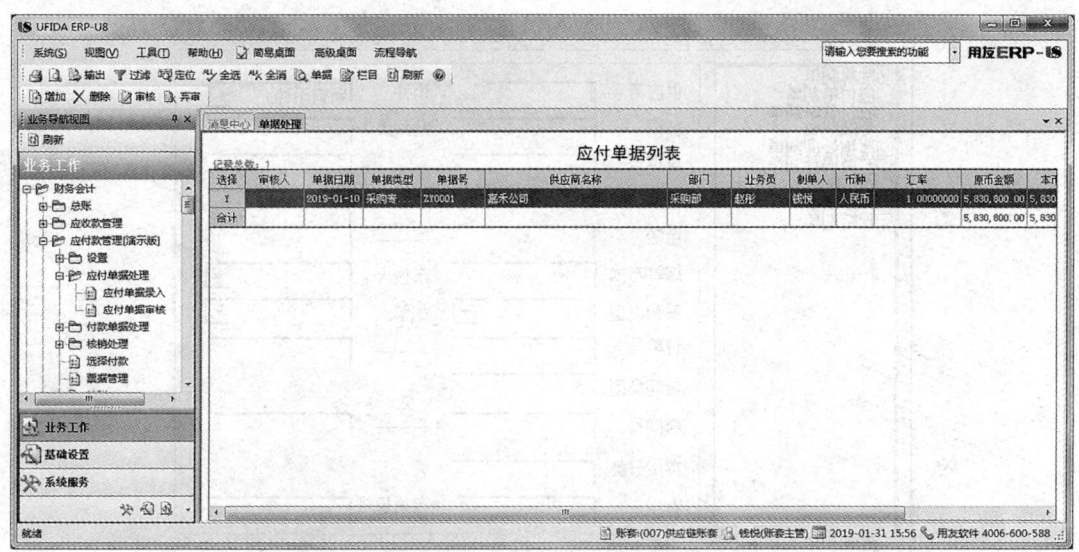

图 4-50 "应付单据列表"窗口

④单击"审核"按钮,系统完成审核并给出审核报告,如图 4-51 所示。

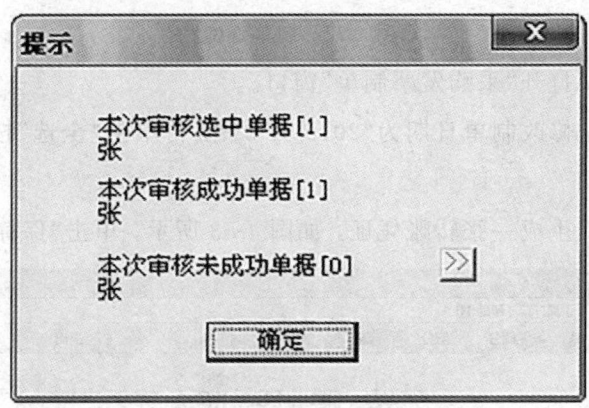

图 4-51 应付单据审核

⑤单击"确定"按钮后退出。

⑥执行"制单处理"命令,打开"制单查询"对话框,选择"发票制单",如图 4-52 所示。

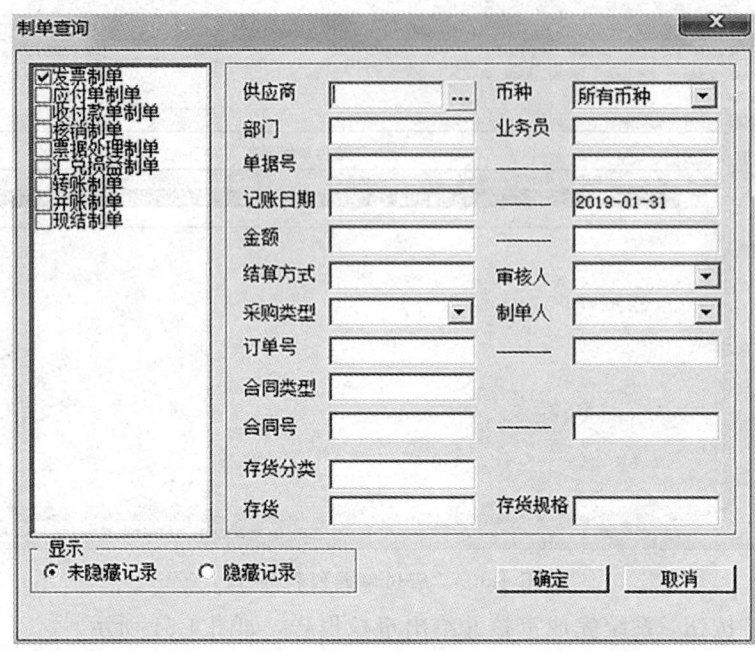

图 4-52 制单查询

⑦单击"确定"按钮,打开"采购发票制单"窗口。

⑧选择"转账凭证",修改制单日期为"2019-01-31",再单击"全选"按钮,选中要制单的"采购入库单"。

⑨单击"制单"按钮,生成一张转账凭证,如图4-53所示,单击"保存"按钮。

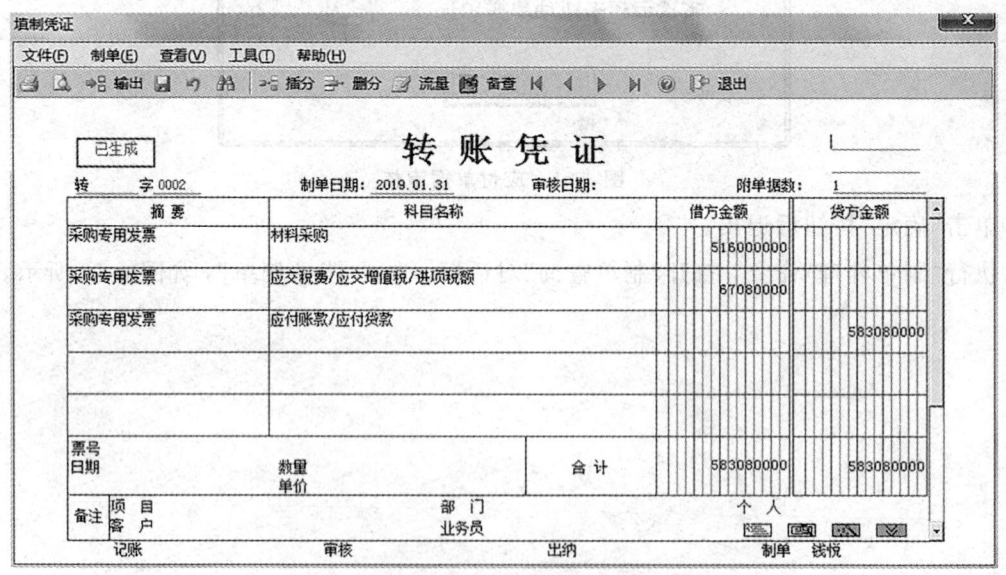

图 4-53 生成转账凭证

⑩打开总账系统,执行"凭证"|"查询凭证"命令。选择"未记账凭证",打开所选凭证,可以查询在应付款系统中生成并传递至总账的记账凭证。

小 贴 士

①应付科目可以在应付款系统的初始设置中设置。而此账套未设置,所以在生成凭证后可以补充填入。

②只有采购结算后的采购发票才能自动传递到应付款管理系统,并且需要在应付款管理系统中审核确认,才能形成应付账款。

③在应付款管理系统中可以根据采购发票制单,也可以根据应付单或其他单据制单。

④在应付款管理系统中可以根据一条记录制单,也可以根据多条记录合并制单,用户可以根据选择制单序号进行处理。

⑤可以在采购结算后针对每笔业务立即制单,也可以月末一次制单。

⑥采购发票需要在存货核算系统中记账。可以在采购发票记账前制单,也可以在采购发票记账后再制单。

4.账套备份

(1)在C:\"供应链账套备份"文件夹中新建"007-4-3 普通采购业务(一)"文件夹。

(2)将账套输出至C:\"供应链账套备份"\"007-4-3 普通采购业务(一)"文件夹中。

任务四 采购与应付业务二

任务案例资料

金诚贸易公司日常采购业务如下（采购部，业务员：赵彤）。

2019年1月10日，收到嘉禾公司的专用发票，发票号ZY0002。本笔业务是2018年12月18日采购嘉禾女套装的业务，货物已验收入库，业务已在期初录入了期初采购入库单。本次收到的发票载明嘉禾女套装100套，单价380元，增值税税率13%。本公司立即支付货款和税款（现金支票XJ0001）。

2019年1月14日，向瑞恒公司订购瑞恒乒乓球2000只，原币单价12元。要求本月20日到货。2019年1月19日，收到瑞恒公司根据1月14日订购器材的订单、发来的瑞恒乒乓球和专用发票，发票号码ZY0003。发票上写明瑞恒乒乓球2000只，原币单价12元，增值税税率13%；同时附有一张运费专用发票，发票载明运费200元（不能抵扣进项税），订货合同约定运费由本公司承担。经检验，质量合格（入器材仓），财务部门确认采购成本和该笔应付款项。

2019年1月18日，向瑞恒公司订购瑞恒羽毛球1000只，原币单价14元。要求本月25日到货。2019年1月23日，收到瑞恒公司根据1月18日订购羽毛球的订单发来的瑞恒羽毛球和专用发票，发票号码ZY0004，合同约定运费由对方承担。专用发票上写明瑞恒羽毛球1000只，原币单价14元，增值税税率13%。在验收入库（器材仓）时发现损坏5只，属于合理损耗。本公司确认后立即付款50%（电汇DH0001）。

2019年1月25日，向永益公司订购永益男风衣1000件，原币单价150元；订购永益女风衣500件，原币单价120元，要求本月30日到货。2019年1月30日，向永益公司订购的永益男女风衣到货并全部验收入库。同时收到永益公司的专用发票，发票号码ZY0005。发票载明永益男风衣1000件，原币单价150元；女风衣500件，原币单价120元，增值税税率13%，尚未支付款项。

一、任务描述

熟悉普通采购业务的业务流程和业务规则。

1.业务流程

(1)请购部门填制采购请购单。

(2)采购部门根据采购请购单进行比价（比较供应商的供货价格，选择供应商）。

(3)采购部门填制采购订单。

(4)采购部门将采购订单发送给供应商,供应商进行送货(采购订单可以生成采购到货单)。

(5)货物到达企业后,对收到的货物进行清点,参照采购订单填制采购到货单。

(6)经过仓库的质检和验收,参照采购订单或采购到货单填制采购入库单。(采购入库单应该在库存管理的入库单里填制,采购管理中的采购入库单是期初的采购入库单)

(7)取得供应商的发票后,采购部门填制采购发票。

(8)采购部门进行采购结算。

(9)将采购入库单报财务部门的成本会计进行存货核算(采购入账),将采购发票等票据报应付账会计进行应付账款核算(应付款入账)。

2.业务规则:

(1)采购请购单、订单、到货单支持整单关闭,也支持行关闭,单据执行完毕或部分执行,剩余不执行即可使用关闭功能。(请购单、订货单、到货单支持关闭功能)

(2)采购请购单、订单、到货单的新增、修改、审核、弃审不受系统月末结账限制,已结账月份的采购发票不允许修改。

(3)请购单无法直接到货或入库。

(4)必有订单模式不允许下游增行,但可以修改数量(做所有的单据前必须要有订单)。

(5)只有采购订单可以进行金额审核权限控制。

(6)采购订单有到货环节,必须通过到货单。

(7)到货单有质检属性的存货不允许直接入库,必须通过质检环节入库。

(8)不能超到货单生成入库单。

(9)采购入库单期初时在采购管理中录入为期初暂估业务,采购期初记账后,在库存管理中录入。

(10)到货单没有审核按钮,请购单、订单需审核才可以被下游单据参照,入库单未审核也可以被发票参照到。

二、任务设计

1.录入或生成采购到货单、采购入库单等普通采购业务单据,并进行审核确认

2.录入或生成采购发票,并按要求修改采购发票编号

3.进行采购结算

4.支付采购款项或确认应付账款,可以立即制单,也可以月末合并制单

三、操作步骤

1.第一笔业务的处理

本笔业务系2018年12月入库的服装,因此,只需输入采购发票,执行采购结算并支付款项的操作。

(1) 采购发票与采购结算。

①以 2019 年 1 月 31 日登录企业应用平台，在采购管理系统中，执行"采购发票"|"专用采购发票"命令，打开"采购专用发票"窗口。单击"增加"按钮，修改开票日期为"2019-01-10"，选择部门名称为"采购部"，业务员为"赵彤"，并修改发票号为 ZY0002。

②期初已经输入该笔业务的入库单，直接拷贝采购入库单，生成采购专用发票。单击"生单"下拉按钮，选择"入库单"，系统自动打开"过滤条件选择"对话框；单击"过滤"按钮，打开"拷贝并执行"窗口，选中第 1 张入库单的"选择"栏，如图 4-54 所示。

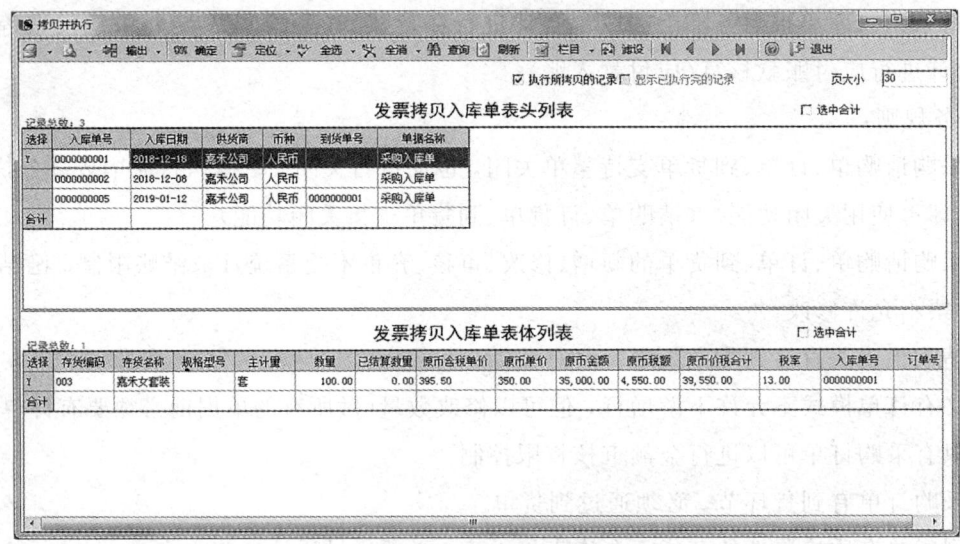

图 4-54 拷贝生单窗口

③单击"确定"按钮，生成一张"采购专用发票"，修改原币单价为 380。

④单击"保存"按钮，最终的采购专用发票如图 4-55 所示。

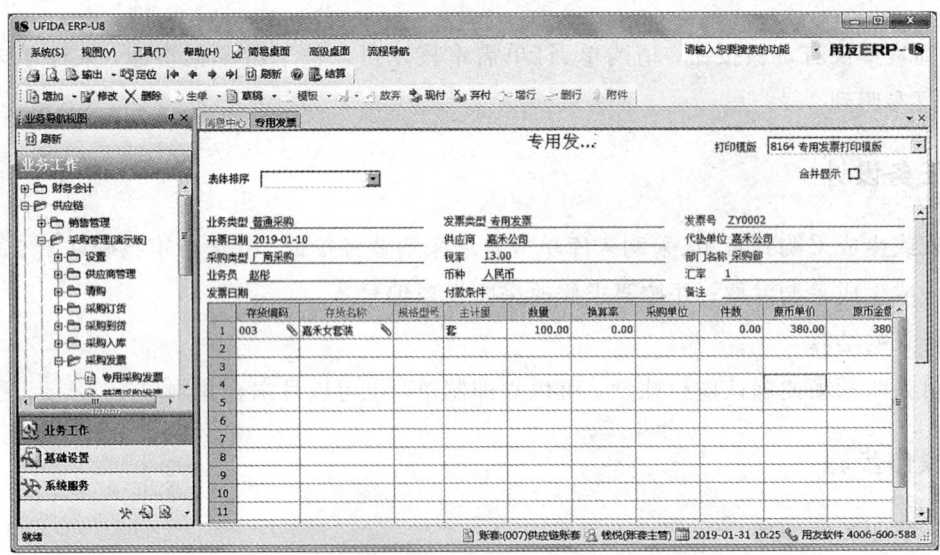

图 4-55 采购专用发票

⑤单击"现付"按钮,打开"现付"窗口。选择结算方式为现金支票,录入结算金额为42940元,票据号为XJ0001,本单位开户银行及账号等信息。

⑥对完成已现付的发票,单击"结算"按钮,即可进行采购发票和采购入库单的自动结算工作,发票上显示"已现付"和"已结算",如图4-56所示。

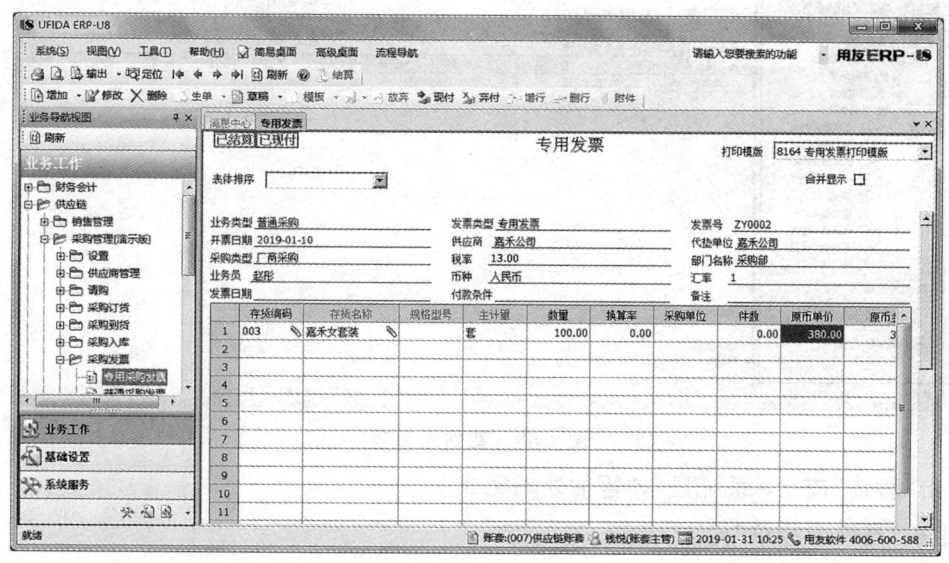

图 4-56 现付结算

(2)暂估处理。

①在存货核算系统中,执行"业务核算"|"结算成本处理"命令,打开"暂估处理查询"对话框。

②选中"嘉禾仓库"前的复选框。如图4-57所示。

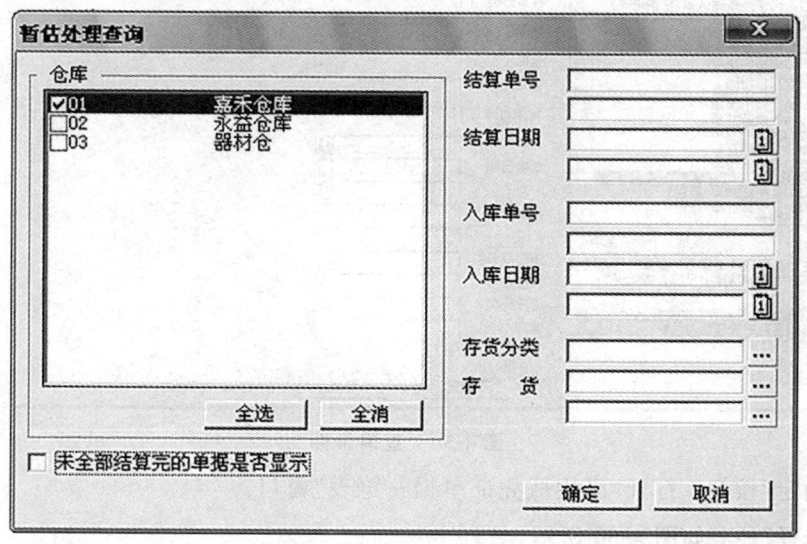

图 4-57 暂估处理查询

③单击"确定"按钮,打开"暂估结算表"窗口。

④单击"选择"栏，或单击"全选"按钮，选中要暂估结算的结算单，如图4-58所示。

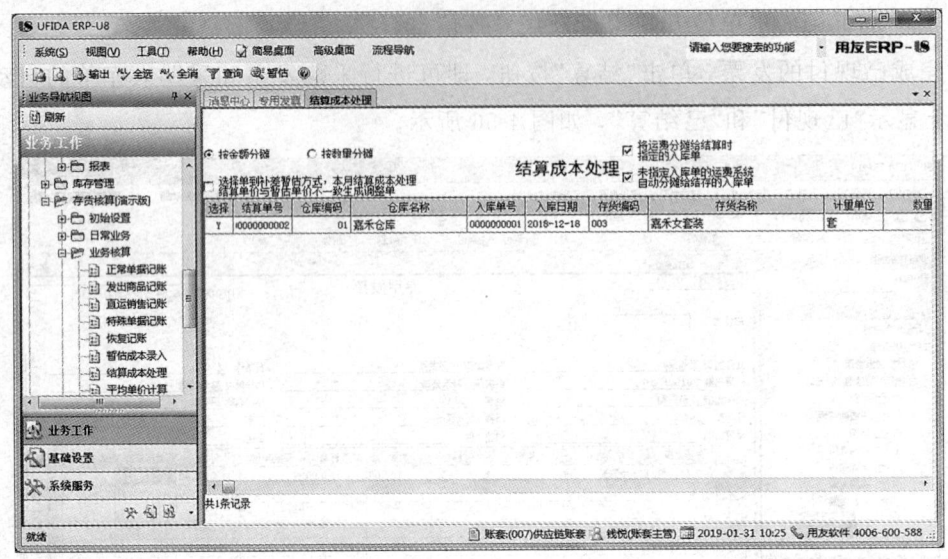

图 4-58　暂估结算表

⑤单击"暂估"按钮，系统显示"暂估处理完成"。

(3)生成"红字回冲单"凭证。

①在存货核算系统中，执行"财务核算"|"生成凭证"命令，打开"生成凭证"窗口。

②单击"选择"按钮，打开"查询条件"对话框。

③选中"(24)红字回冲单"复选框和要生成凭证的单据，如图4-59所示。

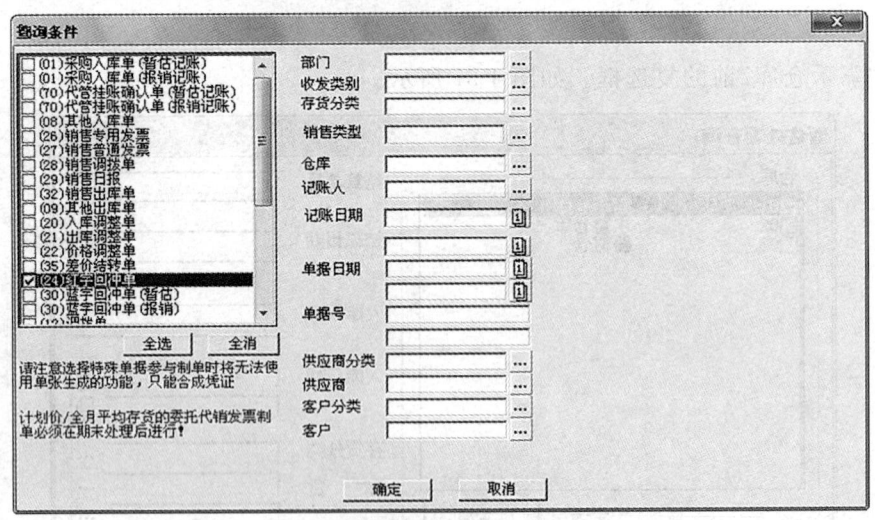

图 4-59　查询条件

④单击"确定"按钮，打开"未生成凭证单据一览表"窗口。

⑤单击"选择"栏，如图4-60所示。

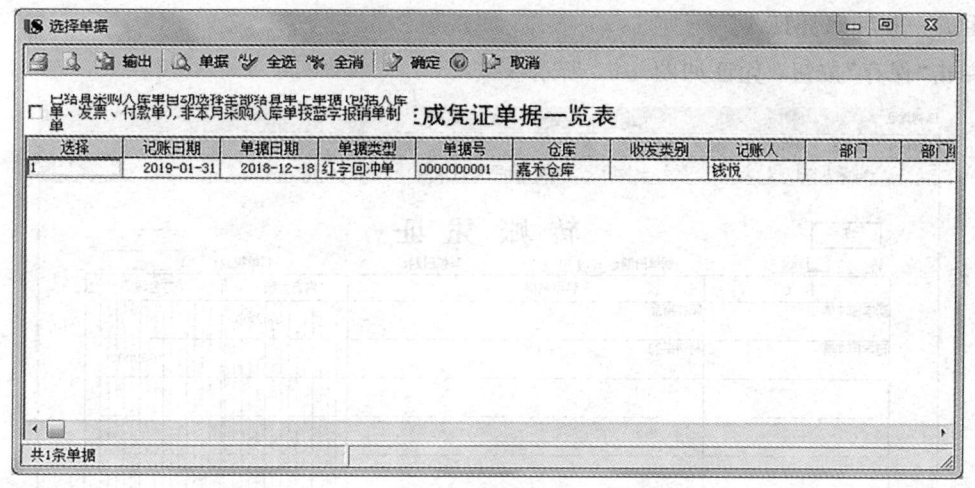

图 4-60 选择单据

⑥单击"确定"按钮,打开"生成凭证"窗口。
⑦录入存货科目编码为 1405,对方科目编码为 220202,选择"转账凭证"。
⑧单击"生成"按钮,生成一张转账凭证。
⑨单击"保存"按钮,生成的凭证如图 4-61 所示。

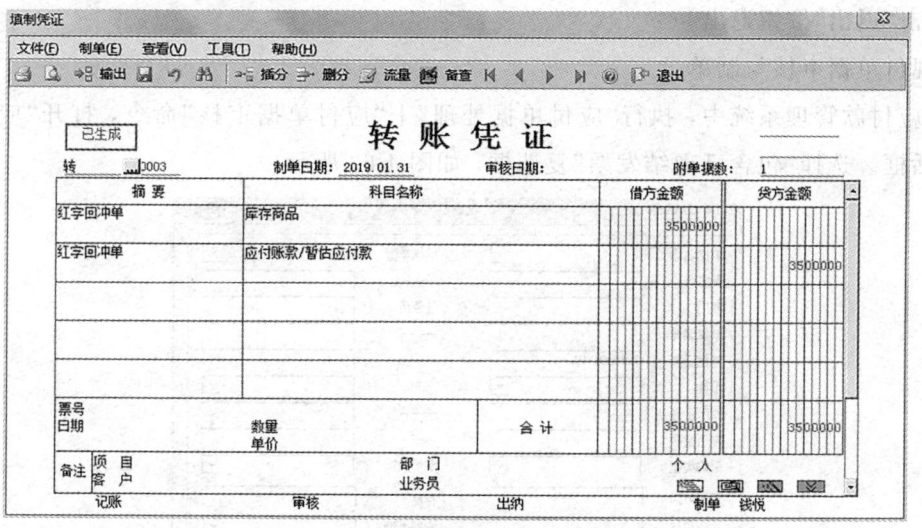

图 4-61 冲销暂估入账的凭证

(4)生成"蓝字回冲单(报销)"凭证。
①执行"财务核算"|"生成凭证"命令,打开"生成凭证"窗口。
②单击"选择"按钮,打开"查询条件"对话框。
③选中"(30)蓝字回冲单(报销)"复选框,再单击"确定"按钮,打开"未生成凭证单据一览表"窗口。
④单击"选择"栏,再单击"确定"按钮,打开"生成凭证"窗口。
⑤修改凭证类别为"转账凭证",录入存货科目编码 1405,对方科目编码 1401。单击"生成"

按钮,生成一张转账凭证。

⑥单击"保存"按钮,凭证如图 4-62 所示。

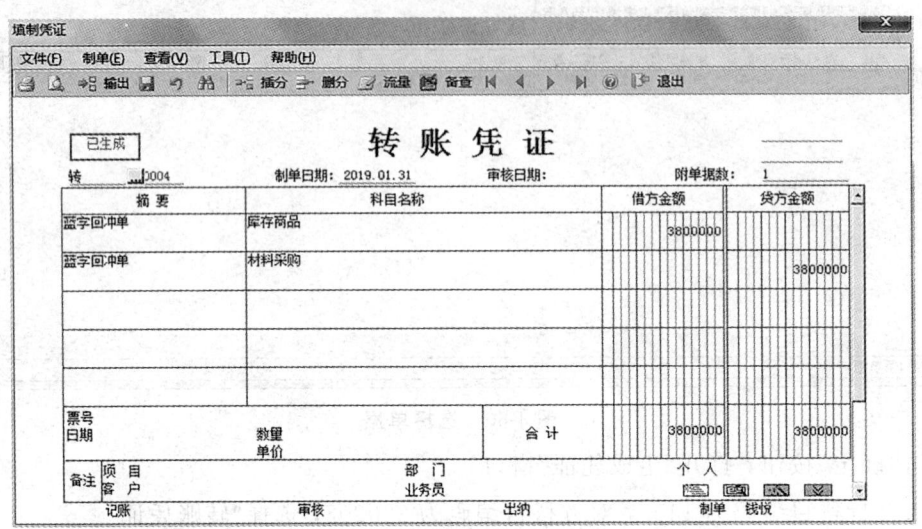

图 4-62 存货入库的凭证

⑦单击"退出"按钮退出。

(5)现付单据审核与制单。

①在应付款管理系统中,执行"应付单据处理"|"应付单据审核"命令,打开"应付单过滤条件"对话框。选择"包含已现结发票"复选框,如图 4-63 所示。

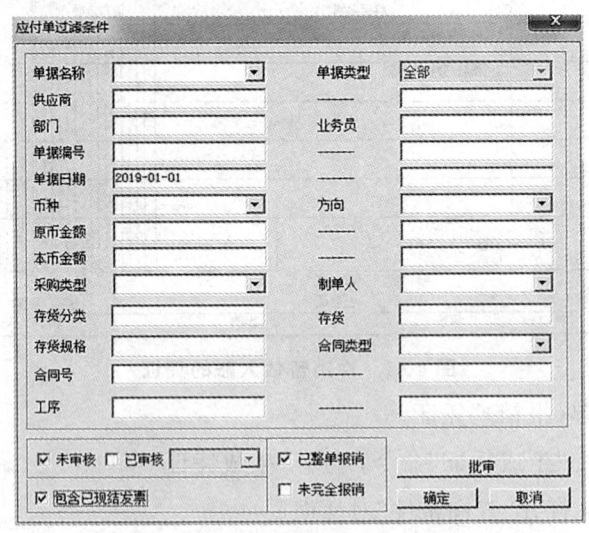

图 4-63 "应付单过滤条件"对话框

②单击"确定"按钮,打开"应付单据列表"窗口。

③单击"选择"栏,选中已现付单据。单击"审核"按钮,完成对现付发票的审核,如图 4-64 所示。

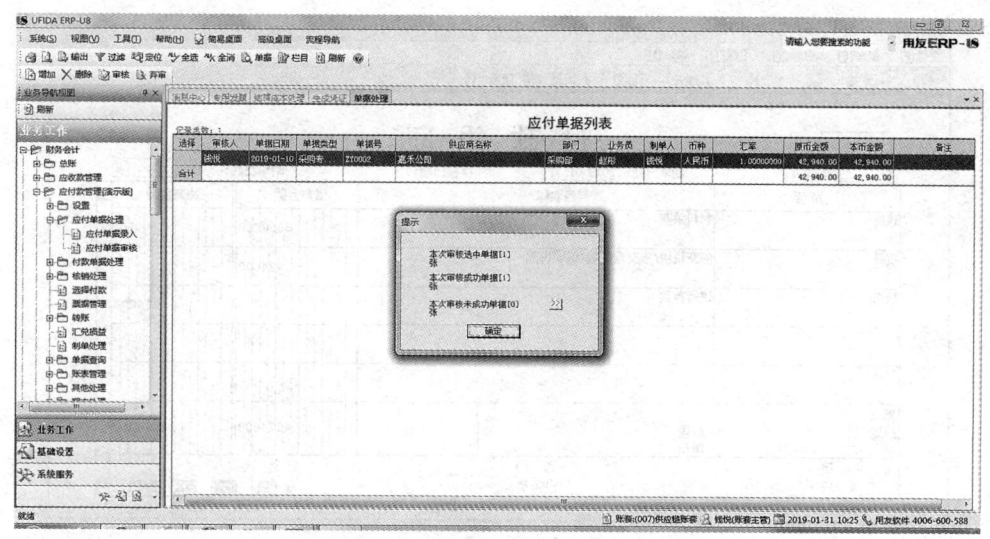

图 4-64 "应付单据审核"窗口

④ 单击"确定"按钮,再单击"退出"按钮退出。

⑤ 执行"制单处理"命令,打开"制单查询"对话框,选择"现结制单"复选框,如图 4-65 所示。

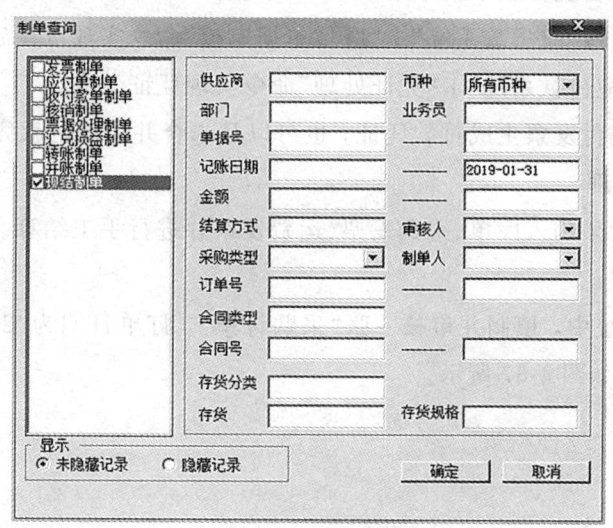

图 4-65 制单查询

⑥ 单击"确定"按钮,打开"现结制单"窗口。

⑦ 单击"全选"按钮,选择凭证类别为"付款凭证"。单击"制单"按钮,生成一张付款凭证自动传递到总账系统,单击"保存"按钮,在总账系统中可以查询、审核该付款凭证。如图 4-66 所示。

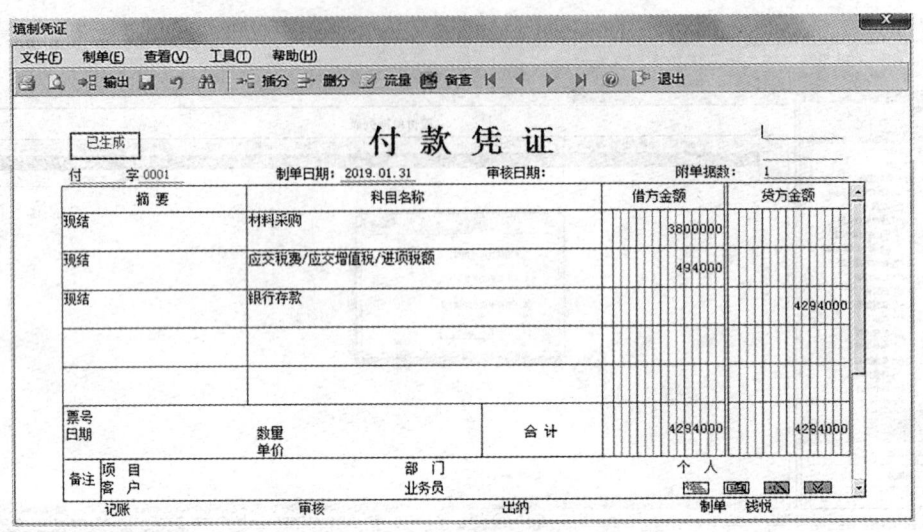

图 4-66 付款凭证

小 贴 士

①采购结算后,现付发票和现付单据才能自动传递到应付款系统中。

②付款单据也可以在应付款系统中手工录入、审核。

③现付单据只能通过"应付款系统"|"应付单据审核"命令实现审核。

④现付发票通过"应付款系统"|"凭证处理"命令实现凭证生成。

⑤可以根据每张现付发票生成付款凭证,也可以月末合并生成付款凭证。

2.第二笔业务的处理

本笔业务需要录入采购入库单、采购发票、运费发票并进行手工结算。

本笔业务处理流程:

(1)在采购管理系统中,填制并审核一张"采购订单",订单日期为"2019-01-14",计划到货日期为"2019-01-20"。如图 4-67 所示。

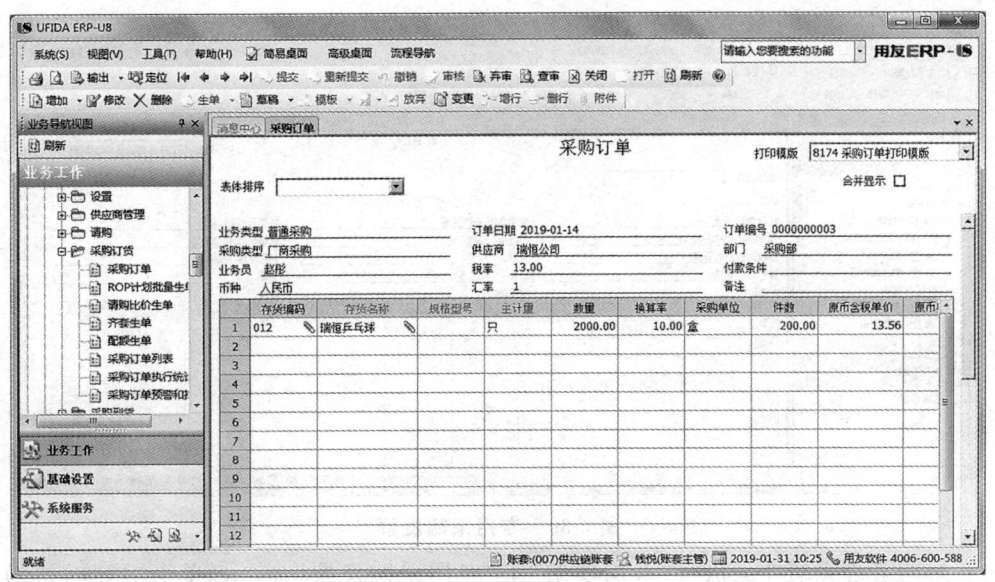

图 4-67 采购订单

（2）在库存管理系统中，根据采购订单生成采购入库单。执行"库存管理"|"入库业务"|"采购入库单"，点击"生单"下拉按钮，选择"采购订单（批量）"选择相应单据生单。如图 4-68 所示，保存并审核该单据。

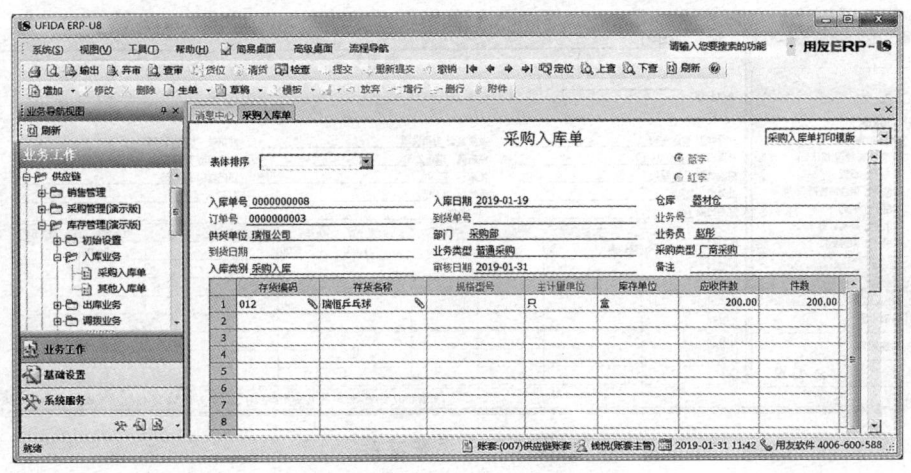

图 4-68 采购入库单

（3）在采购管理系统中，根据采购入库单生成采购专用发票。执行"采购管理"|"采购发票"|"专用采购发票"，点击"增加"按钮，点击"生单"下拉按钮，选择相应单据生单。

（4）修改发票号为 ZY0003 并保存，如图 4-69 所示。

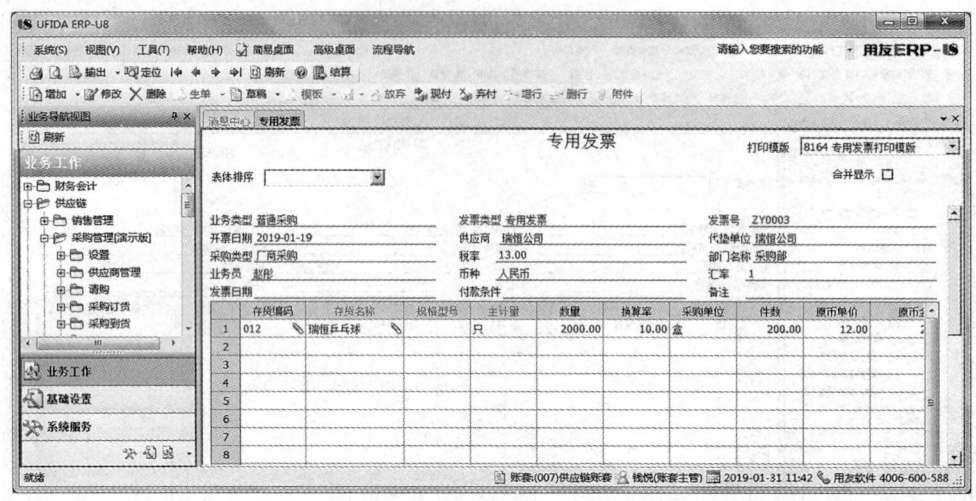

图 4-69 专用采购发票

(5)在采购管理系统中，执行"采购发票"|"专用采购发票"命令。单击"增加"按钮，手工输入一张运费专用发票，输入表体内容，存货名称为"运输费"，单击"保存"按钮，如图 4-70 所示。

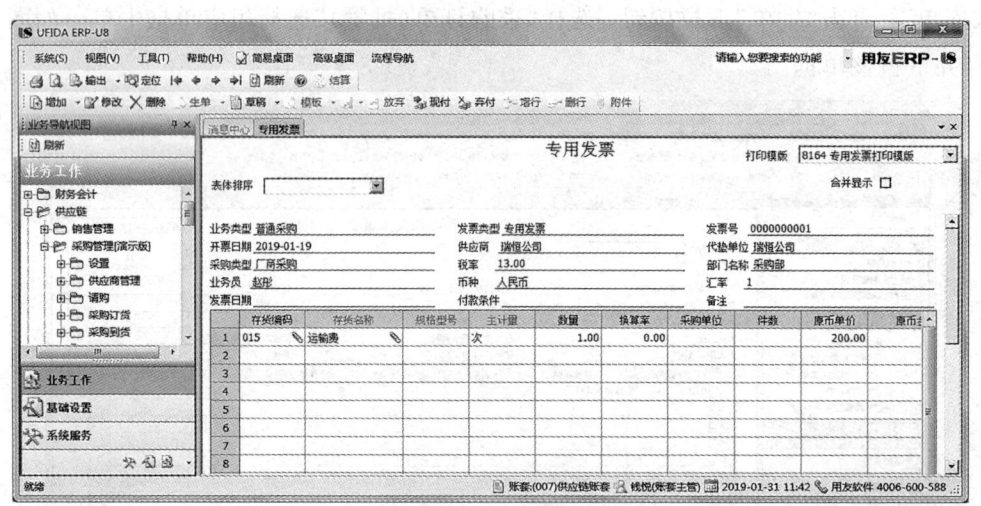

图 4-70 运费发票

(6)在采购管理系统中，执行"采购结算"|"手工结算"命令，打开"手工结算"窗口。

(7)单击"选单"按钮，再单击"过滤"按钮，选择采购入库单、采购发票和运费发票，如图 4-71 所示。

图 4-71　手工结算选单

(8) 单击"确定"按钮。

(9) 选择"按数量"单选按钮,单击"分摊"按钮,如图 4-72 所示,再单击"结算"按钮,系统弹出"完成结算"信息提示框。

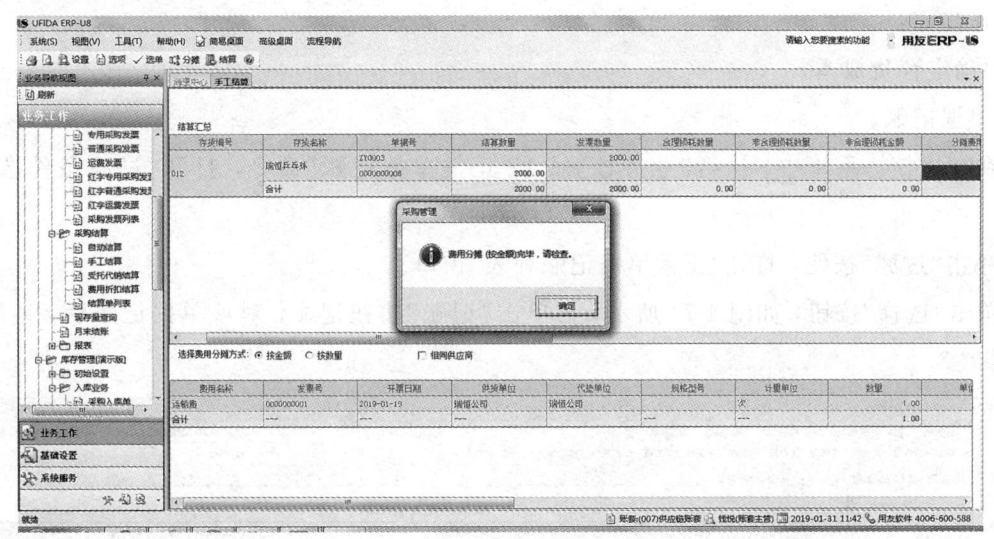

图 4-72　手工结算

(10) 单击"确定"按钮。完成采购入库单、采购发票和运费发票之间的结算。

(11) 查询结算单列表,可以查询到瑞恒乒乓球结算单。执行"采购结算"|"结算单列表"命令,打开"结算单列表"窗口。结算单价为 12.1 元,暂估单价为 12 元,即为分摊运费后的单价,如图 4-73 所示。

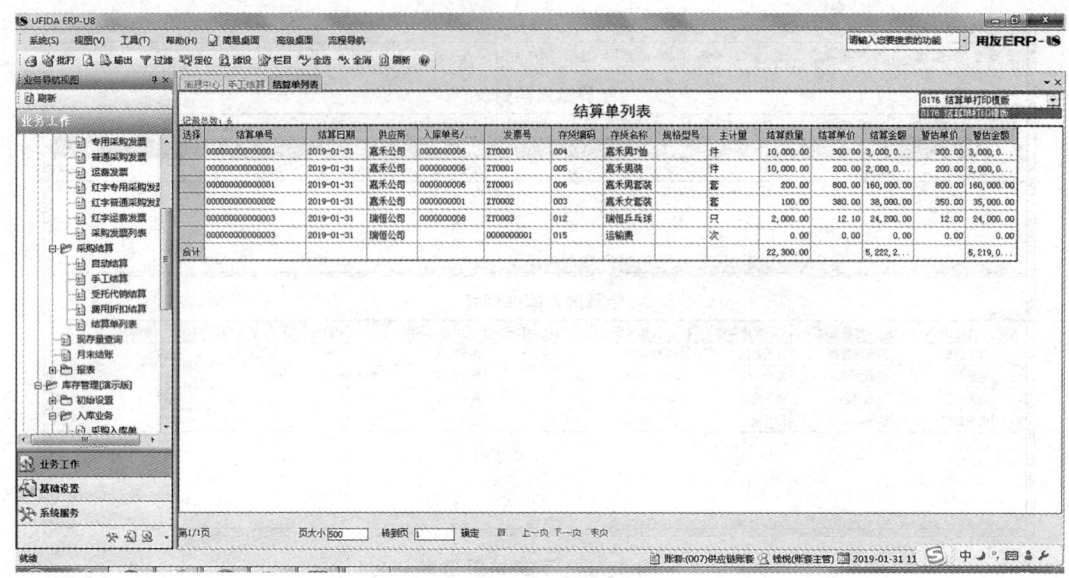

图 4-73 结算单列表

(12)单击"过滤"按钮,打开"采购结算单列表"窗口,可以查看到该张结算单的内容。

(13)单击"退出"按钮退出。

操作步骤:

(1)确定存货成本。

①单据记账。

a.在存货核算系统中,执行"业务核算"|"正常单据记账"命令,打开"过滤条件选择"对话框。

b.单击"过滤"按钮,打开"正常单据记账列表"窗口。

c.单击"选择"按钮,如图 4-74 所示,再单击"记账"按钮记账,对该单据记账后,系统显示"记账成功"。

图 4-74 正常单据记账

d. 单击"退出"按钮,退出。

② 生成凭证

a. 在存货核算系统中,执行"财务核算""生成凭证"命令,打开"生成凭证"窗口。

b. 单击"选择"按钮,打开"查询条件"对话框。

c. 选中"采购入库单(报销记账)"复选框。

d. 单击"确定"按钮,打开"未生成凭证单据一览表"窗口,如图 4-75 所示。

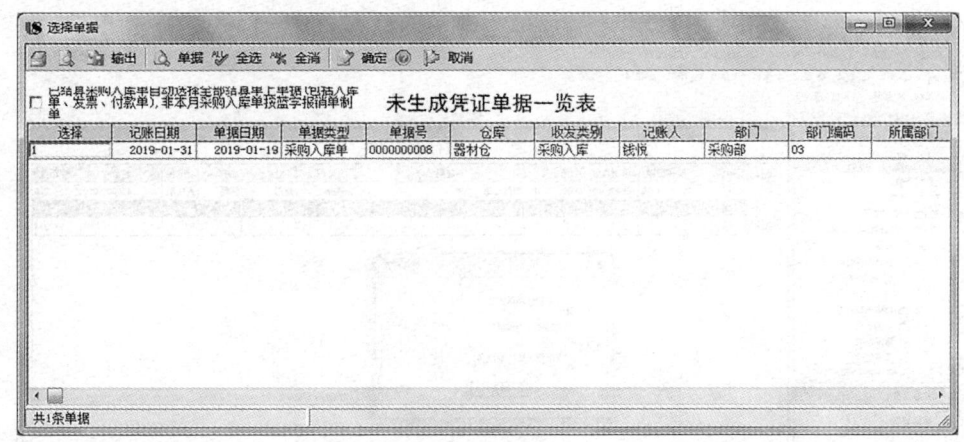

图 4-75 选择单据

e. 单击"选择"按钮,再单击"确定"按钮。

f. 修改凭证类别为"转账凭证",再录入"差价"科目为 1407,"存货"科目为 1405,"对方"科目为 1401。

g. 单击"生成"按钮,生成一张"转账凭证"。

h. 单击"保存"按钮保存,如图 4-76 所示。

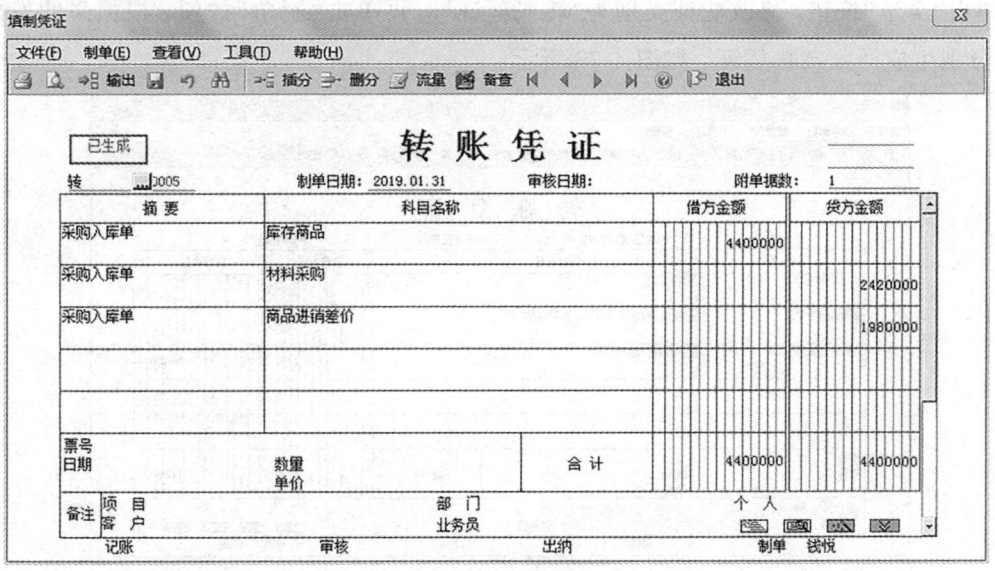

图 4-76 转账凭证

(2)确定应付账款。

①审核应付单据。

a.在应付款管理系统中,执行"应付单据处理"|"应付单据审核"命令,打开"应付单过滤条件"对话框。

b.单击"确定"按钮,打开"应付单据列表"窗口。

c.单击"全选"按钮,再单击"审核"按钮,如图4-77所示。

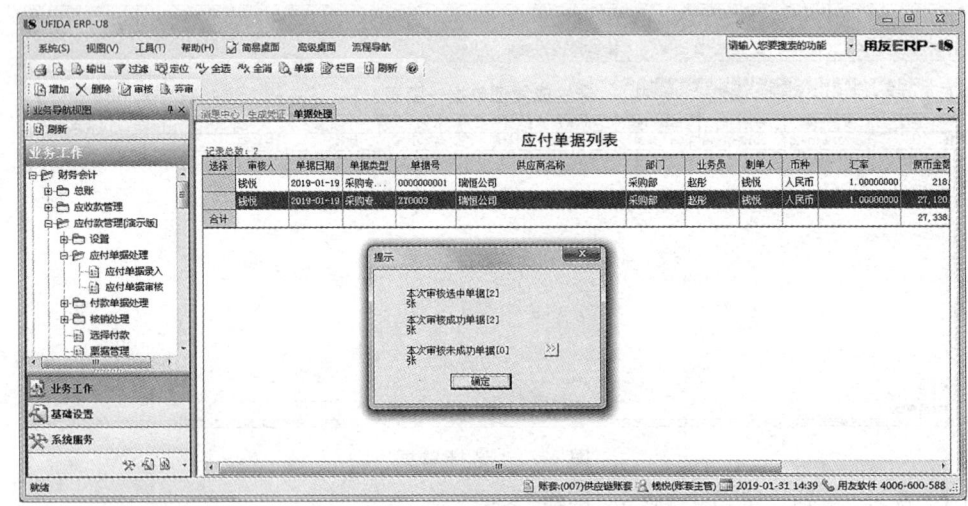

图 4-77 应付单据审核

②制单处理。

a.在应付款管理系统中,执行"制单处理"命令,打开"制单查询"对话框。

b.选择"发票制单",单击"确定"按钮,打开"采购发票制单"窗口。

c.单击"全选"按钮,修改凭证类别为"转账凭证"。再单击"制单"按钮,根据采购发票和运费发票分别生成两张转账凭证,如图4-78所示。

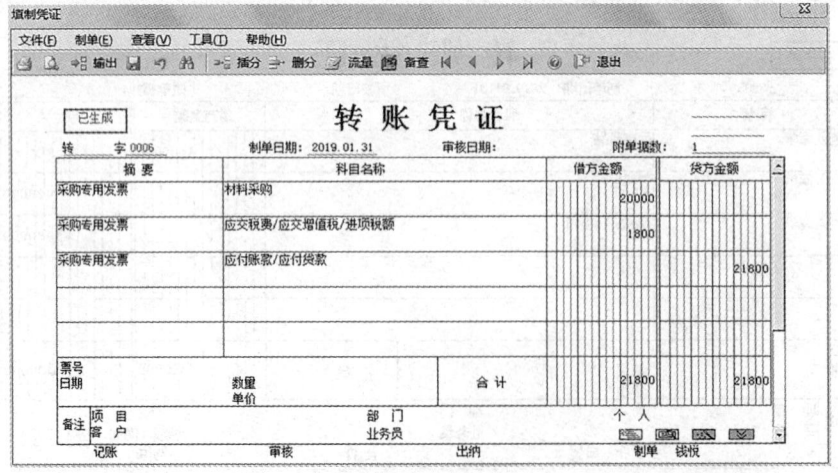

图 4-78 转账凭证

d.单击"保存"按钮保存,按翻页键保存另一张凭证。如图4-79所示。

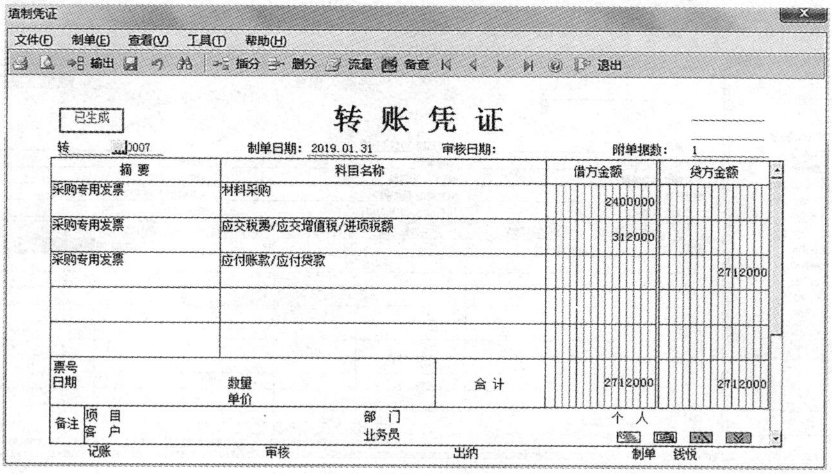

图4-79 转账凭证

3.第三笔业务的处理

本笔业务需要生成订单、采购入库单,按照采购订单生成采购发票,并执行手工采购结算。
本笔业务处理流程:

(1)填制一张"采购订单",订单日期为"2019-01-18",计划到货日期为"2019-01-25"。保存并审核。如图4-80所示。

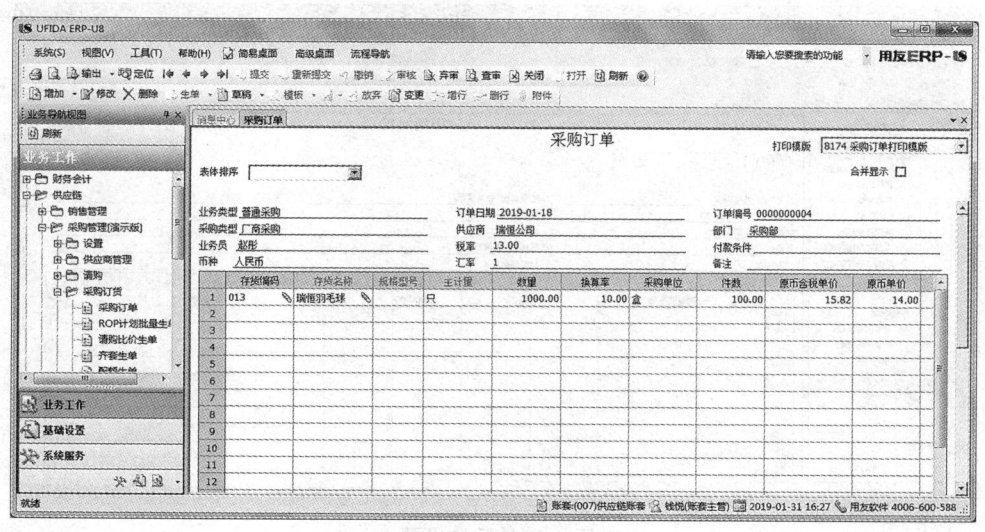

图4-80 采购订单

(2)在库存管理系统中,执行"入库业务"|"采购入库单"命令,单击"生单"下拉按钮,根据采购订单生单打开"采购订单列表"窗口。单击"过滤"按钮,打开"订单生单列表"窗口。

(3)双击"选择",输入仓库信息,单击"确定"按钮,单击"修改"按钮,修改入库日期,修改表体中"库存单位"为"只","件数"为"995.00",单击"保存"按钮,生成采购入库单后单击"审核"按钮,如图4-81所示。

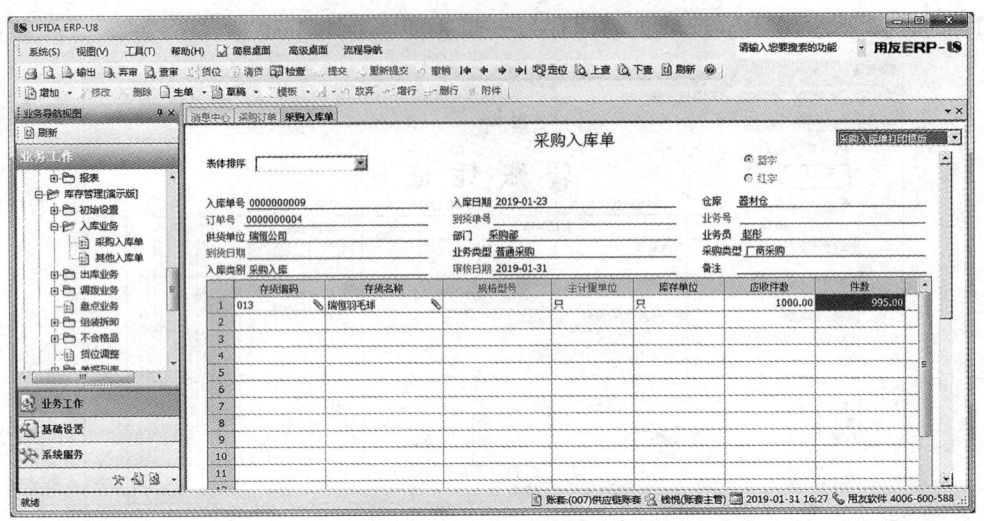

图 4-81 修改采购入库单数量

(4) 在采购管理系统中,执行"采购发票"|"专用采购发票"命令,根据本笔业务的采购订单生成采购发票。修改日期为"2019-01-23",发票号为"ZY0004",单击"保存"按钮,如图 4-82 所示。再单击"现付"按钮,支付 50% 的款项(15820×50%=7910,电汇,DH0001),如图 4-83 所示,再单击"确定"按钮,完成现付。完成现付后,该张采购发票的左上角上会有红色的"已现付"字样。

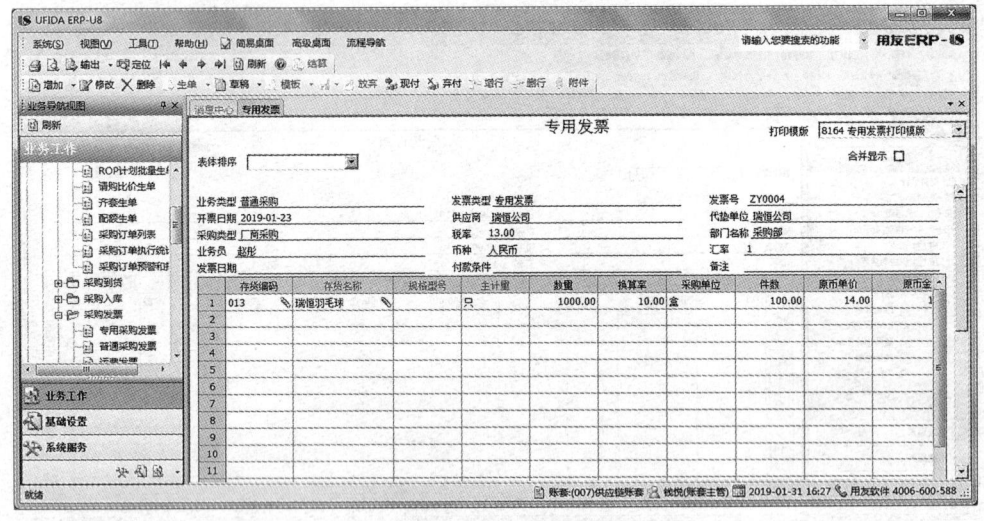

图 4-82 采购发票

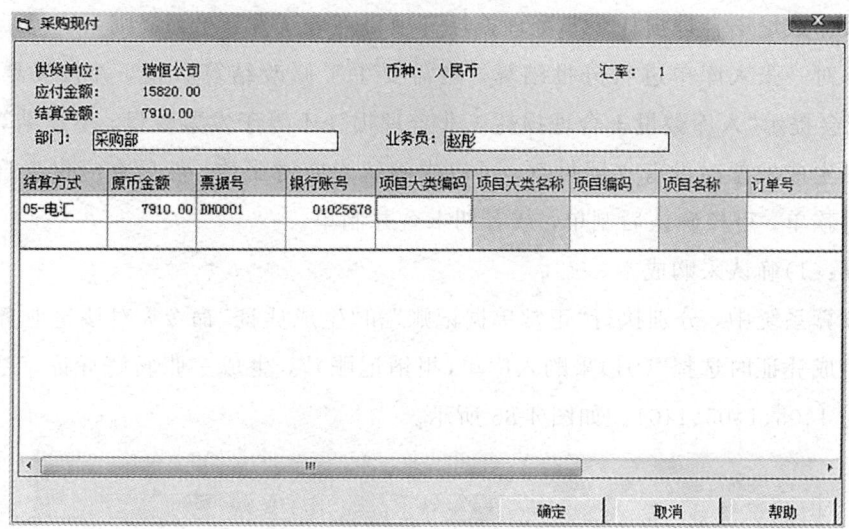

图 4-83 采购现付

（5）在采购管理系统中，执行"采购结算"|"手工结算"命令，打开结算窗口。

（6）单击"选单"按钮，再单击"过滤"按钮，选择该笔业务的采购发票和采购入库单，单击"确定"按钮。

（7）输入合理损耗数量5.00，如图4-84所示。

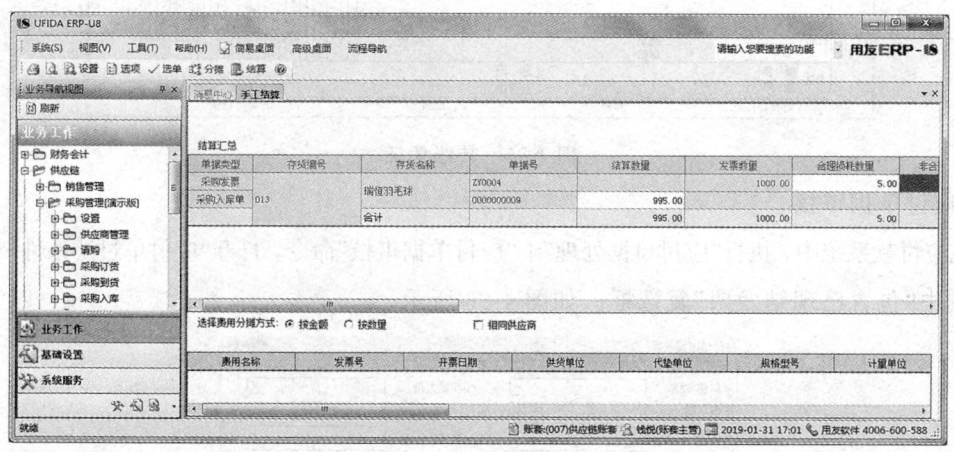

图 4-84 手工结算窗口

（8）单击"结算"按钮，完成结算。

（9）查询结算单列表，可以查询结算情况。

小 贴 士

①如果采购入库数量小于发票数量，属于损耗，也可以根据损耗原因在采购手工结算时，在相应栏内输入损耗数量，即可进行采购结算。

②如果采购入库数量大于发票数量，则应该在相应损耗数量栏内输入负数量，系统将入库数量大于发票的数量视为赠品，不计算金额，降低入库存货的采购成本。

③如果入库数量＋合理损耗＋非合理损耗等项目不等于发票数量，则系统提示不能结算。

④如果针对一张入库单进行分批结算，则需要手工修改结算数量，并按发票数量进行结算，否则系统会提示"入库数量＋合理损耗＋非合理损耗不等于发票数量，不能结算"。

⑤如果在生成发票时没有立即付款，可以先确认为应付账款，然后在应付款管理系统中手工录入一张付款单，审核确认后制单，或者期末合并制单。

操作步骤：(1)确认采购成本。

在存货核算系统中，分别执行"正常单据记账"和"生成凭证"命令，对该笔业务单据记账后生成凭证。生成凭证时选择"(01)采购入库单(报销记账)"，生成一张转账凭证，差价、存货、对方科目分别为1405、1405、1401。如图4-85所示。

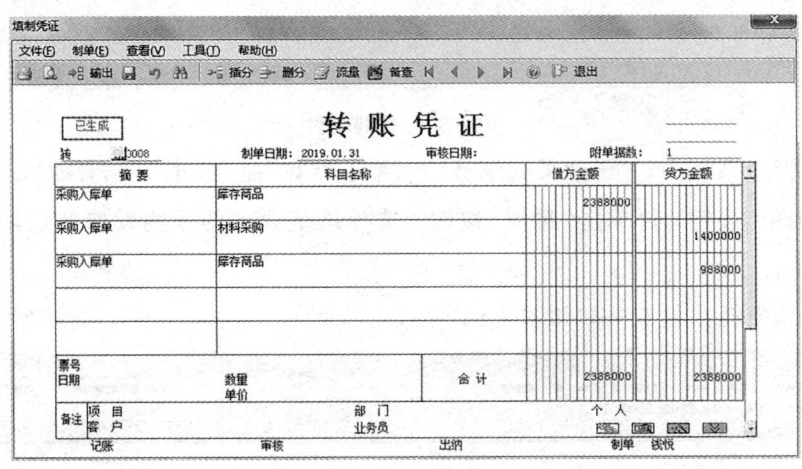

图 4-85 转账凭证

(2)应付单据审核。

①在应付款系统中，执行"应付单据处理"｜"应付单据审核"命令，打开"应付单过滤条件"对话框。

②选中"包含已现结发票"复选框。如图4-86所示。

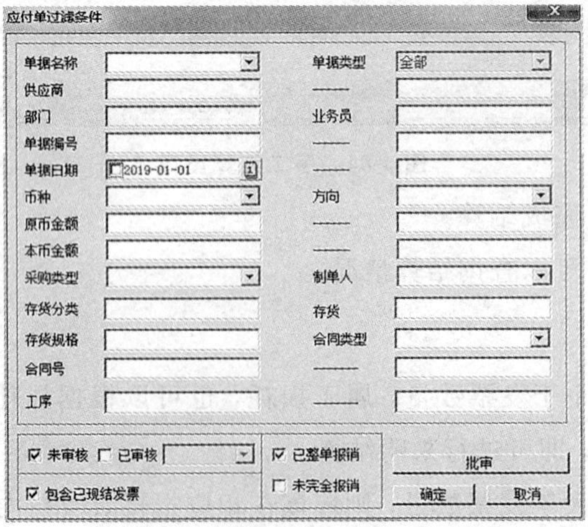

图 4-86 "应付单过滤条件"对话框

③单击"确定"按钮,打开"应付单据列表"窗口。

④单击"全选"按钮,再单击"审核"按钮,如图 4-87 所示。

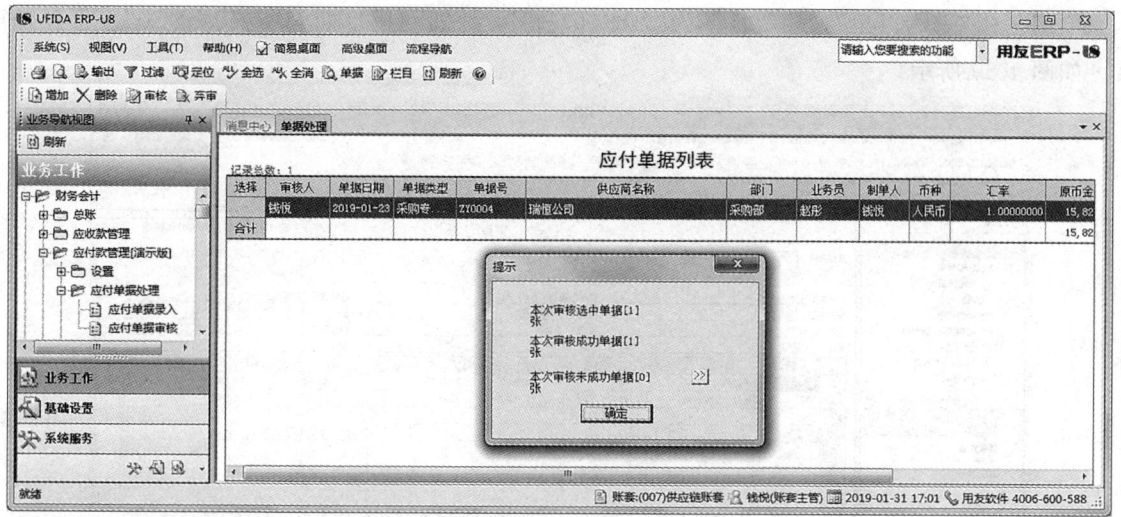

图 4-87 应付单据审核

(3)生成现结凭证。

①在应付款系统中,执行"制单处理"命令,打开"制单查询"对话框。

②选择"现结制单"复选框,取消"发票制单"。

③单击"确定"按钮,打开"现结制单"窗口。

④单击"全选"按钮,修改凭证类别为"付款凭证",再单击"制单"按钮,生成一张付款凭证。

⑤单击"保存"按钮,如图 4-88 所示。

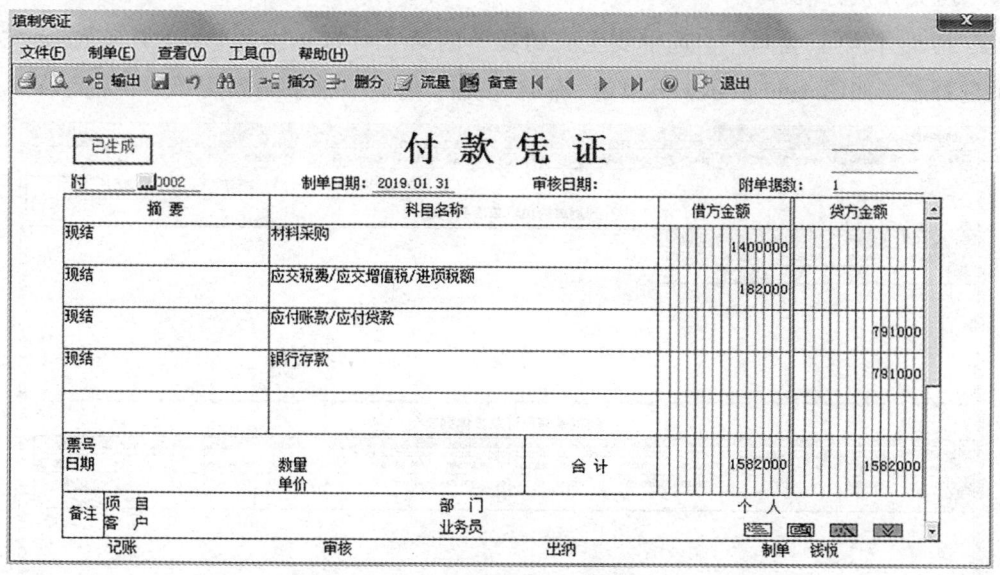

图 4-88 付款凭证

4.第四笔业务的处理

(1)生成采购订单。

填制一张"采购订单",订单日期为"2019-01-25",计划到货日期为"2019-01-30"。保存并审核。如图4-89所示。

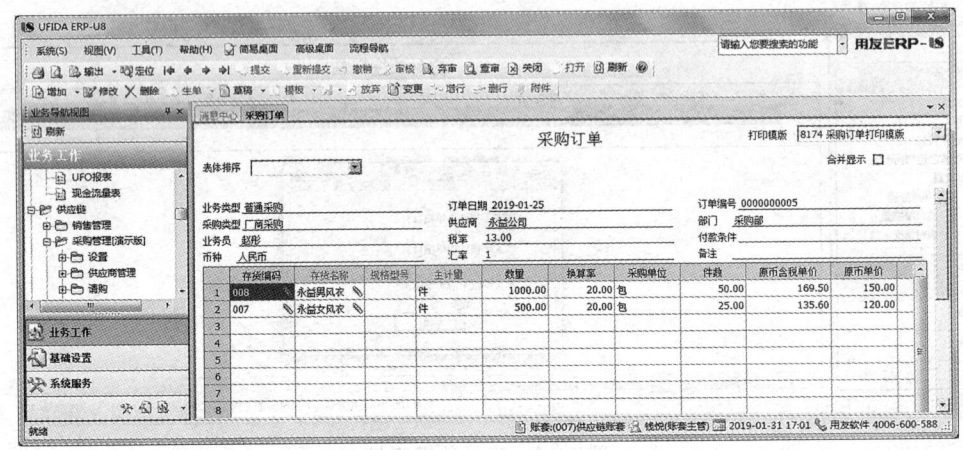

图4-89 采购订单

(2)生成采购到货单。

①在采购管理系统中,执行"采购到货"|"到货单"命令,打开"到货单"窗口。

②单击"增加"按钮,修改日期为"2019-01-30",选择采购类型为"厂商采购",部门为"采购部"。

③单击"生单"下拉按钮,选择"采购订单",弹出"过滤条件选择"对话框。单击"过滤"按钮,打开"拷贝并执行"窗口。

④在"拷贝并执行"窗口中,选中要生成到货单的第4号订单中的"永益男风衣"和"永益女风衣"的选择栏,如图4-90所示,再单击"确定"按钮,生成一张采购到货单。

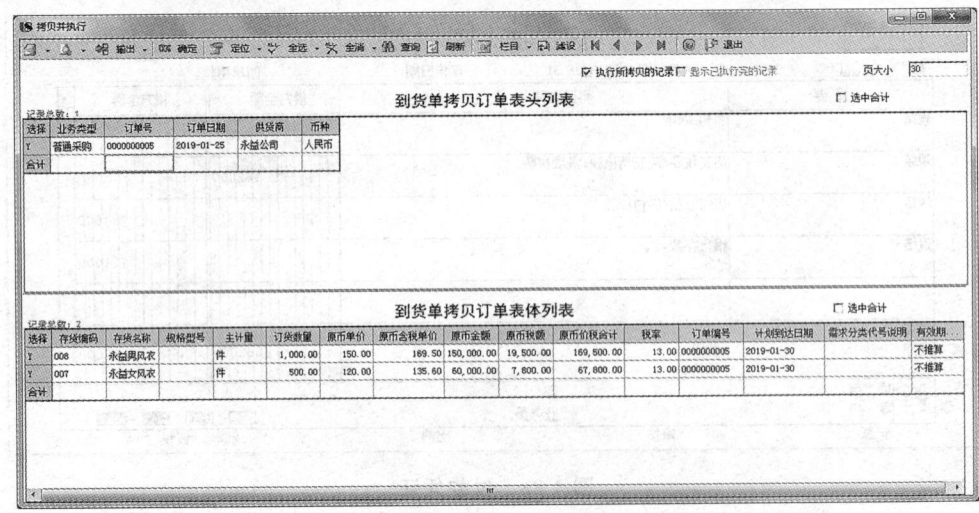

图4-90 拷贝生单

⑤单击"保存"按钮,如图4-91所示,再单击"审核"按钮。

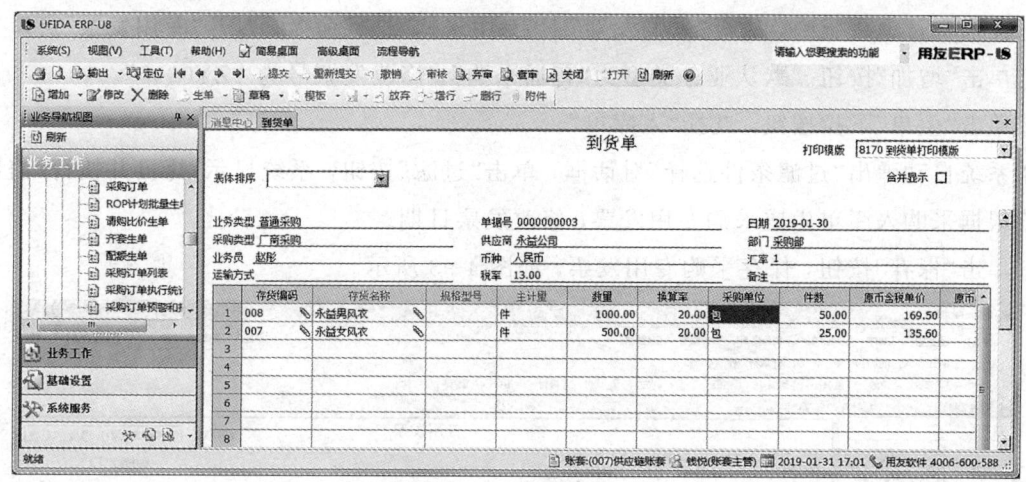

图 4-91 采购到货单

(3)生成采购入库单。

①在库存管理系统中,执行"入库业务""采购入库单"命令,打开"采购入库单"窗口。

②单击"生单"下拉按钮,选择"采购到货单(批量)"。

③选择"采购到货单"时,系统自动弹出"过滤条件选择"对话框。

④单击"过滤"按钮,出现待选择的"采购到货单"。单击"选择"栏,或单击"全选"按钮,"选择"栏出现Y。窗口下部显示所选择单据的表体记录。

⑤在表体中的空白位置参照输入仓库信息(永益仓库)。

⑥单击"确定"按钮,系统弹出"生单成功!"。

⑦系统显示生成的采购入库单,修改入库日期,如图4-92所示。

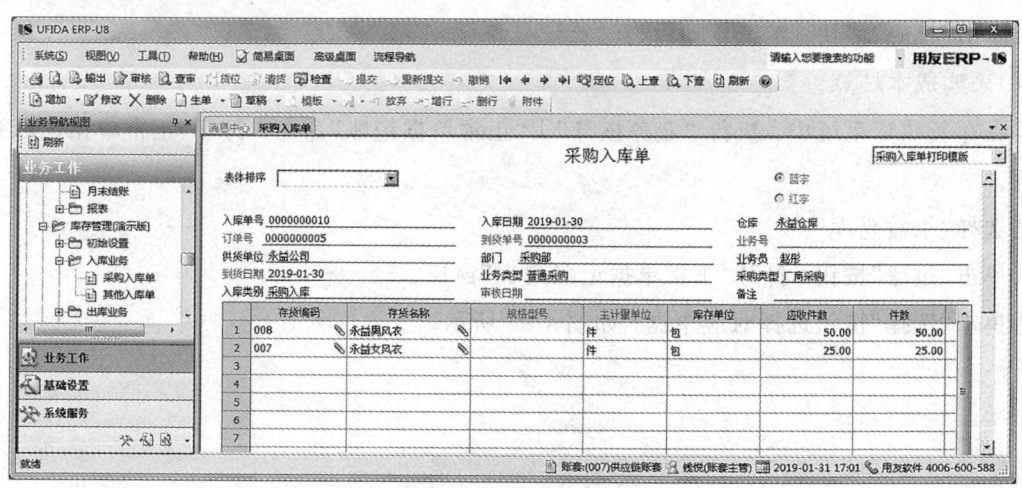

图 4-92 采购入库单

⑧单击"审核"按钮,确认并保存采购入库单。

(4)填制采购发票。

①在采购管理系统中,执行"采购发票"|"专用采购发票"命令,打开"专用发票"窗口。

②单击"增加"按钮。默认业务类型为"普通采购",修改发票号为"ZY0005"。

③单击"生单"下拉按钮,选择"入库单"。

④系统自动弹出"过滤条件选择"对话框,单击"过滤"按钮,系统显示"拷贝并执行"窗口。

⑤根据采购入库单生成采购专用发票,修改发票日期。

⑥单击"保存"按钮,保存采购专用发票,如图4-93所示。

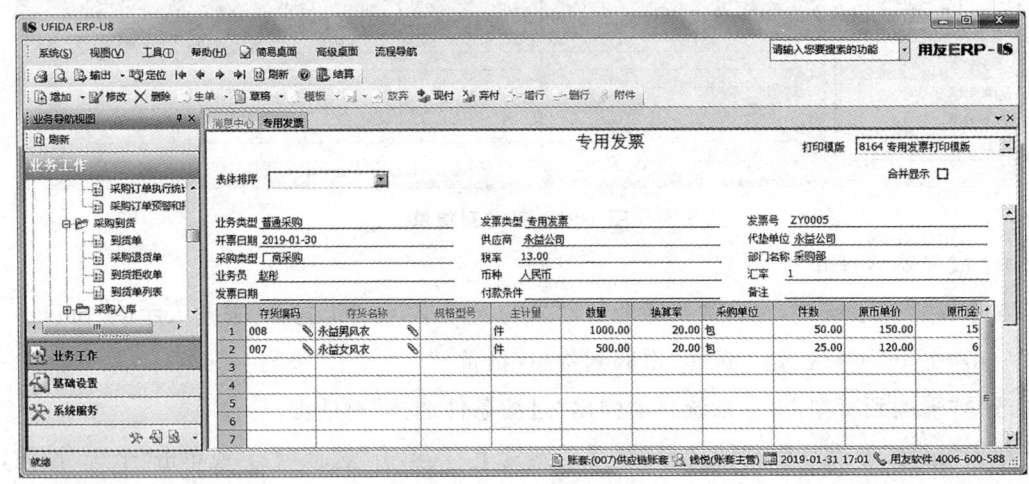

图 4-93 采购专用发票

(5)采购结算。

①在采购管理系统中,执行"采购结算"|"自动结算"命令,选择"入库单和发票"的结算模式,系统自动弹出"自动结算"窗口。

②单击"过滤"按钮,系统自动进行结算。

(6)采购成本核算。

①在存货核算系统中,执行"业务核算"|"正常单据记账"命令,打开"正常单据记账条件"对话框。

②选择"永益仓库"。

③单击"过滤"按钮,打开"正常单据记账列表"窗口。

④单击"选择"按钮选择对应单据,如图4-94所示。

项目四 采购与应付系统

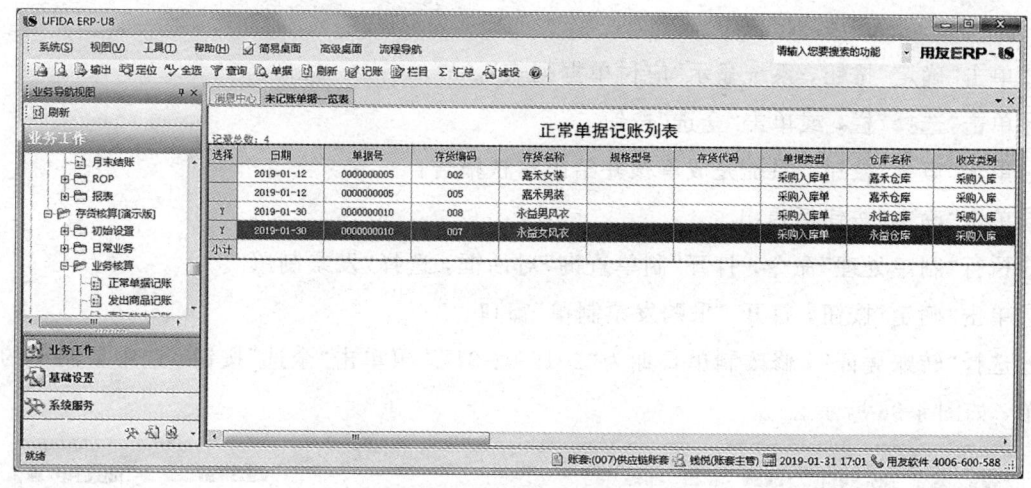

图 4-94 正常单据记账

⑤单击"记账"按钮,将采购入库单记账。
⑥单击"退出"按钮,退出"正常单据记账列表"窗口。
⑦执行"财务核算"|"生成凭证"命令,打开"生成凭证"窗口。
⑧单击"选择"按钮,打开"查询条件"对话框。
⑨选中"采购入库单(报销记账)"复选框。
⑩单击"确定"按钮,打开"未生成凭证单据一览表"窗口。
⑪单击"选择"栏,或单击"全选"按钮,选中待生成凭证的单据,单击"确定"按钮。
⑫选择"转账凭证",分别录入或选择"存货"科目编码为1405,"对方"科目编码为1401。
⑬单击"生成"按钮,生成一张转账凭证,修改凭证日期为"2019-01-31"。
⑭单击"保存"按钮,如图 4-95 所示。

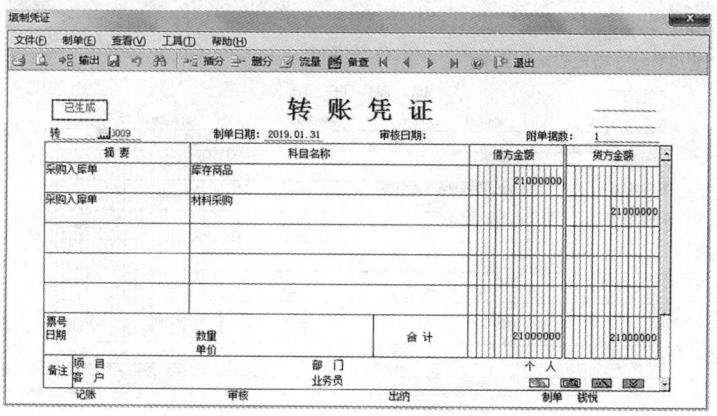

图 4-95 转账凭证

⑮单击"退出"按钮退出。
(7)财务部门确认应付账款。
①在应付款管理系统中,执行"应付单据处理"|"应付单据审核"命令,打开"应付单过滤

— 111 —

条件"对话框。

②单击"确定"按钮,系统显示"应付单据列表"。

③单击"选择"栏,或单击"全选"按钮。

④单击"审核"按钮,系统完成审核并给出审核报告。

⑤单击"确定"按钮后退出。

⑥执行"制单处理"命令,打开"制单查询"对话框,选择"发票制单"。

⑦单击"确定"按钮,打开"采购发票制单"窗口。

⑧选择"转账凭证",修改制单日期为"2019-01-31",再单击"全选"按钮,选中要制单的采购入库单,如图4-96所示。

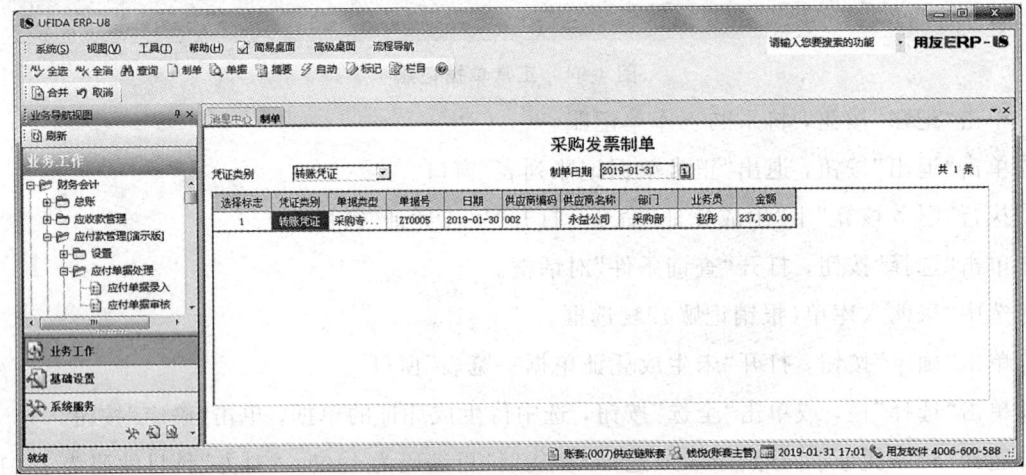

图 4-96 要制单的发票

⑨单击"制单"按钮,生成一张转账凭证,单击"保存"按钮,如图4-97所示。

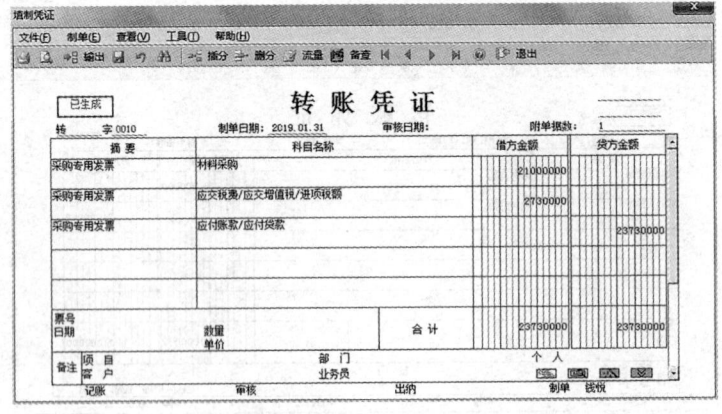

图 4-97 转账凭证

5.账套备份

(1)在 C:\"供应链账套备份"文件夹中新建"007-4-4 普通采购业务(二)"文件夹。

(2)将账套输出至 C:\"供应链账套备份"\"007-4-4 普通采购业务(二)"文件夹中。

任务五 受托代销业务

任务案例资料

2019年1月8日,代明文公司代销明文乒乓球20只、明文羽毛球30只(均于本月期初入库),结算并收到普通发票,发票号为PT0001,结算单价分别为7元和8元。

本公司受托代销明文公司的器材。2019年1月18日,收到明文公司发来的明文乒乓球800只,明文羽毛球800只,原币单价分别为7元和8元。

一、任务描述

受托代销业务是一种先销售后结算的采购模式。其他企业委托本企业代销其商品,但商品所有权仍然归委托方,代销商品售出后,本企业与委托方进行结算,由对方开具正式的发票,商品所有权转移。

业务规则:

(1)建账套时企业类型选择为商业或医药流通,系统才能处理受托代销业务。

(2)受托代销存货属性除需选择受托代销属性外,还必须选择外购属性,否则在做受托代销业务单据选择存货时会提示:存货录入不正确或已停用。

(3)设置为受托代销商品的存货不能用于非受托代销商品的采购业务,即所有其他三种采购业务单据参照不到受托代销存货,手工输入编码会提示:存货录入不正确或已停用,非采购业务单据没有限制。

(4)受托代销订单参照销售订单时,只能参照到订单中有受托代销属性的存货。

(5)受托代销订单无法参照MRP/MPS生成。

(6)受托代销结算时,必须手工输入发票号,不可以自动生成。

二、任务设计

1.在采购管理或库存管理系统中启用"受托代销业务"

2.在采购管理或库存管理系统中选择"受托代销业务必有订单"

3.录入受托代销订单、到货单和入库单

4.受托代销结算

三、操作步骤

1.第一笔业务的处理

(1)以 2019 年 1 月 31 日登录企业应用平台,在采购管理系统中执行"采购结算"|"受托代销结算"命令,打开"受托结算选单过滤"窗口。

(2)参照供应商编码,选择"明文公司",单击"确定"按钮,再单击"过滤"按钮。返回"受托代销结算"窗口。

(3)单击"选择"栏,选择要结算的入库单记录。

(4)修改发票日期和结算日期均为 2019-01-08,在"发票号"文本框中输入 PT0001;发票类型选择"普通发票",在"税率"文本框中选择 0.00,"采购类型"选择"代理商进货";再拖动窗口下方的左右滚动条,分别修改"原币无税单价"为 7 元和 8 元,如图 4-98 所示。

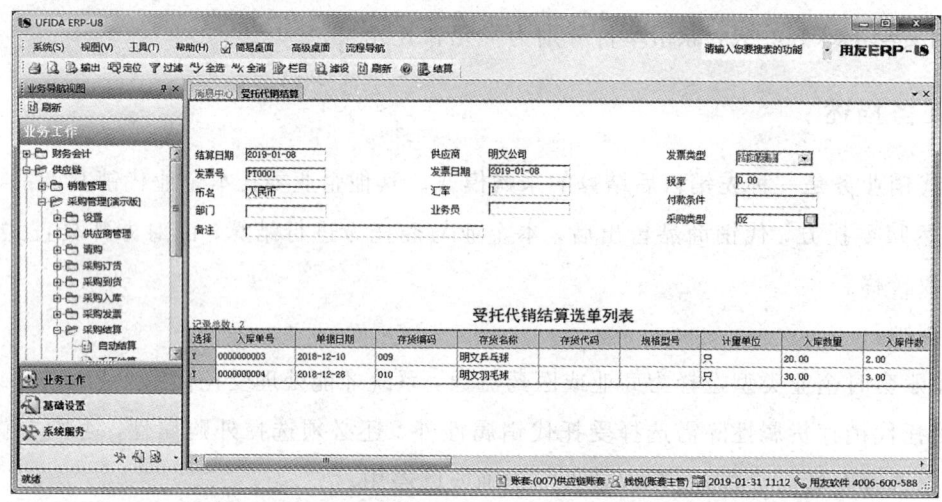

图 4-98 受托代销结算

(5)如果要取消本次结算,单击"删除"按钮,可以取消要结算的入库单记录。

(6)单击"结算"按钮,系统进行结算,系统自动生成受托代销发票、受托代销结算单,并弹出"结算完成"信息提示对话框。

(7)单击"确定"按钮。

(8)单击"关闭"按钮。

小 贴 士

①受托代销结算是企业销售委托代销单位的商品后,与委托单位办理付款结算。

②受托方销售代销商品后根据受托代销入库单进行结算,也可以在取得委托人的发票后再结算。

③结算表中存货、入库数量、入库金额、已结算数量、已结算金额等信息不能修改。

④结算表中的结算数量、含税单价、价税合计、税额等信息可以修改。

(9)在应付款系统中,执行"应付单据审核"命令,打开"单据过滤条件"对话框。

(10)单击"确定"按钮,打开"应付单据列表"窗口。单击"全选"按钮,再单击"审核"按钮,如图4-99所示。

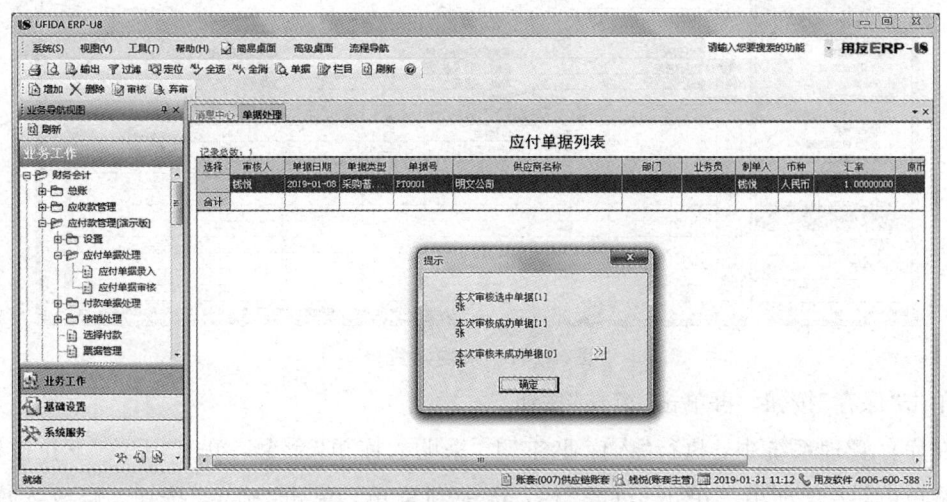

图4-99 应付单据审核

(11)执行"制单处理"命令,制单,修改科目并保存,如图4-100所示。

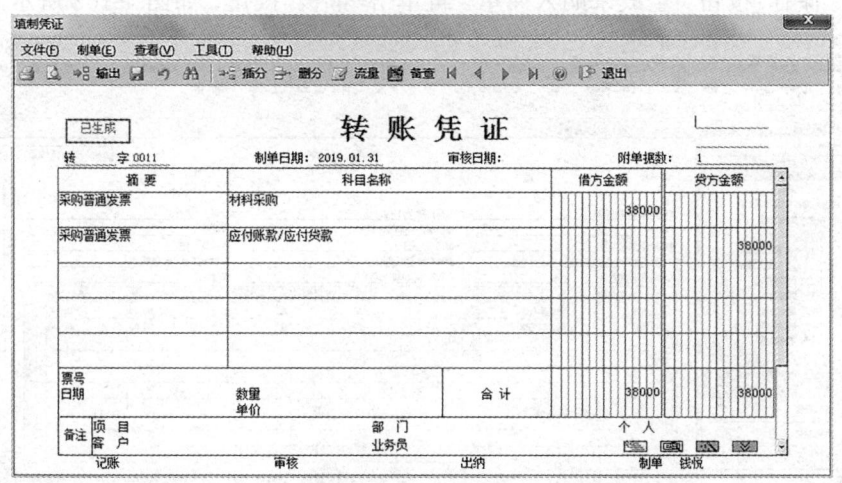

图4-100 转账凭证

2.第二笔业务的处理

收到委托人发来的代销商品时,应该及时办理受托代销商品入库手续;也可以先办理到货手续,再根据到货单生成受托代销入库单。

(1)在采购管理系统中,执行"采购到货"|"到货单"命令,打开"采购到货单"窗口。

(2)单击"增加"按钮,"业务类型"选择"受托代销"。

(3)继续录入"采购到货单"的其他信息,如图4-101所示。

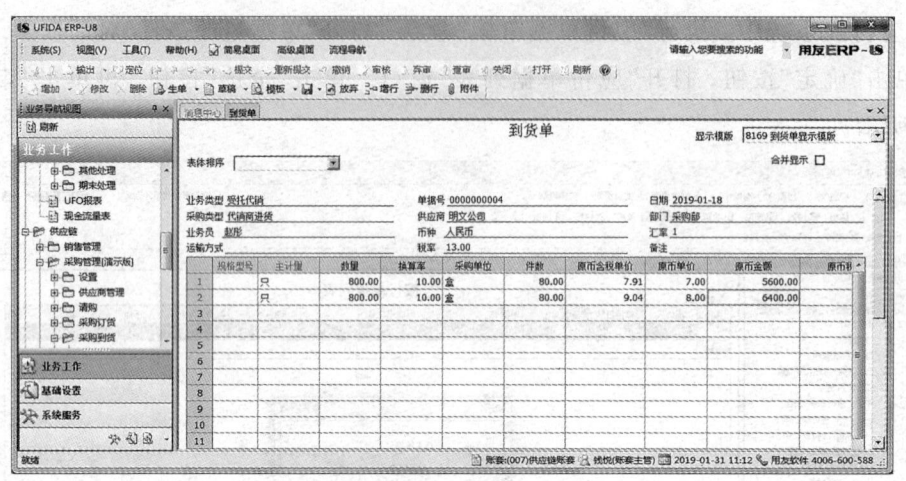

图 4-101　采购到货单

（4）单击"保存"按钮，再单击"审核"按钮。

（5）在库存管理系统中，执行"入库业务"|"采购入库单"命令，单击"生单"下拉按钮，选择"采购到货单（蓝字）"选项。单击"过滤"栏，选中到货单，单击"确定"按钮，修改入库日期为"2019-01-18"，"仓库"选择"器材仓"。

（6）单击"保存"按钮，生成采购入库单，再单击"审核"按钮，如图 4-102 所示。

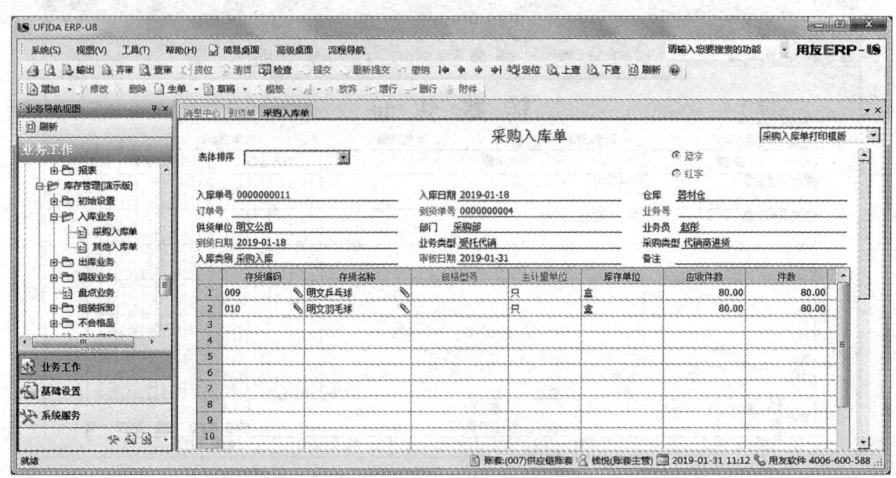

图 4-102　采购入库单

小 贴 士

①受托代销入库单在"库存管理"系统中录入。

②受托代销入库单的业务类型为"受托代销"。

③受托代销入库单可以手工录入，也可以参照订单生成。但是如果在采购选项中选择了"受托代销业务必有订单"，则受托代销业务到货单、受托代销入库单都不能手工录入，只能参照采购计划、采购请购单或销售订单生成。

④手工或参照录入时，只能针对"受托代销"属性的存货。其他属性的存货不能显示。

⑤受托代销的商品必须售出后,才能与委托单位办理结算。

⑥受托代销入库单可以通过"采购管理"|"受托代销入库单"或"采购管理"|"入库单列表"命令实现查询。

(7)在存货核算系统中,执行"业务核算"|"正常单据记账"命令,打开"正常单据记账"对话框。

(8)单击"过滤"按钮,打开"正常单据记账"窗口。

(9)单击"全选"按钮,再单击"记账"按钮,对该笔业务的单据记账,如图4-103所示。

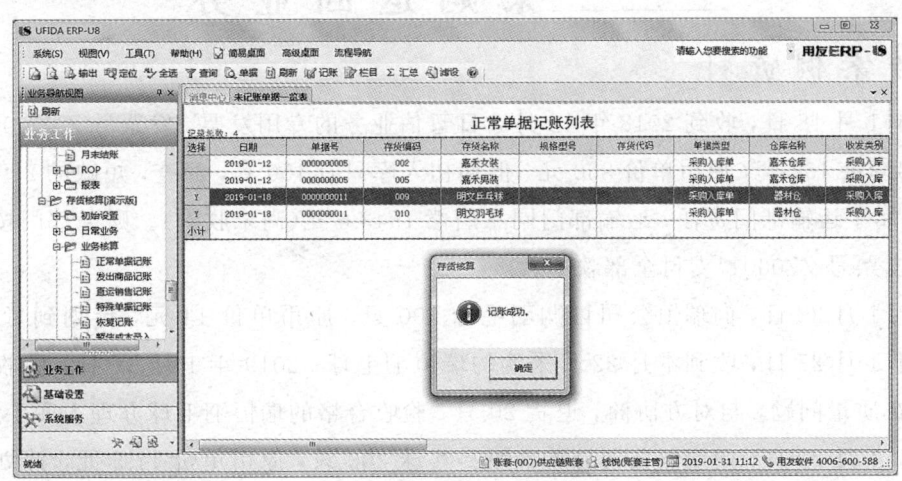

图 4-103　正常单据记账

(10)单击"退出"按钮退出。

(11)执行"财务核算"|"生成凭证"命令,打开"生成凭证"窗口。单击"选择"按钮,选择"(01)采购入库单(暂估记账)"复选框,打开"未生成凭证单据一览表"窗口;选择对应的入库单,单击"确定"按钮,回到"生成凭证"窗口。录入"存货"科目编码1321,"应付暂估"科目220202,"差价"科目1407,生成的凭证如图4-104所示。

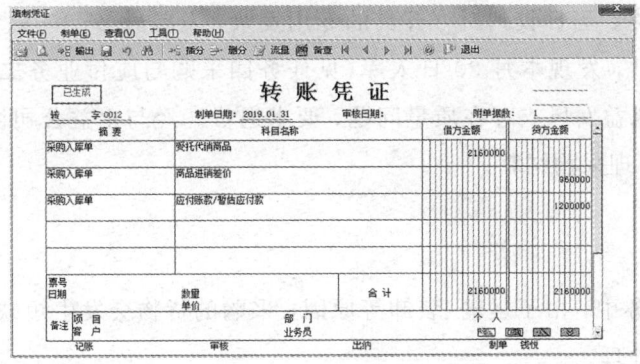

图 4-104　转账凭证

3.账套备份

(1)在C:\"供应链账套备份"文件夹中新建"007-4-5受托代销业务"文件夹。

(2)将账套输出至C:\"供应链账套备份"\"007-4-5受托代销业务"文件夹中。

任务六 采购退回业务

任务案例资料

2019年1月18日,收到2018年12月8日暂估业务的专用发票,发票号ZY0006。发票上载明嘉禾男套装152套,原币单价860元,但期初入库只有150套,经查,短缺的2套服装为非合理损耗,属于运输部门责任,运输部门同意赔偿1943.6元(尚未收到)。财务部门按发票开出转账支票(支票号ZZ0001)支付全部款项。

2019年1月22日,向瑞恒公司订购羽毛球300只,原币单价14元,计划到货日期为27日。2019年1月27日,收到本月22日采购的瑞恒羽毛球,2019年1月28日,验收入库时发现20只存在质量问题,与对方协商,退货20只,验收合格的瑞恒羽毛球办理入库手续。

2019年1月20日,向瑞恒公司订购瑞恒乒乓球200只,原币单价11.5元,计划到货日期为25日。25日,订购的乒乓球全部到货,办理入库手续。2019年1月28日,发现本月25日入库的瑞恒乒乓球100只存在质量问题,要求该批瑞恒乒乓球全部退回。与瑞恒公司协商,对方同意全部退货。对方已经按200只开具专用发票。发票已于27日收到(发票号ZY0007),但尚未结算。

2019年1月20日,向嘉禾公司订购800套女套装,单价为340元,计划到货日期为31日。30日,订购的嘉禾女套装全部到货并办理了入库手续。31日,发现10套女套装有质量问题,经协商,对方同意退货。当日收到对方开具的专用发票,发票号ZY0008。

2019年1月31日,发现本月30日入库(见任务四采购与应付业务二的第四笔业务)的20件永益男风衣、15件永益女风衣存在质量问题,要求退货。经与永益公司协商,对方同意退货。该批服装已于30日办理采购结算。

一、任务描述

在企业的采购业务中,由于运输、装卸等原因,采购的货物会发生短缺毁损,应根据不同情况,进行相应的账务处理。

采购结算时,如果入库数量与发票数量不一致,需确定其是否为合理损耗:

合理损耗:直接记入成本,即相应提高入库货物的单位成本。

非合理损耗:根据业务选择相应的非合理损耗类型,不提高成本。

入库货物的发票数量=结算数量+合理损耗数量+非合理损耗数量

例:采购数量为13,途中摔坏3个,实际入库10个,发票数量为13,摔坏的3个即可确认为合理损耗或不合理损耗,结算数量为10。

采购退货的业务:

(1)结算前全额退货,即已录入采购入库单,但未进行采购结算,并且全额退货。

操作:①填制一张全额数量的红字采购入库;②把这张红字采购入库单与原入库单进行结算,冲抵原入库单数据。

(2)结算前部分退货,即已录入采购入库单但未进行采购结算,并且部分退货。

操作:①填制一张部分数量的红字采购入库单;②填制一张相对应的采购发票,其中发票上的数量=原入库单数量-红字入库单数量;③把这张红字入库单与原入库单、采购发票进行结算,冲抵原入库单数据。

(3)结算后退货,即已录入采购入库单、采购发票,并且已进行了采购结算。

操作:①填制一张红字采购入库单,再填制一张红字发票;②把这张退货单与红字发票进行结算,冲抵原入库单数据。

二、任务设计

1.增加"非合理损耗类型"——运输部门责任
2.对于上月暂估业务,本月发票已到,执行采购结算并确认采购成本
3.对于本月末采购商品已到但发票未到的业务进行暂估处理
4.尚未结算的采购退货业务的处理
5.已经执行采购结算的采购退货业务处理
6.备份套供应链实验数据

三、操作步骤

1.第一笔业务的处理

本笔业务属于上年12月末的暂估业务,本月需要输入采购发票,执行采购结算,进行暂估处理,确认采购成本。

本笔业务的处理流程:

(1)以2019年1月31日登录企业应用平台,在采购管理系统中,执行"采购发票"|"专用采购发票"命令,打开"采购专用发票"窗口。

(2)单击"增加"按钮,修改发票日期,修改发票号为ZY0006。

(3)原期初采购入库单上的采购单价为800元,入库数量为150套,而发票载明单价860元,数量152套。此处直接手工填写发票并按发票信息输入明细,采购单价为860元,数量为152套。全部信息确认无误后单击"保存"按钮,如图4-105所示。

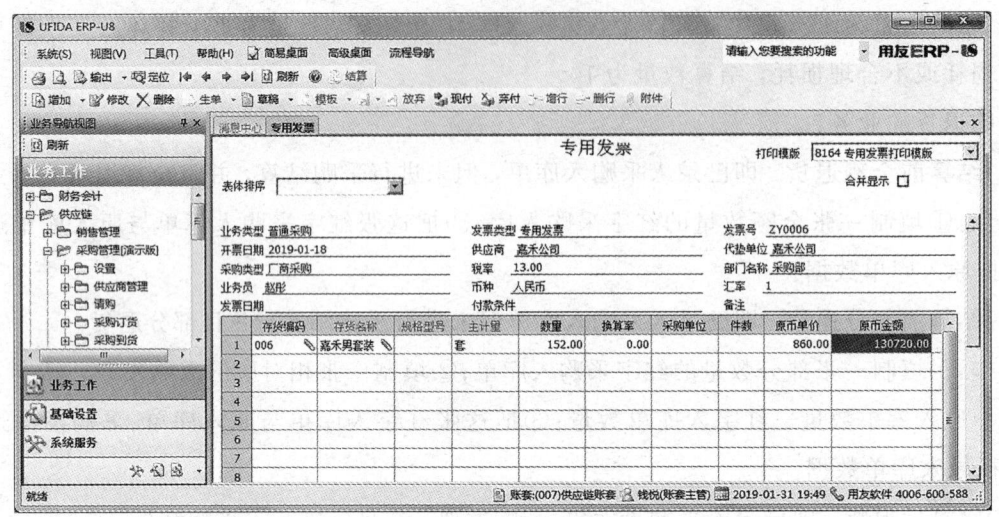

图 4-105 采购发票

(4)单击"现付"按钮,打开"采购现付"对话框,输入结算方式(转账支票)、结算金额(147713.60)、票据号(ZZ0001),如图 4-106 所示。

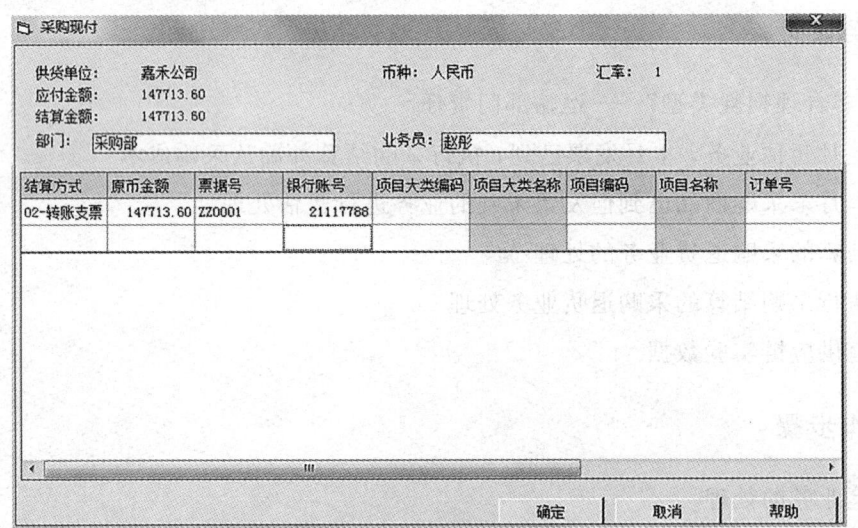

图 4-106 "采购现付"

(5)确认所有付款信息后,单击"确定"按钮,对话框在"采购专用发票"上打上了"已现付"标记。

(6)选择"基础设置"选项,执行"基础档案"|"业务"|"非合理损耗类型"命令,增加非合理损耗类型编码 01,类型名称为"运输部门责任",默认值"否",单击"保存"按钮。

(7)在采购管理系统中,执行"采购结算"|"手工结算"命令,打开"手工结算"窗口。

(8)单击"选单"按钮,再单击"过滤"按钮,设置过滤条件为"日期为 2018 年 12 月 1 日—2019 年 1 月 31 日"。单击"过滤"按钮。

(9)选择相应的采购入库单和采购发票,如图 4-107 所示。

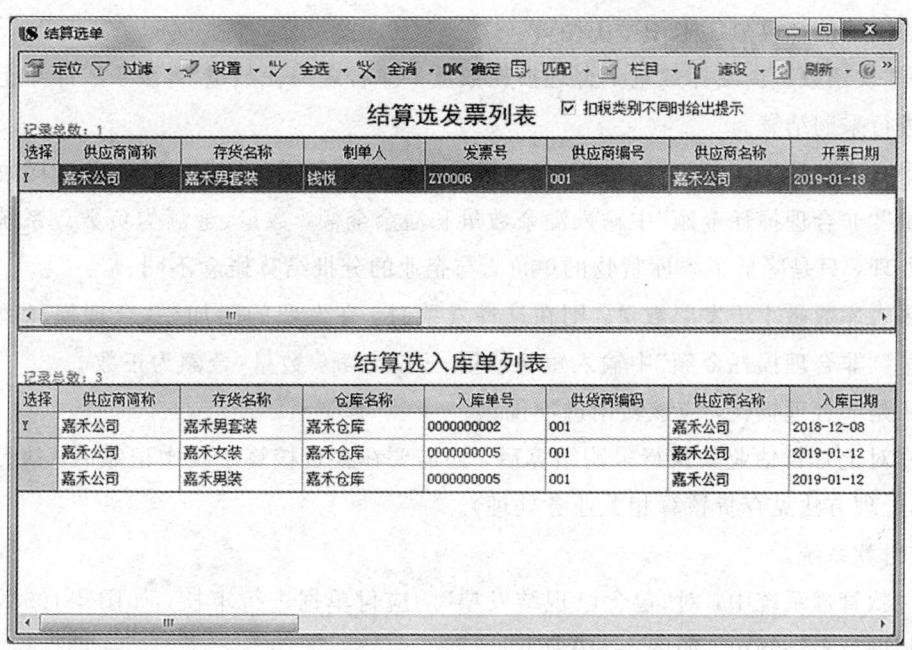

图 4-107 结算选单

(10)单击"OK 确定"按钮。

(11)在发票的"非合理损耗数量"栏中输入 2.00,"非合理损耗类型"选择"01 运输部门责任",在"进项税转出金额"栏中输入 223.6(2×860×0.13),如图 4-108 所示。

(12)单击"结算"按钮,系统弹出"完成结算"信息提示框。

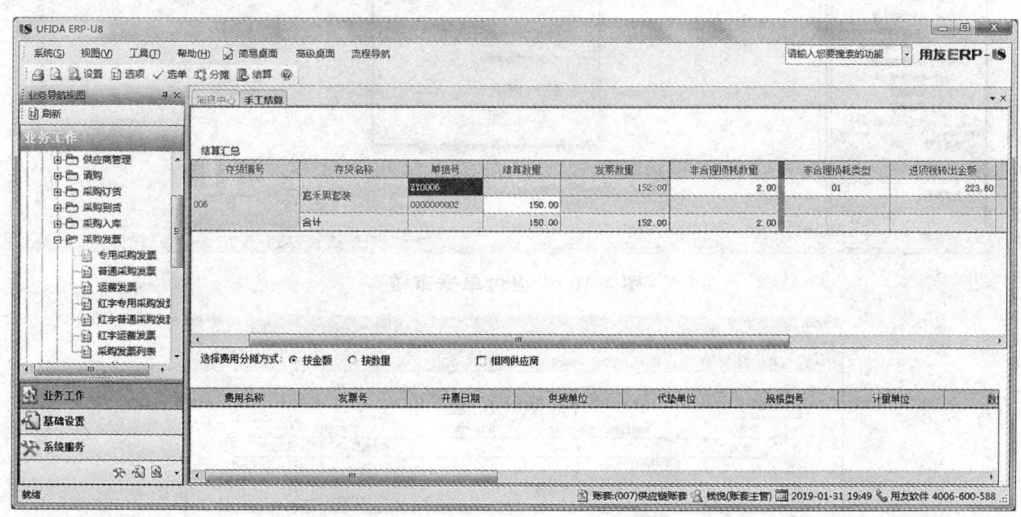

图 4-108 非合理损耗结算

小 贴 士

①采购溢缺处理需要分清溢缺的原因和类型,并分别进行处理。

②如果为非合理损耗,需要在采购管理系统中设置非合理损耗的类型,否则,不能结算。

③采购溢缺的结算只能采用手工结算。

④只有"发票数量＝结算数量＋合理损耗数量＋非合理损耗数量",该条入库单记录与发票记录才能进行采购结算。

⑤如果入库数量大于发票数量,则在选择发票时,在发票的附加栏"合理损耗数量""非合理损耗数量""非合理损耗金额"中输入溢余数量和溢余金额,数量、金额为负数。系统将多余数量按赠品处理,只是降低了入库货物的单价,与企业的分批结算概念不同。

⑥如果入库数量小于发票数量,则在选择发票时,在发票的附加栏"合理损耗数量""非合理损耗数量""非合理损耗金额"中输入短缺数量、短缺金额,数量、金额为正数。

⑦如果是非合理损耗,应该转出进项税额。

⑧本月对上月暂估业务执行采购结算后,还需要在存货核算系统中记账后,执行结算成本处理(具体处理方法见存货核算相关业务处理)。

(1)应付款系统。

在应付款管理系统中,对"包含已现结发票"的应付单据进行审核,如图 4-109 所示,点击"制单处理"进行现结制单,如图 4-110 所示。

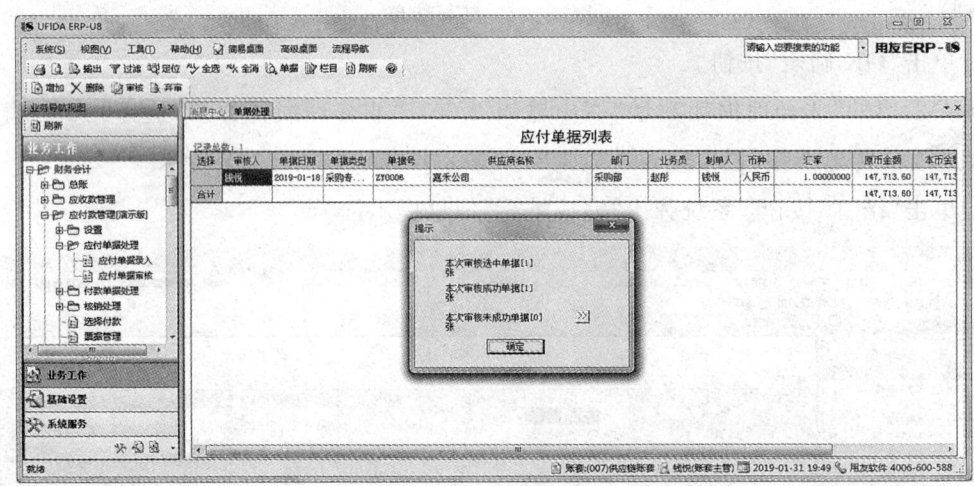

图 4-109　应付单据审核

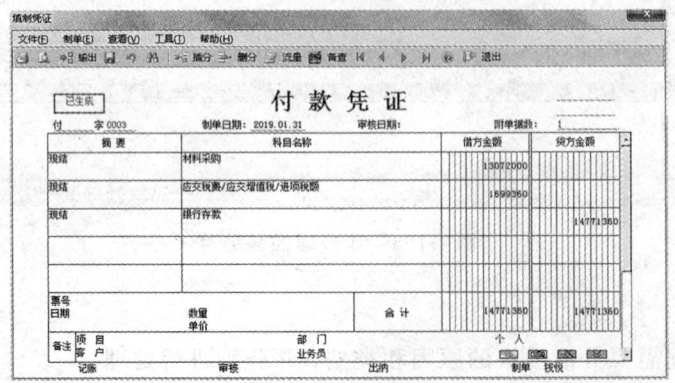

图 4-110　付款凭证

(2)存货核算系统。

①结算成本处理。

a.在存货核算系统中,执行"业务核算"|"结算成本处理"命令前的复选框,打开"暂估处理查询"对话框。

b.选中"嘉禾仓库",如图 4-111 所示。

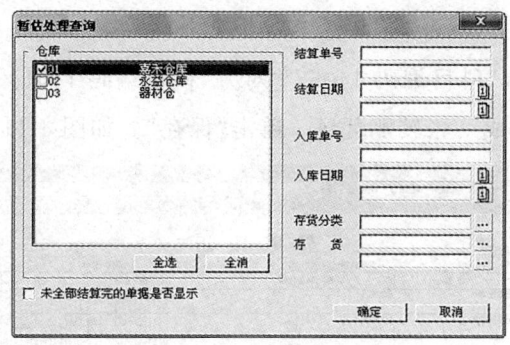

图 4-111　暂估处理查询

c.单击"确定"按钮,打开"结算成本处理"窗口。

d.选中入库单号为 0000000002 的入库单。

e.单击"暂估"按钮,单击"确定"按钮,再单击"退出"按钮。

②生成冲销暂估入账业务的凭证。

a.在存货核算系统中,执行"财务核算"|"生成凭证"命令,打开"生成凭证"窗口。

b.单击"选择"按钮,打开"查询条件"对话框。

c.选中"(24)红字回冲单"复选框,并单击"确定"按钮。

d.选中要生成凭证的单据,修改凭证类别为"转账凭证",录入"存货"科目编码 1405,"应付暂估"科目编码 220202。

e.单击"生成"按钮,生成一张红字凭证,单击"保存",如图 4-112 所示。

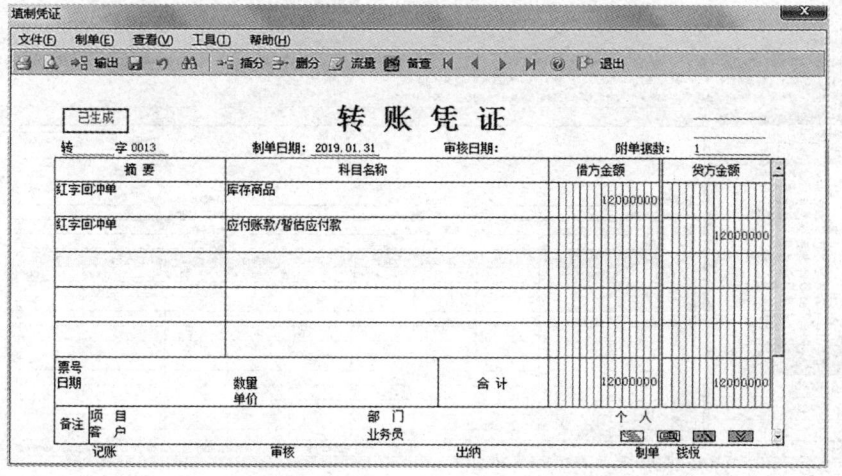

图 4-112　转账凭证

③生成"蓝字回冲单(报销)"的凭证

a.在存货核算系统的"生成凭证"窗口中,单击"选择"按钮,打开"查询条件"对话框。

b.选择"(30)蓝字回冲单(报销)"复选框。

c.单击"确定"按钮,打开"未生成凭证单据一览表"窗口。

d.单击"选择"栏,选中单据。

e.单击"确定"按钮。

f.录入相关信息,"存货"科目编码1405,"对方"科目编码1401。

g.单击"生成"按钮,生成一张转账凭证,单击"保存"。如图4-113所示。

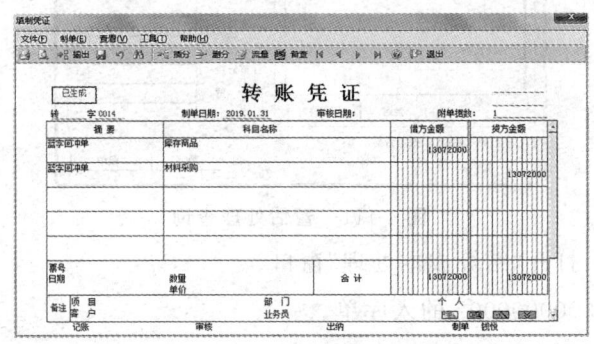

图4-113 转账凭证

2.第二笔业务的处理

本笔业务属于入库前部分退货业务,需要录入采购订单、采购到货单和退货单,并根据实际入库数量输入采购入库单。

(1)填制采购订单和采购到货单。

①2019年1月22日,在采购管理系统中,执行"采购订货"|"采购订单"命令,增加采购订单。输入瑞恒羽毛球300只,单价14元,如图4-114所示,单击"保存"按钮,再单击"审核"按钮。

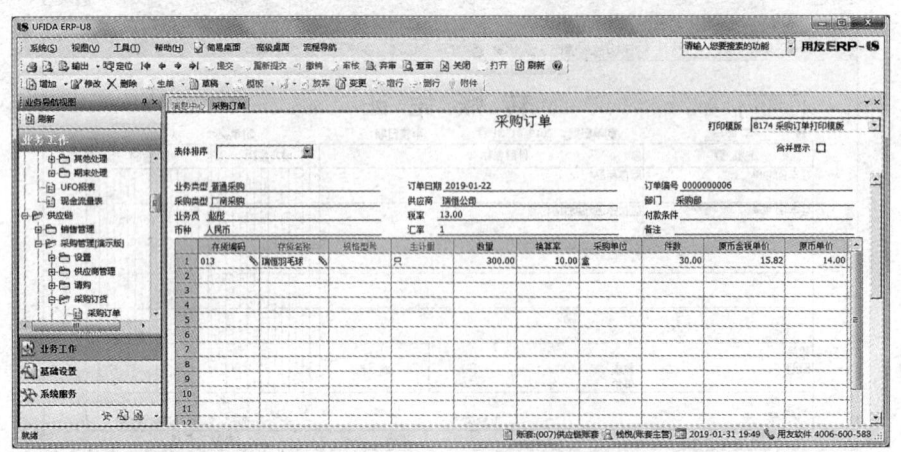

图4-114 采购订单

②2019年1月27日，执行"采购到货"|"到货单"命令，根据采购订单生成采购到货单，保存并审核。

③2019年1月28日，入库时发现20只瑞恒羽毛球不合格，需要开具20只瑞恒羽毛球的退货单。执行"采购到货"|"采购退货单"命令，输入并保存一张红字采购到货单（退货单），采购类型为"采购退回"，退货数量为负数，如图4-115所示，保存并审核。

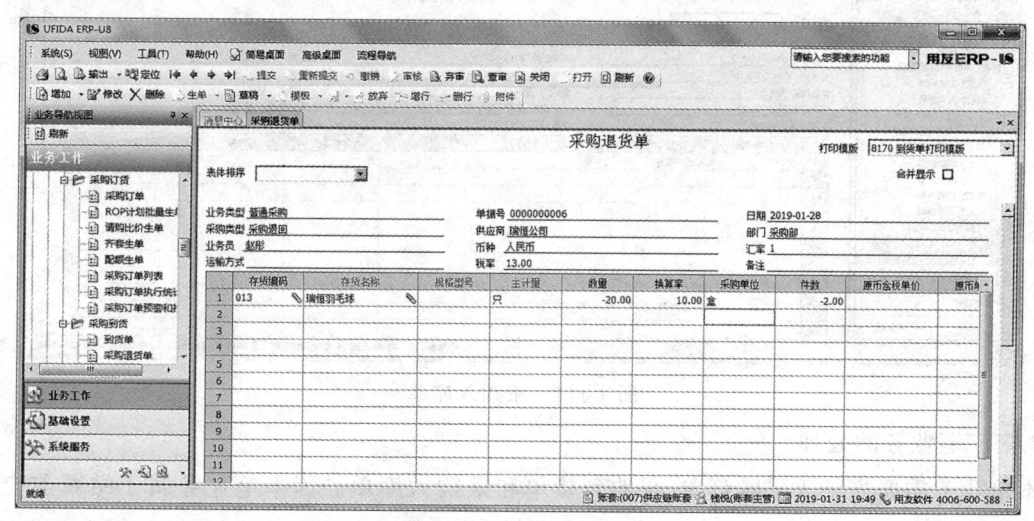

图4-115 采购退货单

（2）填制采购入库单。

①2019年1月28日，填制一张采购入库单。在库存管理系统中，执行"入库业务"|"采购入库单"命令。

②单击"生单"按钮，打开"选择采购订单或采购到货单"对话框，选择"采购到货单（批量）"选项卡。选中第5号单据的"选择"栏；修改入库日期为"2019-01-28"；"入库仓库"选择"器材仓"；拖动表下方的滚动条到最后，修改"本次入库数量"为280，如图4-116所示。

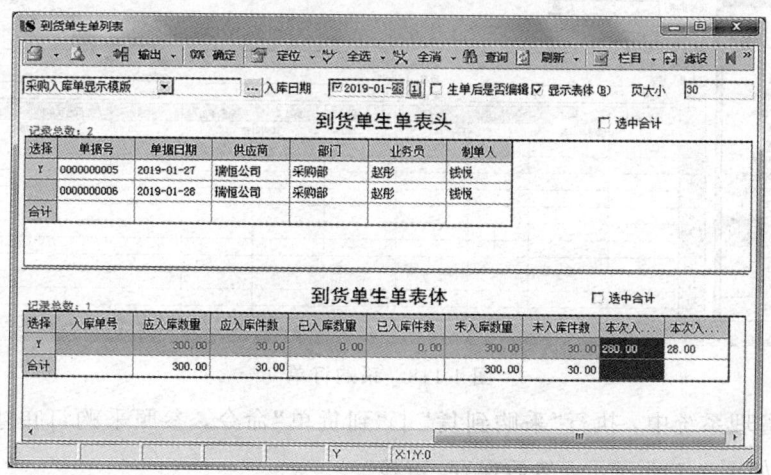

图4-116 到货单生单列表

③单击"OK确定"按钮,生成一张采购入库单。单击"审核"按钮,审核采购入库单,如图4-117所示。

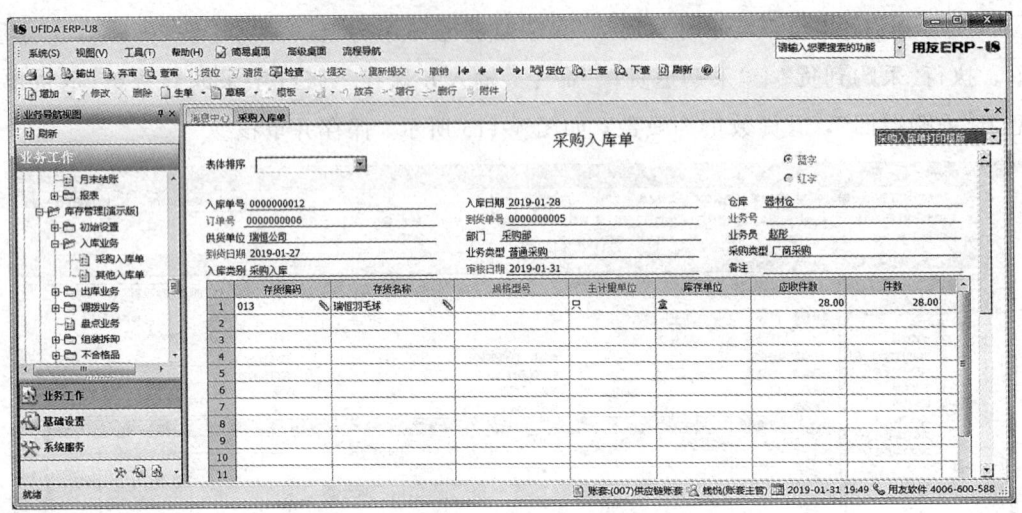

图 4-117 采购入库单

3.第三笔业务的处理

本笔业务需要先录入采购订单、采购到货单和采购入库单。因本笔业务属于结算前全部退货业务,需要编制退货单、红字采购入库单,进行红蓝入库单和采购发票的手工结算。

(1)在采购管理系统中,执行"采购订货"|"采购订单"命令,增加一张采购订单。输入采购瑞恒乒乓球 200 只、原币单价 11.5 元等内容,单击"保存"按钮,再单击"审核"按钮。如图 4-118 所示。

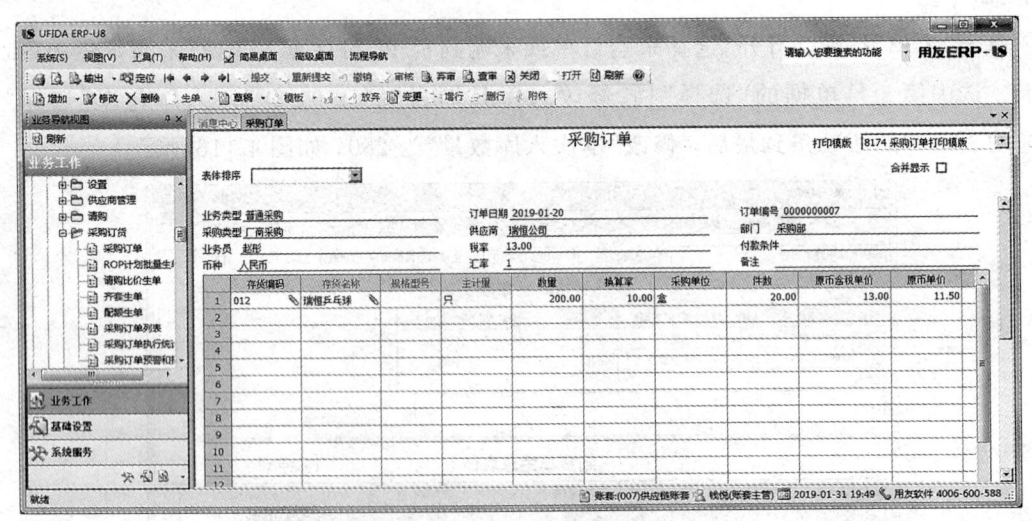

图 4-118 采购订单

(2)在采购管理系统中,执行"采购到货"|"到货单"命令,参照采购订单生成瑞恒乒乓球的采购到货单,如图 4-119 所示,然后保存、审核。

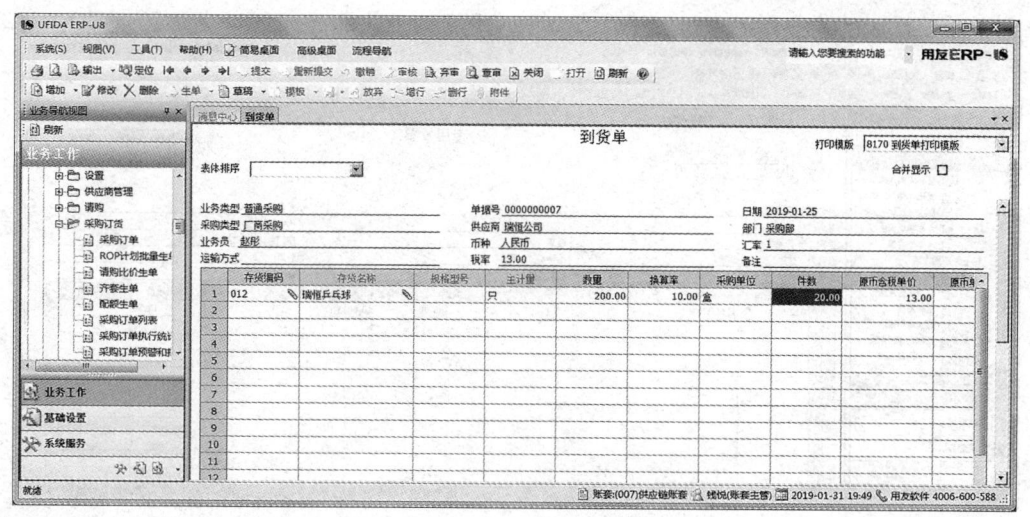

图 4-119 到货单

(3) 在库存管理系统中,执行"入库业务"|"采购入库单"命令。在采购入库单窗口中,直接单击"生单"下拉按钮,选择"到货单(批量)"生成采购入库单,选择仓库为"器材仓",修改日期为1月25日,单击"保存"按钮,再单击"审核"按钮。

(4) 在存货核算系统中,执行"业务核算"|"正常单据记账"命令进行单据记账,如图4-120所示。

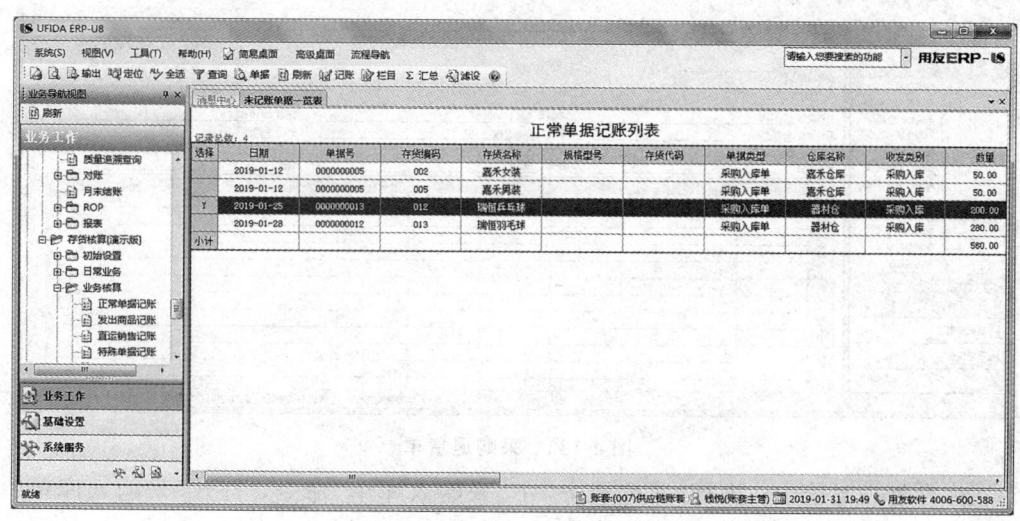

图 4-120 正常单据记账

(5) 2019年1月27日,根据采购入库单生成采购发票,修改发票号为ZY0007。在采购管理系统中,执行"采购发票"|"专用采购发票"命令,打开专用发票输入窗口,并根据25日填制的采购入库单生成采购专用发票,单击"保存",如图4-121所示。

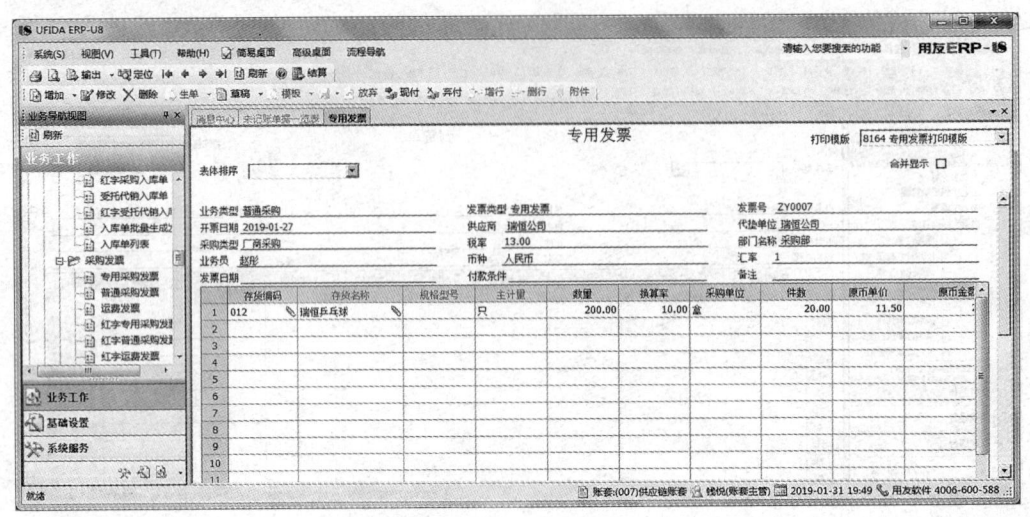

图 4-121　专用发票

（6）2019年1月28日，在采购管理系统中，执行"采购到货"|"采购退货单"命令。单击"增加"按钮，参照25日填制的采购到货单生成红字退货单，单据上列明退货商品瑞恒乒乓球，退货数量200只，原币单价11.5元等信息。单击"保存"并审核，如图4-122所示。

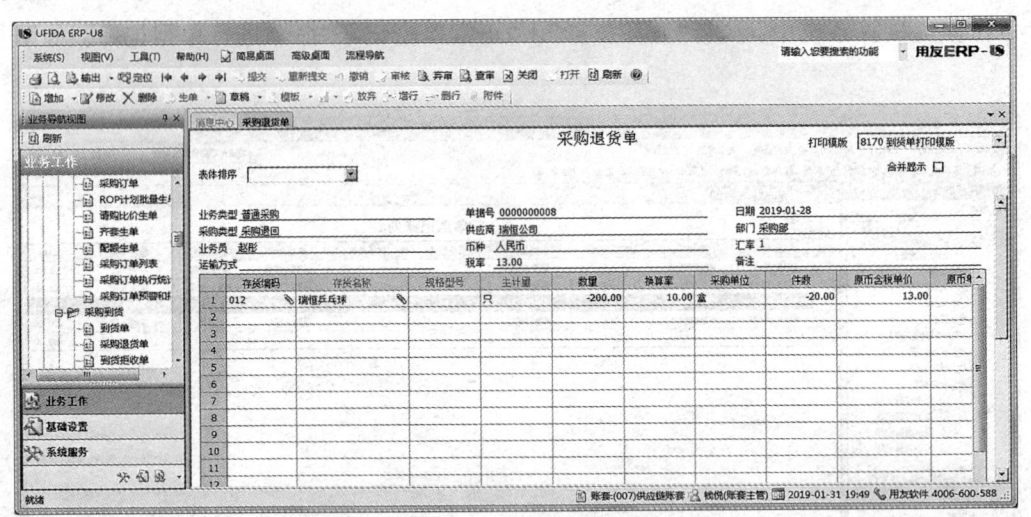

图 4-122　采购退货单

（7）在库存管理系统中，执行"入库业务"|"采购入库单"命令，打开"采购入库单"窗口。单击"生单"下拉按钮，选择"采购到货单（红字）"，单击"过滤"按钮，如图4-123所示。

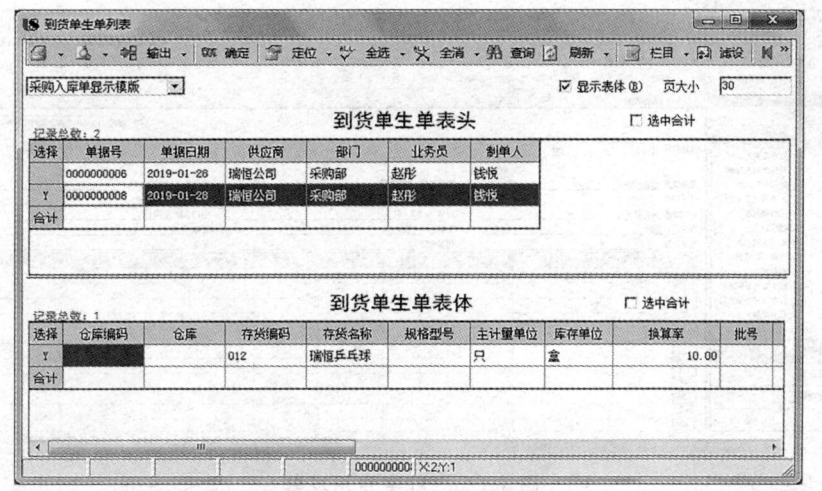

图 4-123 到货单生单列表

(8)单击"OK 确定"按钮,确认生单,系统自动生成一张红字采购入库单。录入仓库信息为"器材仓",修改时间为 1 月 28 日,单击"保存"按钮,再单击"审核"按钮。

(9)在采购管理系统中,执行"采购发票"|"红字专用采购发票"命令,打开"专用发票"窗口,单击"增加"按钮,选择"生单"|"入库单",如图 4-124 所示。

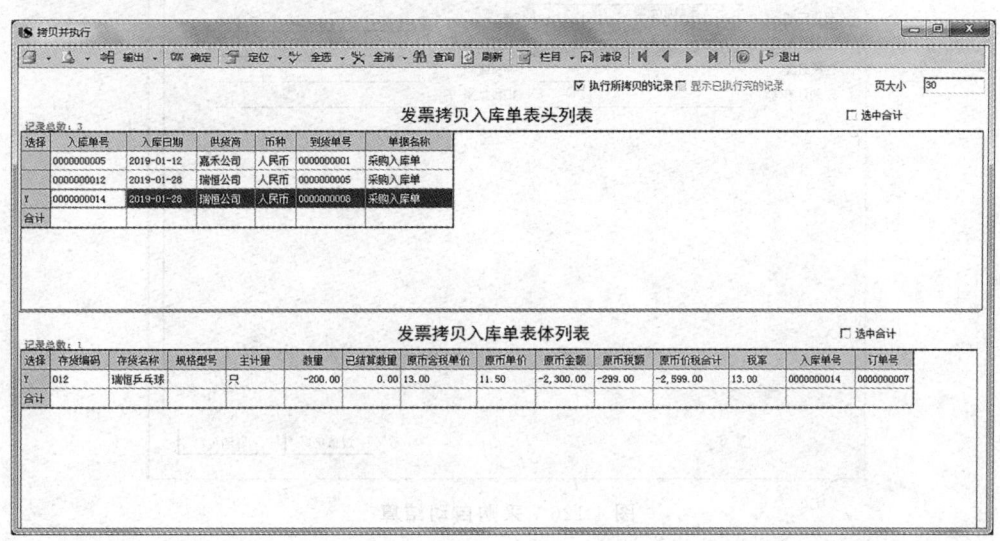

图 4-124 拷贝并执行

(10)单击"OK 确定"按钮,系统自动生成一张红字专用采购发票。修改日期,单击"保存"按钮,如图 4-125 所示。

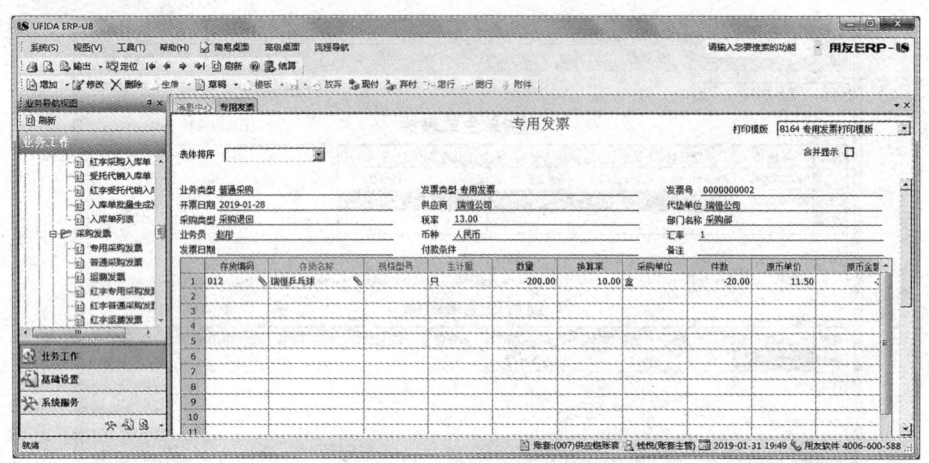

图 4-125　红字专用发票

(11)在采购管理系统中,执行"采购结算"|"自动结算"命令,打开"采购自动结算"对话框,选择"红蓝入库单"和"红蓝发票"复选框,如图 4-126 所示。

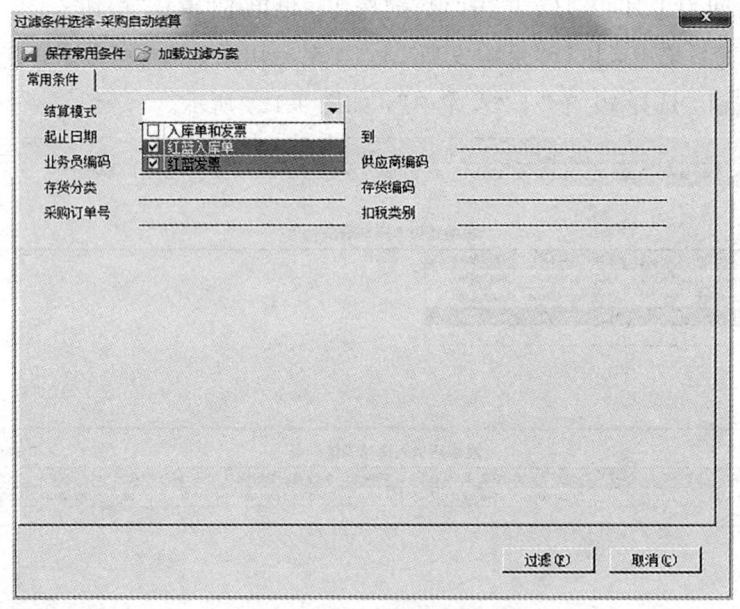

图 4-126　采购自动结算

(12)单击"过滤"按钮,执行红蓝入库单和红蓝发票的自动结算,如图 4-127 所示。
(13)单击"确定"按钮。

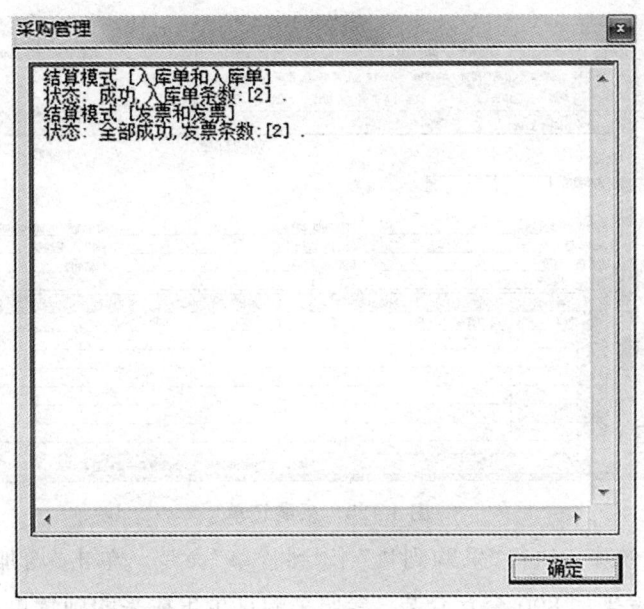

图 4-127 结算完成

小 贴 士

①如果在采购管理系统中的采购选项设置为"普通业务必有订单",则红字采购入库单必须根据红字到货单生成。如果需要手工录入,则需要先取消采购选项的设置。

②结算前的退货业务如果只是录入到货单,则只需开具到货退回单,不用进行采购结算,按照实际入库数量录入采购入库单。

③如果退货时已经录入采购入库单,但还没有收到发票,则只需要根据退货数量录入红字入库单,对红蓝入库单进行自动结算。

④如果已经录入采购入库单,同时退货时已经收到采购发票,则需要根据退货数量录入红字采购入库单,并录入采购发票,其中发票上的数量=原入库单数量-红字入库单数量。这时需要采用手工结算方式将红字采购入库单与原采购入库单、采购发票进行采购结算,以冲抵原入库数量。

4.第四笔业务的处理

(1)在采购管理系统中,执行"采购订货"|"采购订单"命令。单击"增加"按钮,修改采购日期为20日,订购嘉禾女套装800套,原币单价340元,保存并审核,如图4-128所示。

··ERP 软件实训教程··

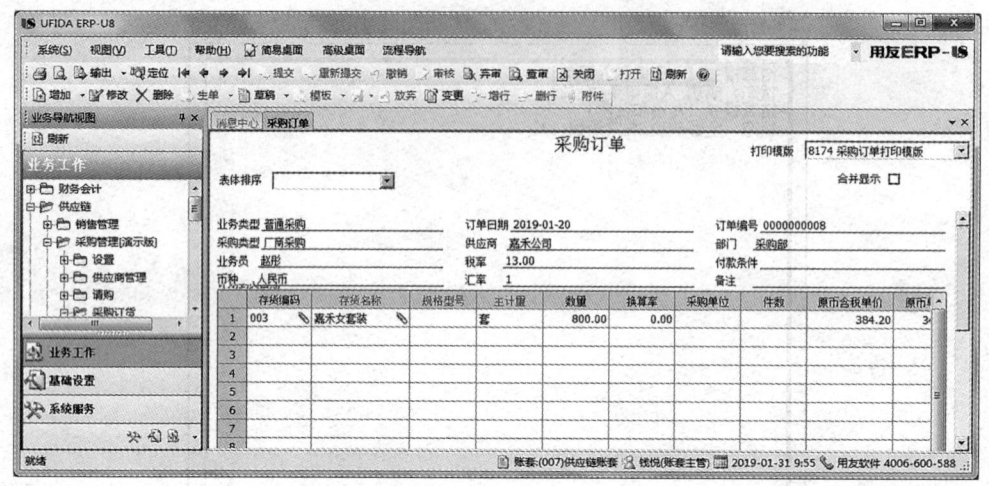

图 4-128 采购订单

(2)在采购管理系统中,执行"采购到货"|"到货单"命令。单击"增加"按钮,修改日期为 30 日,收到嘉禾公司发来的 800 套女套装,参照采购订单生成采购到货单,保存并审核。

(3)在库存管理系统中,执行"入库业务"|"采购入库单"命令。单击"生单"下拉按钮,选择参照"采购到货单"生成采购入库单,并在生单选单列表中,选中到货单,选择仓库"嘉禾仓库",单击"确定"按钮。在生成的采购入库单界面,修改日期为 1 月 30 日,保存并审核这张采购入库单。

(4)31 日,发现 10 套女套装存在质量问题,在采购管理系统中参照到货单生成采购退货单,修改数量为"-10",保存并审核,如图 4-129 所示。

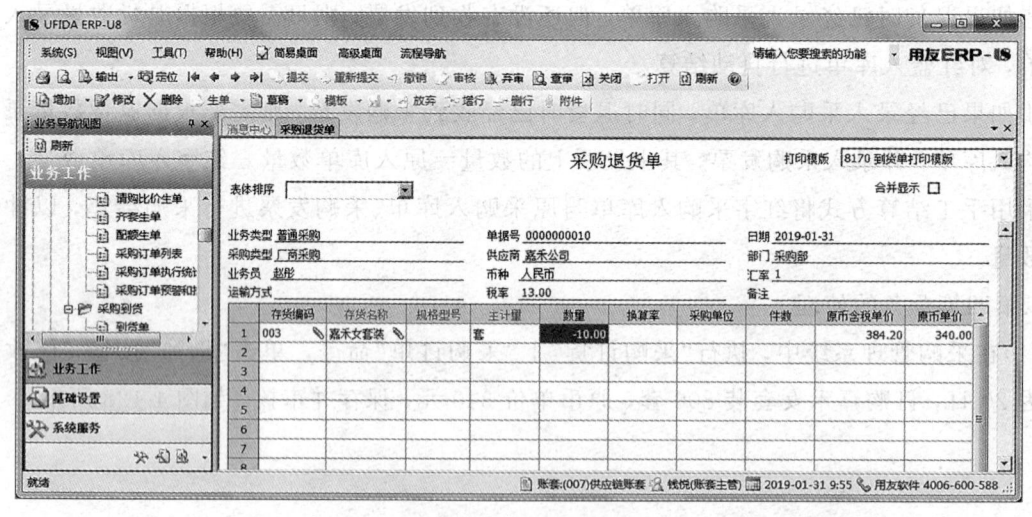

图 4-129 采购退货单

(5)在库存管理系统中参照生成红字入库单并审核,修改入库类别为"采购退货",如图 4-130 所示。

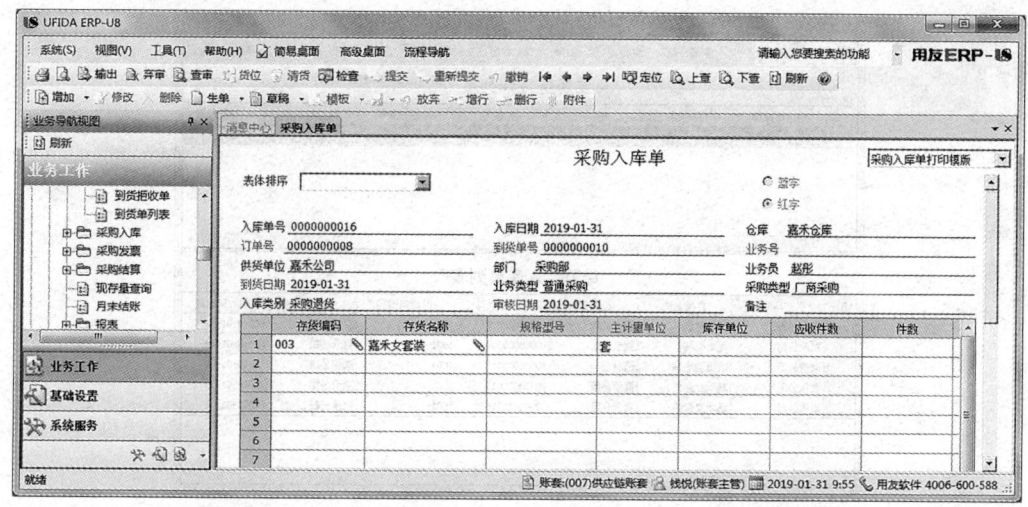

图 4-130 采购入库单

(6)31 日,在采购管理系统中,执行"采购发票"|"专用采购发票"命令。单击"增加"按钮,修改专用发票号为 ZY0008,根据原入库数量扣除退货数量后的实际数量(790)和发票单价 340 元,参照入库单生成采购专用发票并保存,如图 4-131 所示。

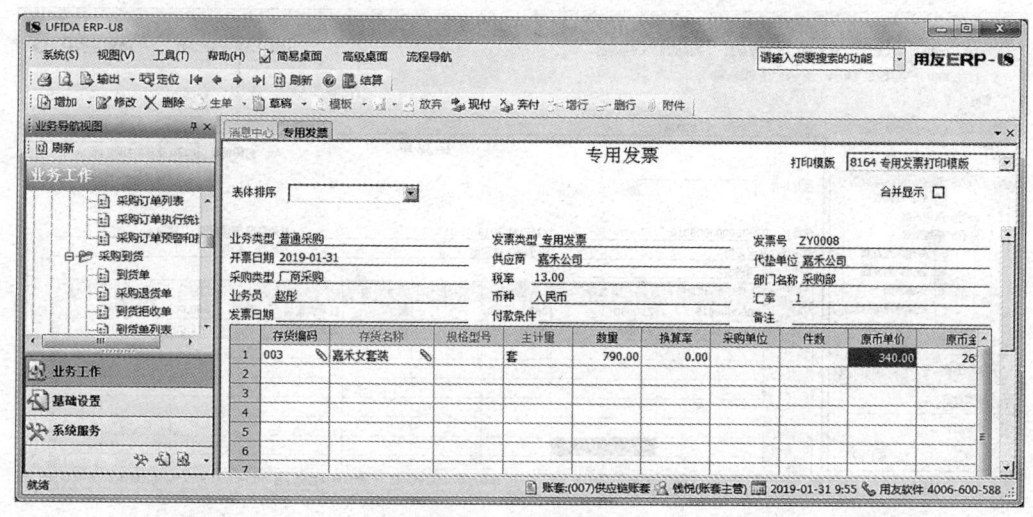

图 4-131 专用发票

(7)执行"采购结算"|"手工结算"命令,选择"选单",单击"过滤"按钮,打开结算单列表,采用手工结算方式将红字采购入库单与原采购入库单和采购发票进行结算,冲抵原入库数量,如图 4-132 所示。

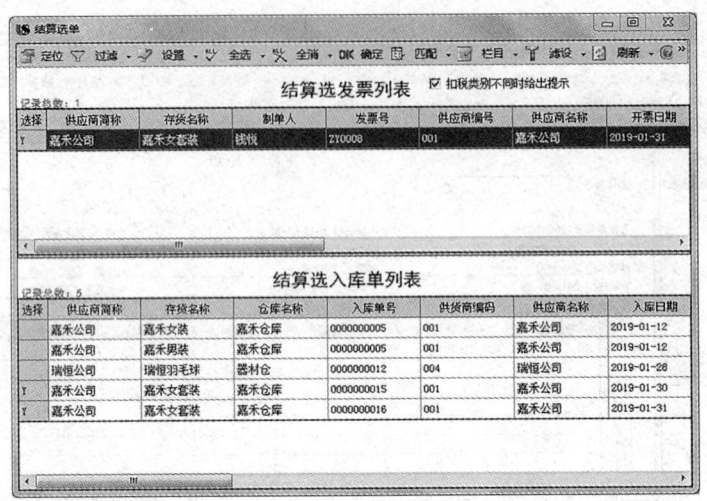

图 4-132 结算选单

(8)单击"OK 确定"按钮,进行结算。

(9)在采购管理系统中,执行"采购结算"|"结算单列表"命令,选中所要查询的采购结算单记录并双击,打开该结算表。采购退货结算单如图 4-133 所示。

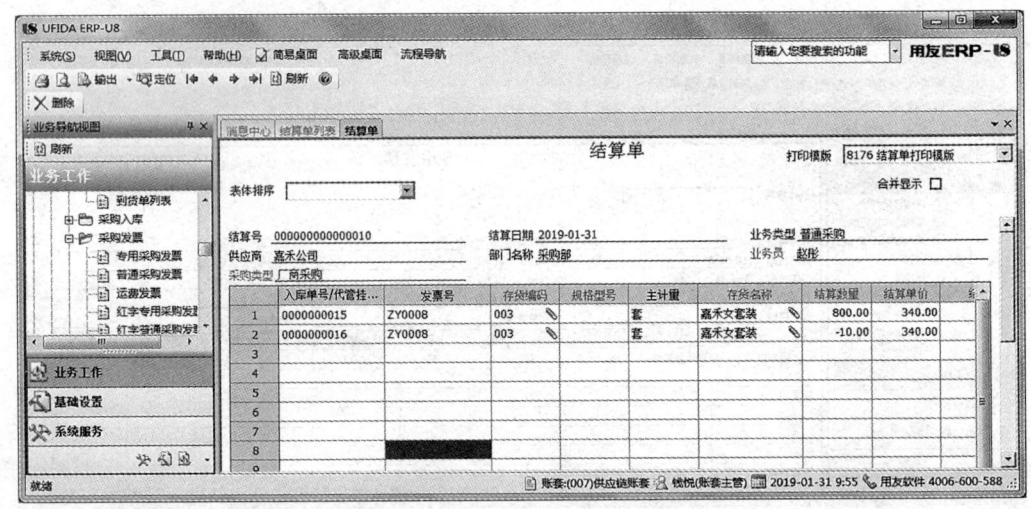

图 4-133 结算单

5.第五笔业务的处理

本笔业务属于已经办理结算手续的采购退货业务,需要输入到货退回单、红字采购入库单和红字采购发票,并进行手工结算。

(1)在采购管理系统中,执行"采购到货"|"采购退货单"命令。单击"增加"按钮,拷贝对应的采购订单,如图 4-134 所示。拷贝完毕后,修改退货数量为20件男风衣,单价150元;女风衣 15 件,单价 120 元,保存并审核,如图 4-135 所示。

·· 项目四 采购与应付系统 ··

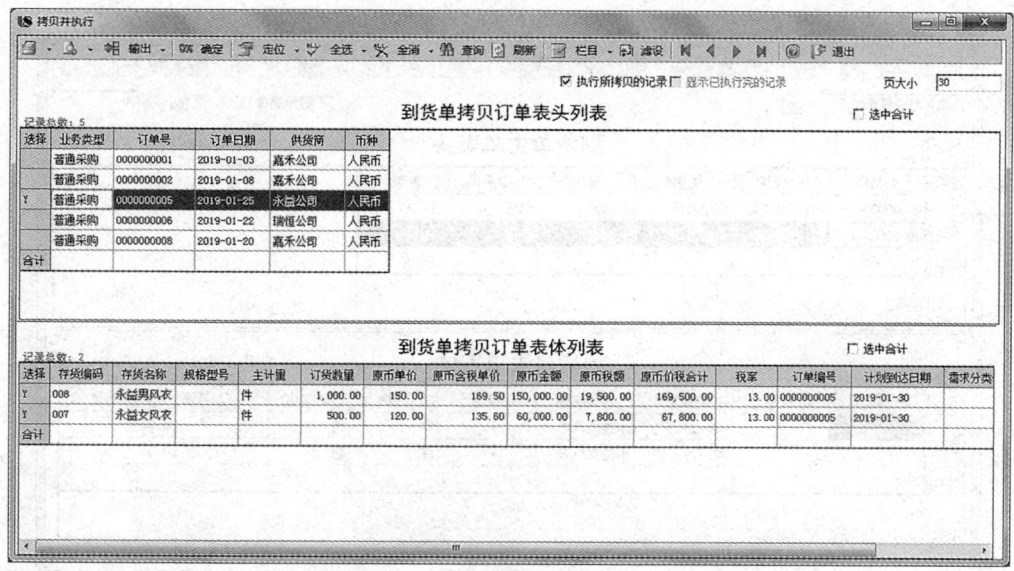

图 4-134 拷贝并执行

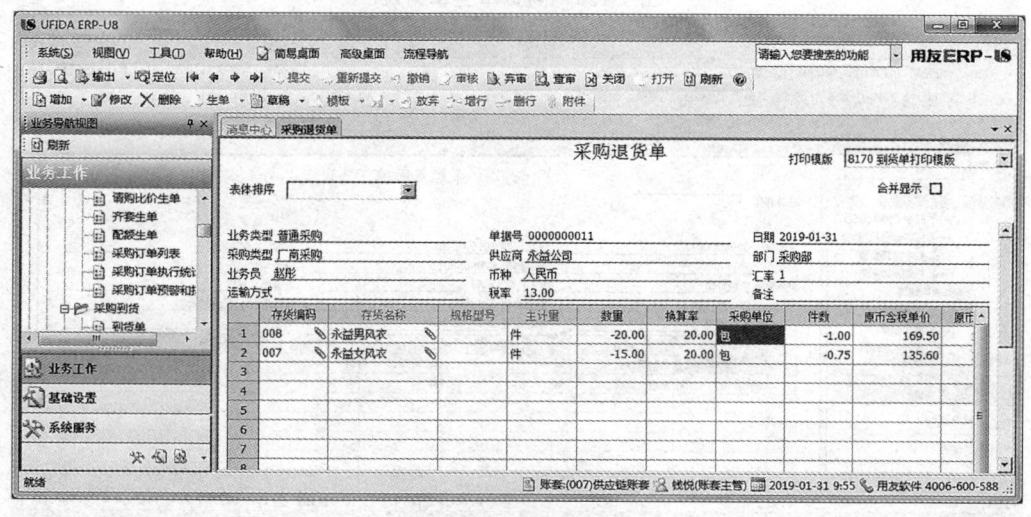

图 4-135 采购退货单

（2）在库存管理系统中，执行"入库业务"｜"采购入库单"命令，单击"生单"下拉按钮，选择"采购到货单（红字）"生单；在"生单选单列表"中选中对应的采购到货单，如图 4-136 所示。仓库选择"永益仓库"，修改入库类别为"采购退货"，单击"确定"按钮，并对生成的采购入库单进行审核，如图 4-137 所示。

— 135 —

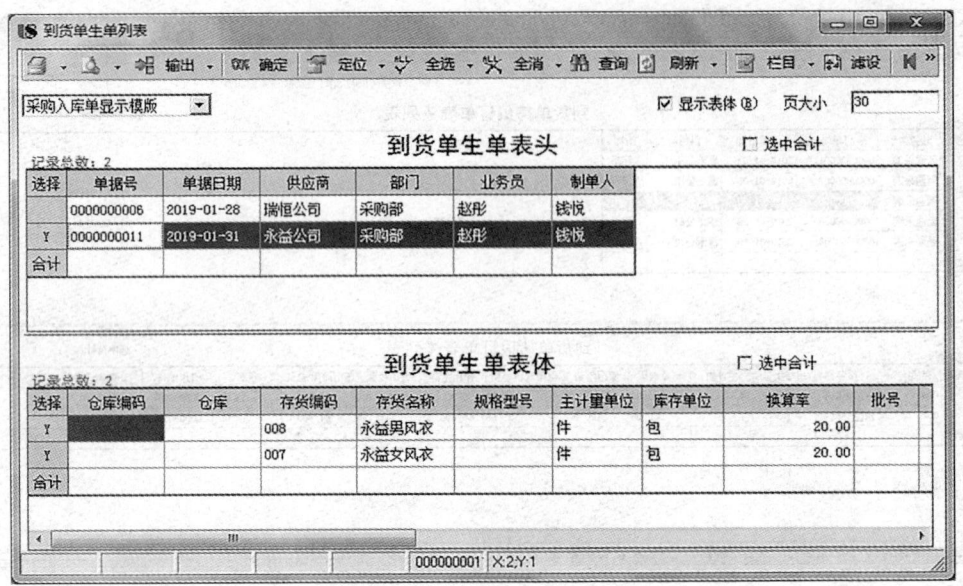

图 4-136 到货单生单列表

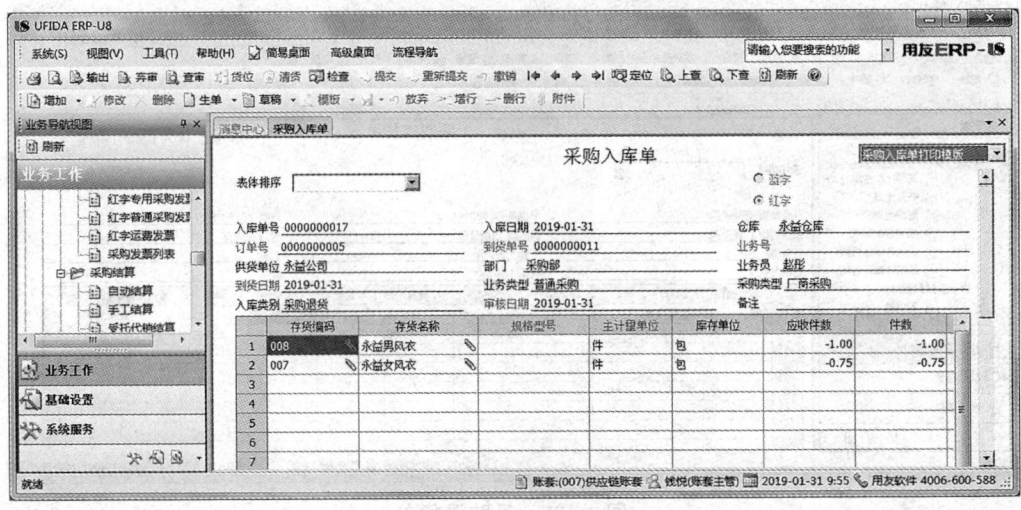

图 4-137 采购入库单

(3) 在采购管理系统中，执行"采购发票" | "红字专用采购发票"命令，单击"增加"按钮，参照采购入库单生成红字专用采购发票，单击"保存"按钮，如图 4-138 所示。

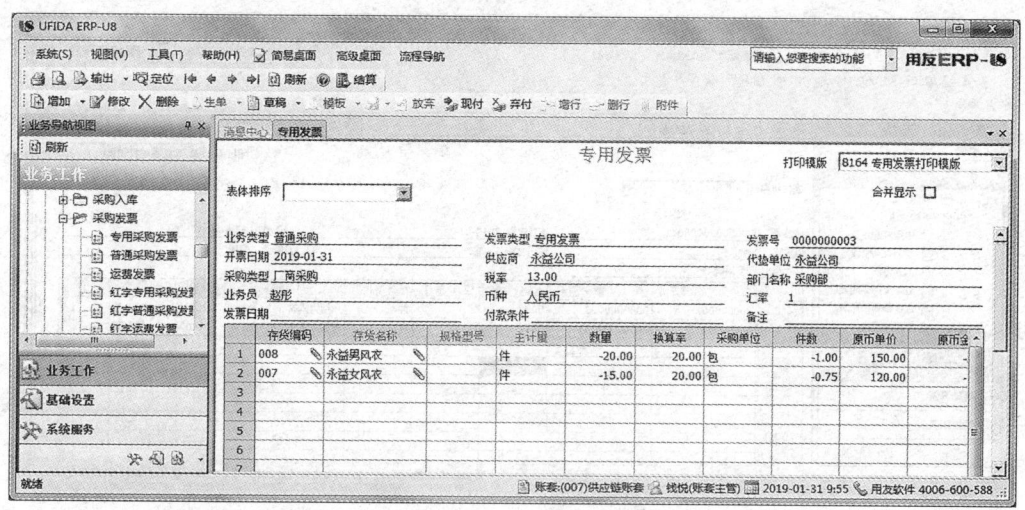

图 4-138 红字采购发票

(4)在采购管理系统中,执行"采购结算"|"自动结算"命令。选择"入库单与发票"复选框,单击"过滤"按钮,执行自动结算。如图 4-139 所示。

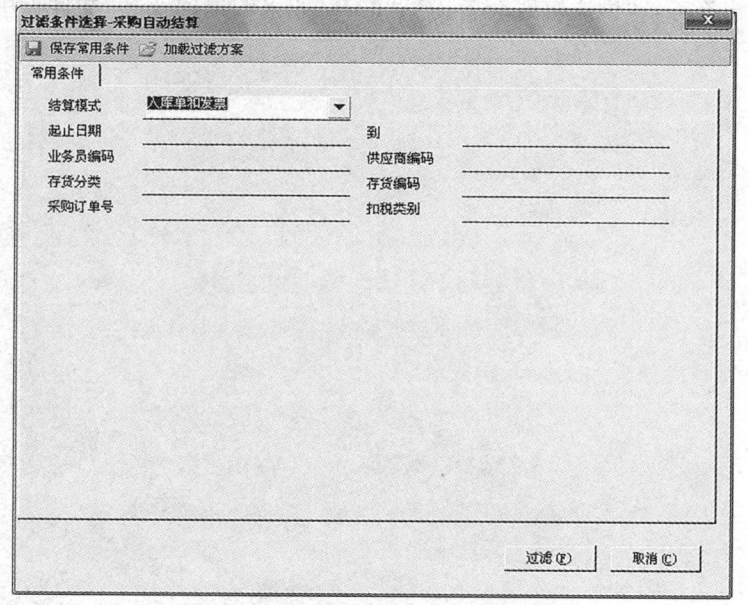

图 4-139 采购自动结算

(5)在采购管理系统中,执行"采购结算"|"结算单列表"命令,选中所要查询的采购结算单记录并双击,打开该结算表,可以查询、打印该结算单,如图 4-140 所示。

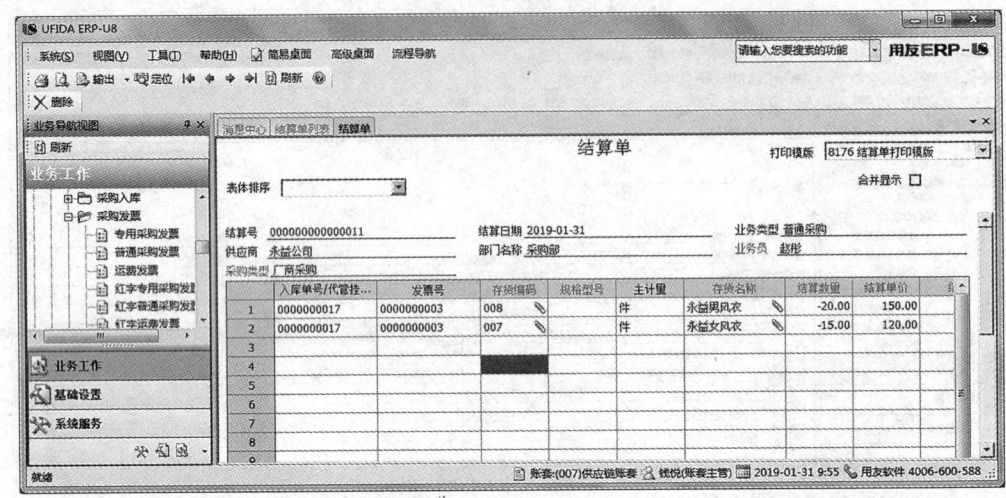

图 4-140 结算单

6.账套备份

(1)在 C:\"供应链账套备份"文件夹中新建"007-4-6 采购退回业务"文件夹。

(2)将账套输出至 C:\"供应链账套备份"\"007-4-6 采购退回业务"文件夹中。

项目五

销售与应收系统

学习目标

运用销售管理系统对普通销售业务、直运销售业务、分期收款业务、销售零售业务及销售退货业务等进行处理，正确及时处理各类销售业务，以便及时确认销售收入，确认并收取应收款项。销售管理系统能够与应收款管理系统、总账系统集成使用，以便及时处理销售款项，并对销售业务进行相应的账务处理。通过本章的学习，要求能够掌握主要销售业务的处理流程、处理方法和处理步骤，深入了解销售管理系统与供应链系统的其他子系统、与 ERP 系统中的相关子系统之间的紧密联系和数据传递关系，以便正确处理销售业务和与销售相关的其他业务。

预备知识

销售是企业经营货物的中心，是企业生产经营的实现过程。销售部门在企业供应链中处于市场与企业接口的位置，其主要职能就是为客户提供产品及其服务，从而实现企业的资金周转并获取利润，为企业提供生存与发展的动力。

销售管理系统主要提供对企业销售业务全流程的管理。销售管理系统支持以销售订单为核心的业务模式，支持普通批发销售、零售、受托代销业务、直运销售业务、分期收款销售和销售调拨等多种类型的销售业务，能满足不同用户的需求，用户可以根据实际情况构建自己的销售管理平台。销售管理的主要功能包括以下内容：

• 有效管理客户。对客户进行分类管理，维护客户档案，制定针对客户的价格政策，建立长期稳定的销售渠道。

• 根据市场信息，进行产品销售预测。预测是基于需求数据，而不是发货数据；预测时区是周还是月、季度，应该与生产排产相同。

• 编制销售计划。销售计划的编制是按照客户订单、市场预测情况和企业生产情况，对一定时期内企业的销售品质、各品种的销售量与销售价格做出安排。企业也可以根据某个部门或某个业务员制订销售计划。

• 销售订单管理。根据客户的订单数量，输入、修改、查询、审核销售订单，了解订单的执行或未执行情况。

• 销售物流管理。根据销售订单填制或生成销售发货单,并根据销售发货单生成销售出库单,在库存管理系统中办理出库。

• 销售资金流管理。依据销售发货单开具销售发票,发票审核后即可确认收入,形成应收账款,在应收款管理系统中可以查询和制单,并据此收款。

• 销售计划管理。以部门、业务员、存货、存货类及其组合为对象,考核销售的计划数与定额数的完成情况,并进行考核评估。

• 价格政策。系统能够提供历次售价、最新成本加成和按价格政策定价等 3 种价格依据;同时,按价格政策定价时,支持商品促销价,可以按客户定价,也可以按存货定价。按存货定价时还支持按不同自由项定价。

• 信用管理。系统提供了针对信用期限和信用额度的两种管理制度,同时,既可以针对客户进行信用管理,又可以针对部门、业务员进行信用额度和信用期限的管理。如果超过信用额度,可以逐级向上审批。

• 远程应用。可以对销售订单、销售发票、发货单、现收款单等进行远程输入、查询。

• 批次与追踪管理。对于出库跟踪入库属性的存货,在销售开单时,可以手工选择明细的入库记录,并提供先进先出、后进先出两种自动跟踪的方法。

销售初始设置

任务案例资料

1.设置销售管理系统参数

(1)有委托代销业务。

(2)有零售日报业务。

(3)有分期收款业务。

(4)允许超发货量开票。

(5)直运销售业务。

(6)销售生成出库单。

(7)普通销售必有订单。

(8)新增发货单参照订单生成。

(9)新增退货单、新增发票参照发货单生成。

其他设置由系统默认。

2.应收款管理系统参数设置和初始设置

(1)应收款管理系统选项。

表5-1 应收款管理系统选项

应收款核销方式	按单据	单据审核日期依据	单据日期
控制科目依据	按客户	受控科目制单方式	明细到单据
销售科目依据	按存货	坏账处理方式	应收余额百分比法

(2)初始设置。

基本科目设置:应收科目1122,预收科目2203,销售收入科目6001,税金科目22210102。

控制科目设置:按客户设置。应收科目1122,预收科目2203。

产品科目设置:按商品设置。销售收入和销售退回科目6001,应交增值税22210102。

结算方式科目设置:现金支票、转账支票、电汇科目1002。

坏账准备设置:提取比率1%,坏账准备期初余额为0,坏账准备科目1231,对方科目6602。

3.单据设置

允许手工修改销售专用发票号。

4.销售管理系统期初数(销售系统价格均为不含税价)

(1)期初发货单。

①2018年12月8日,嘉禾女套装50套,原币单价500元,嘉禾服装仓;广州市润景百货公司,销售部门为批发部,销售类型为批发销售。

②2018年12月10日,瑞恒乒乓球100只,原币单价22元,器材仓;杭州启航百货公司,销售部门为批发部,销售类型为批发销售。

(2)分期收款发出商品期初数。

2018年12月15日,给山西子公司(山西庆盛贸易公司)发出嘉禾男套装100套,原币单价1500元,属于嘉禾服装仓,销售部门为批发部,销售类型为批发销售。

一、任务描述

销售管理系统参数的设置,是指在处理销售日常业务之前,确定销售业务的范围、类型及对各种销售业务的核算要求,这是销售管理系统初始化的一项重要工作。因为一旦销售管理系统开始处理日常业务,有的系统参数就不能修改,有的也不能重新设置。因此,在系统初始化时应该设置好相关的系统参数。

二、任务设计

1.设置销售管理系统的参数

2.设置应收款管理系统的参数

3.输入销售管理系统的期初数据

4.备份账套

三、操作步骤

1.销售管理系统参数设置

(1)以2019年1月31日登录,在企业应用平台中,执行"供应链"|"销售管理"命令,打开销售管理系统。

(2)在系统菜单下,执行"设置"|"销售选项"命令,打开"销售选项"对话框。

(3)打开"业务控制"选项卡,选中"有零售日报业务"、"有委托代销业务"、"有直运销售业务"、"有分期收款业务"、"销售生成出库单"和"普通销售必有订单"复选框,如图5-1所示。

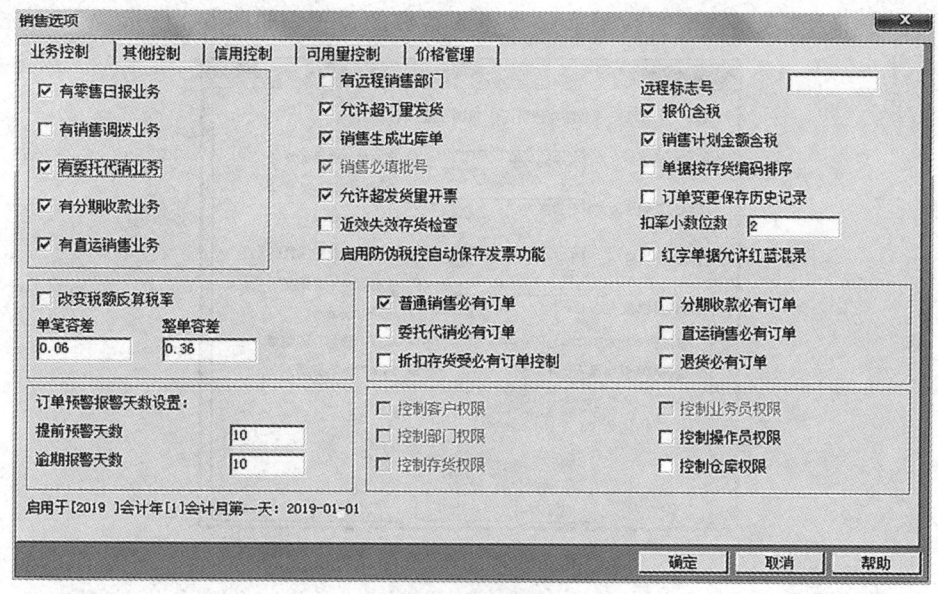

图 5-1　业务控制

(4)打开"其他控制"选项卡,"新增发货单默认"选择"参照订单";"新增退货单默认"选择"参照发货";"新增发票默认"选择"参照发货";其他选项按系统默认设置。

(5)单击"确定"按钮,保存销售系统的参数设置。

2.应收款管理系统参数设置和初始设置

(1)执行"企业应用平台"|"财务会计"|"应收款管理"命令。

(2)在系统菜单下,执行"设置"|"选项"命令,打开"账套参数设置"对话框。

(3)打开"常规"选项卡,单击"编辑"按钮,使所有参数处于可修改状态,按实验要求设置系统参数,如图 5-2 所示。

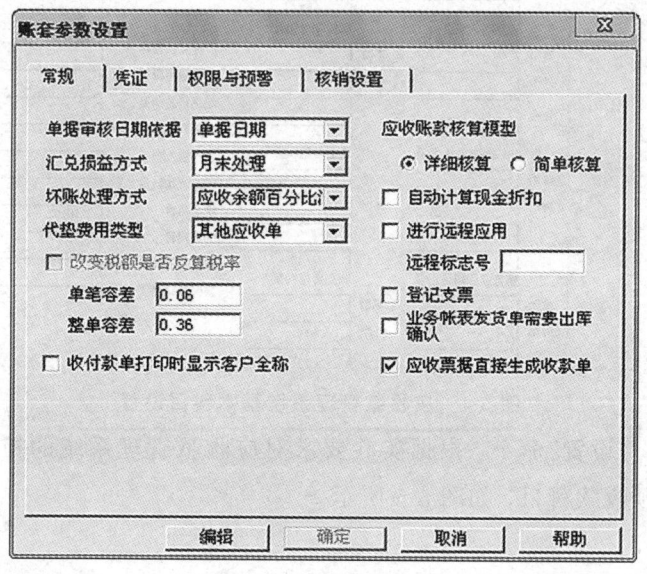

图 5-2　"常规"选项卡

(4)打开"凭证"选项卡,按实验要求修改凭证参数的设置,如图5-3所示。

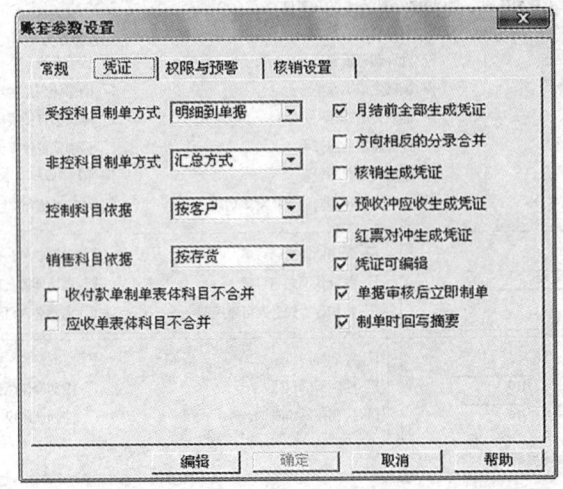

图 5-3 "凭证"选项卡

(5)单击"确定"按钮,保存应收款管理系统的参数设置。

(6)执行"初始设置"|"基本科目设置"命令,根据实验要求对应收款管理系统的基本科目进行设置,如图5-4所示。

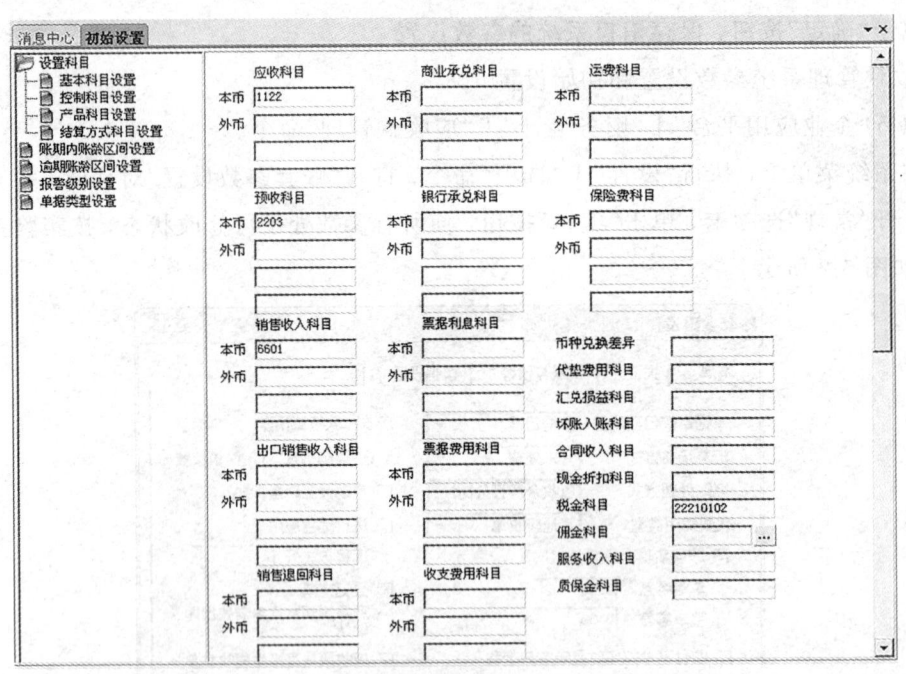

图 5-4 应收款管理系统基本科目设置

(7)执行"控制科目设置"命令,根据实验要求对应收款管理系统的控制科目进行设置,即按客户设置应收款、预收款科目,如图5-5所示。

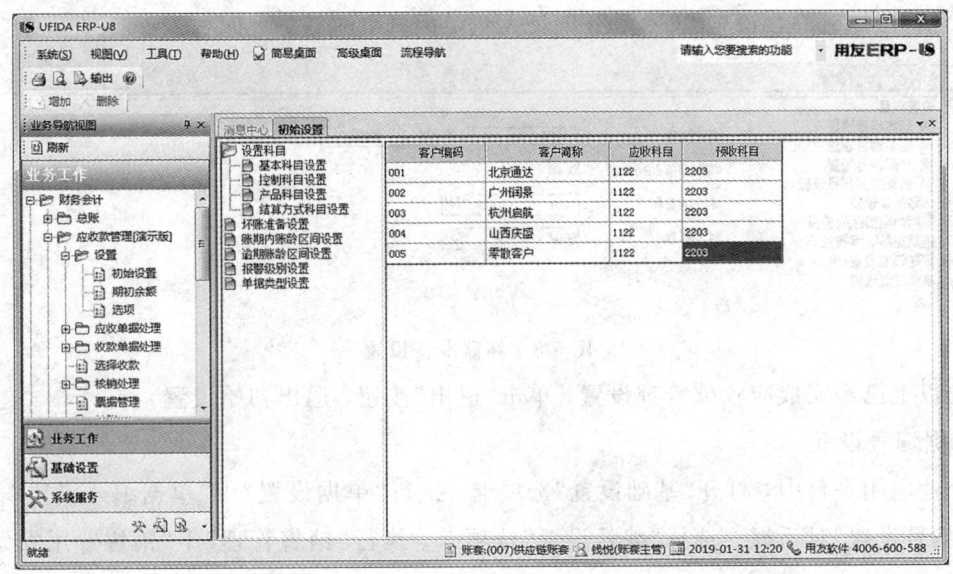

图 5-5 应收款管理系统控制科目设置

(8)执行"产品科目设置"命令，根据实验要求对应收款管理系统的产品科目进行设置，即按存货设置销售收入科目、应交增值税科目和销售退回科目，如图 5-6 所示。

图 5-6 产品科目设置

(9)执行"结算方式科目设置"命令，根据实验要求对应收款管理系统的结算方式科目进行设置，如图 5-7 所示。

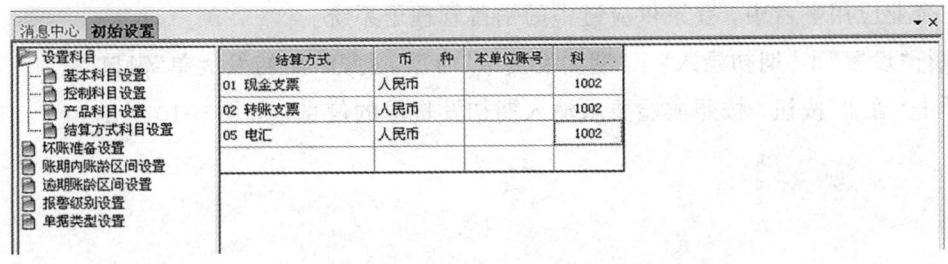

图 5-7 结算方式科目设置

(10)执行"坏账准备设置"命令,分别录入相关内容并确认,如图5-8所示。

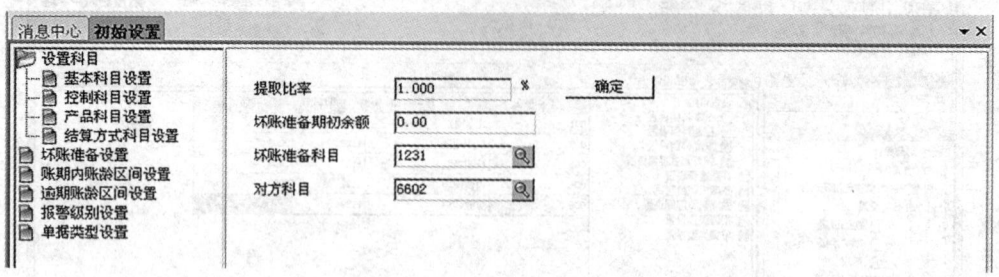

图 5-8 坏账准备设置

(11)以上已经完成应收款管理设置,单击"退出"按钮,退出初始设置。

3.单据编号设置

在企业应用平台中,打开"基础设置"选项卡,执行"单据设置"|"单据编号设置"命令,打开"单据编号设置"对话框。选择"编号设置"选项卡,执行"销售管理"|"销售专用发票"命令,单击对话框右上方的"修改"按钮,选中"手工改动,重号时自动重取(T)"复选框。单击"保存"按钮,保存设置,再单击"退出"按钮,如图5-9所示。

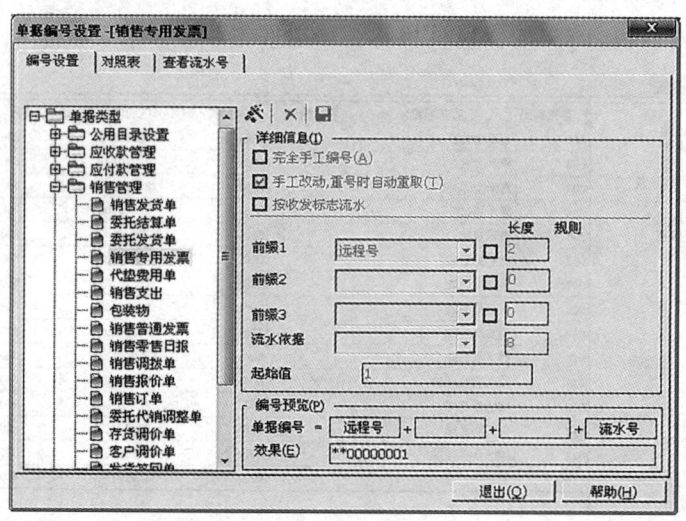

图 5-9 单据编号设置

4.销售管理系统期初数据录入

(1)期初发货单录入。

①在企业应用平台中,登录供应链中的销售管理子系统。

②执行"设置"|"期初录入"|"期初发货单"命令,打开"期初发货单"窗口。

③单击"增加"按钮,按照实验要求输入期初发货单的信息,如图5-10所示。

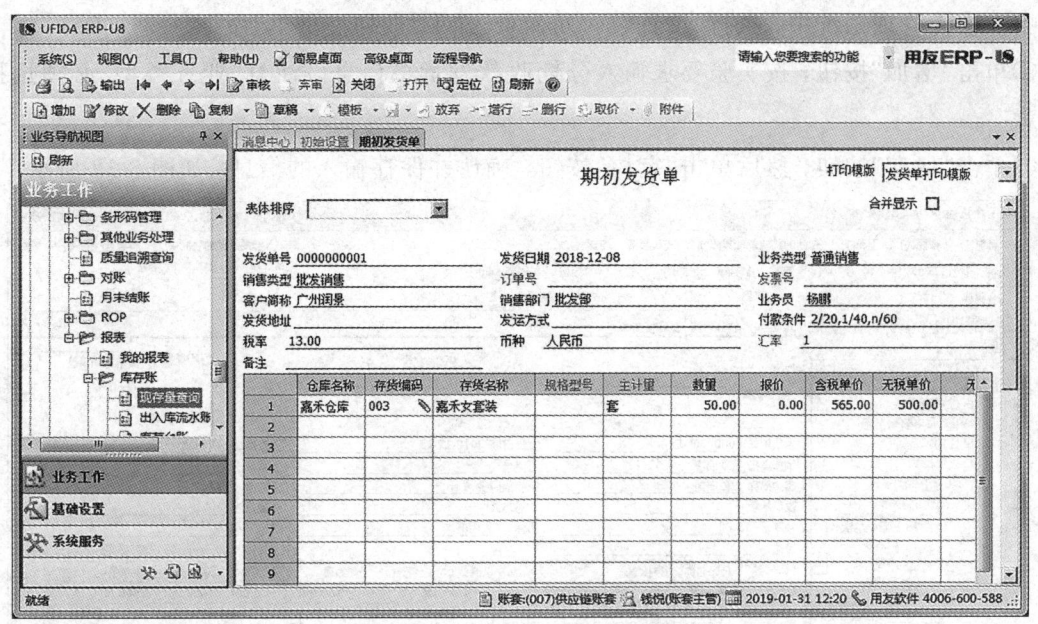

图 5-10 期初发货单

④单击"保存"按钮，保存发货单信息。

⑤单击"审核"按钮，审核确认发货单信息。再单击"增加"按钮，录入保存并审核第 2 张期初发货单，如图 5-11 所示。只有审核后的发货单才可用于销售发票录入时参照。

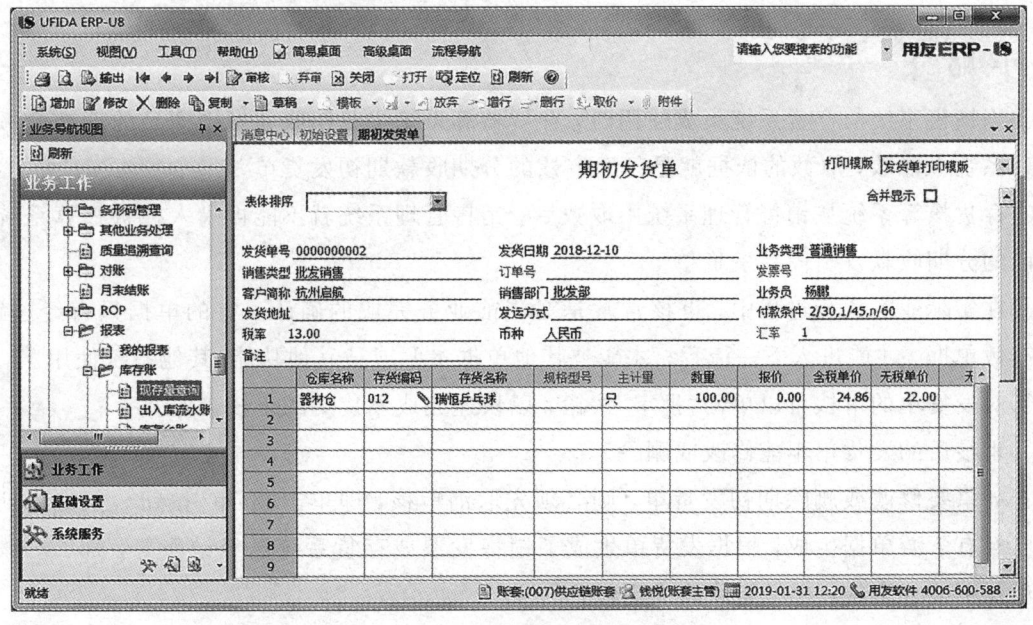

图 5-11 期初发货单

⑥期初发货单全部录入、审核完毕，单击"退出"按钮，退出期初发货单录入与审核界面，完成期初发货单录入与审核工作。

(2)期初分期收款发货单录入。

①在销售管理系统中,执行"设置"|"期初录入"|"期初发货单"命令。

②单击"增加"按钮,按实验要求输入分期收款发货单信息。注意"业务类型"必须选择"分期收款"。

③单击"保存"按钮,然后单击"审核"按钮,确认并保存输入的信息,如图5-12所示。

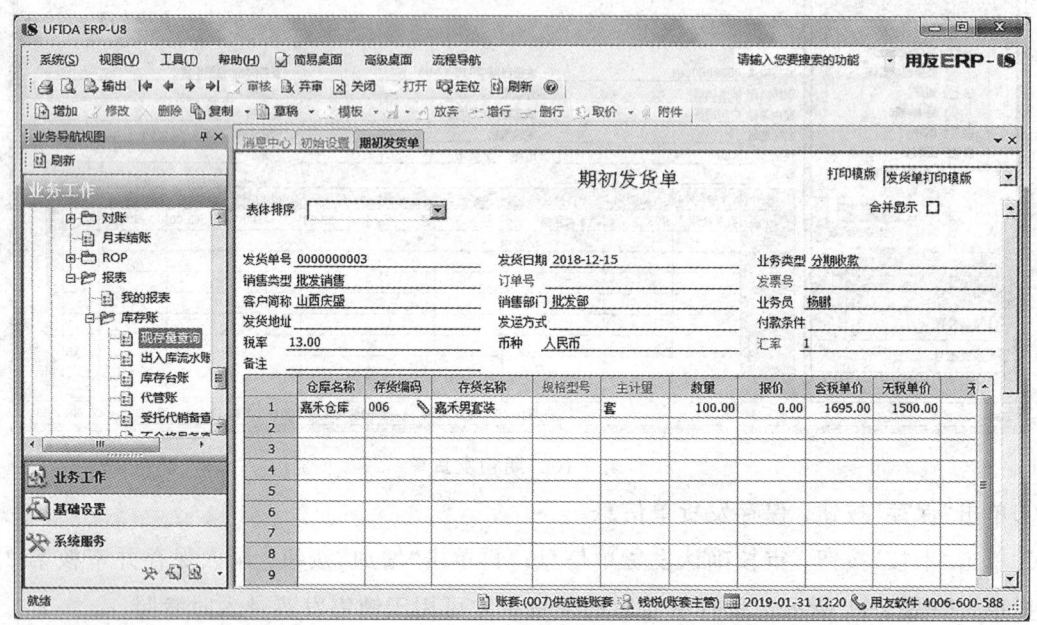

图 5-12 期初发货单

小 贴 士

①当销售系统与存货系统集成使用时,存货核算系统中分期收款发出商品的期初余额从销售管理系统中取数,取数的依据就是已经审核的分期收款期初发货单。

②存货核算系统从销售管理系统中取数后,销售管理系统就不能再录入存货核算系统启用日期前的分期收款发出商品发货单。

③在实际业务执行过程中,审核常常是对当前业务完成的确认。有的单据只有经过审核,才是有效单据,才能进入下一流程,才能被其他单据参照或被其他功能、其他系统使用。

④对发货单的审核可以单击"批审"按钮,以快速完成发货单的审核工作。

⑤审核后的发货单不能修改或删除。

⑥如果要修改或删除期初发货单,则必须先取消审核,即单击"弃审"按钮。但如果期初发货单已经有下游单据生成,根据发货单生成了销售发票或存货系统已经记账等,那么,该期初发货单是不能弃审的,也不能修改或删除。

⑦如果销售管理系统已经执行月末结账,则不能对发货单等单据执行"弃审"。

5.账套备份

(1)在 C:\"供应链账套备份"文件夹中新建"007-5-1 销售初始设置"文件夹。

(2)将账套输出至 C:\"供应链账套备份"\"007-5-1 销售初始设置"文件夹中。

任务二 销售与应收业务一

任务案例资料

2019年1月10日，北京通达百货公司欲订购瑞恒乒乓球400只，出价（不含税）19元/只，要求本月31日前发货，本公司报价（不含税）为21元。12日，本公司与北京通达百货公司协商，对方同意瑞恒乒乓球销售单价为20元，订购400只。本公司确认后于1月13日发货（器材仓），本公司以现金代垫运费150元。当日开具销售专用发票，发票号为ZY1001，货款尚未收到。

2019年1月13日，收到广州市润景百货公司上年12月8日购买嘉禾女套装的价税款28250元（电汇DH1001），本公司已于本月12日开具销售专用发票（ZY1002），确认出库成本。

2019年1月13日，给杭州启航百货公司开具上年12月10日销售瑞恒乒乓球的销售专用发票（ZY1003），款项尚未收到。

2019年1月15日，广州市润景百货公司有意向本公司订购嘉禾男T恤800件、嘉禾男装800件，本公司报价（不含税）分别为500元和280元。16日，经双方协商，广州市润景百货公司向我方订购嘉禾男T恤1600件、嘉禾男装1600件，但价格（不含税）分别为450元和240元。广州市润景百货公司要求两种商品分别开具发票。2019年1月18日，按销售订单发货（嘉禾服装仓），给广州市润景百货公司发出男T恤和男装各1600件，同时开具两张发票（ZY1004、ZY1005），对方电汇（DH1002）款项813600元已经收到，系付1600件男T恤的价税款。1600件男装款项暂欠。确认出库成本。

2019年1月20日，杭州启航百货公司向本公司订购嘉禾男套装100套进行询价，本公司报价（不含税）1000元，对方初步同意。本公司根据报价单已经生成销售订单。2019年1月20日，杭州启航百货公司提出价格过高，只能接受950元/套，本公司不同意。对方撤销对本公司嘉禾男套装的订购。

一、任务描述

普通采购业务主要是先发货后开票的销售业务，需要先处理报价单、销售订单、发货单等单据，发货单审核后根据销售管理系统初始化设置，系统将自动生成销售出库单。如果存货采用先进先出法核算，还可以随时结转销售成本。销售发票开具后，可能立即收到货款，根据发票现结处理；也可能尚未收到款项，需要确认为应收账款。

二、任务设计

1. 销售生成出库单
2. 普通销售必有销售订单
3. 录入销售报价单，录入或生成销售订单、销售发货单
4. 录入或生成销售发票，并按要求修改发票编号
5. 对销售发票进行复核，确认应收款项
6. 确认、收取应收款项
7. 根据销售专用发票确认销售成本（存货采用先进先出法核算）
8. 备份账套

三、操作步骤

1. 第一笔普通销售业务的处理

本笔业务属于本期发生的业务，需要填制或生成报价单、销售订单、销售发货单、销售出库单、销售专用发票，进行代垫运费的处理；在应收款管理系统中审核应收单并制单。

本笔业务处理流程：

（1）销售管理系统——填制报价单并审核。

（2）销售管理系统——填制或生成销售订单。

（3）销售管理系统——根据销售订单生成发货单。

（4）库存管理系统——生成销售出库单并审核。

（5）销售管理系统——销售专用发票。

（6）销售管理系统——代垫运费单。

（7）应收款管理系统——应收单审核并制单。

操作步骤：

（1）销售管理系统填制报价单、销售订单，生成销售发货单。

①在销售管理系统中，执行"销售报价"|"销售报价单"命令，打开"销售报价单"窗口。

②单击"增加"按钮，输入表头信息。业务类型为"普通销售"，销售类型为"批发销售"，日期修改为"2019年1月10日"，客户是"北京通达百货公司"，业务员是"杨鹏"，税率为13%。表体中的存货为瑞恒乒乓球，数量400只，无税单价21元。单击"保存"和"审核"按钮，如图5-13所示。

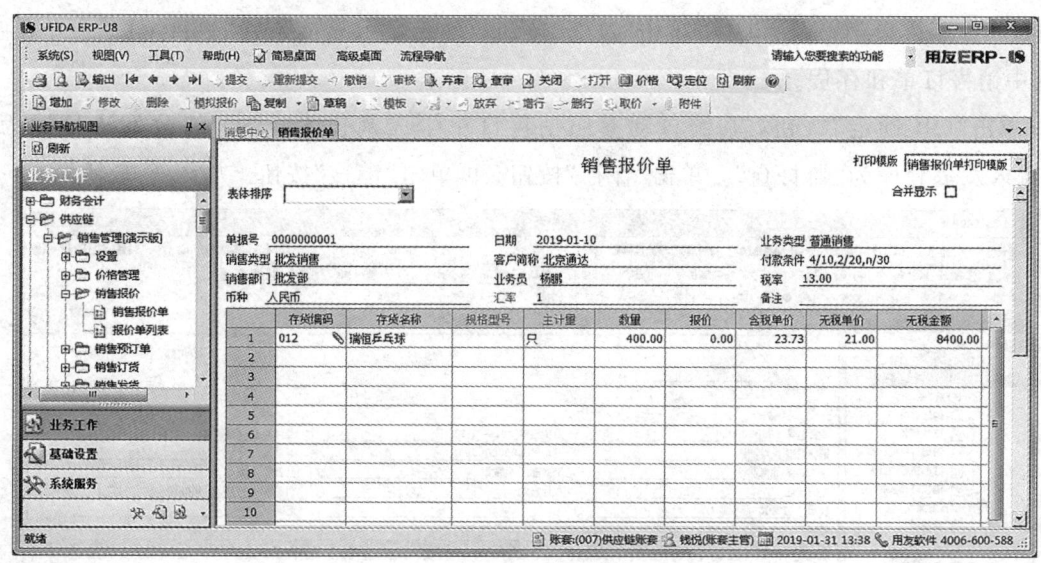

图 5-13 销售报价单

③执行"销售订货"|"销售订单"命令,打开"销售订单"窗口。

④单击"增加"按钮,再单击"生单"下拉按钮,选择"报价",系统自动显示订单参照报价单过滤窗口。选择1月10日的北京通达百货公司的报价单,选中标志为"Y",同时选择下半部的存货瑞恒乒乓球,选中标志为"Y",单击"确定"按钮。

⑤系统根据报价单自动生成一张销售订单。日期为2019-01-12,无税单价为20元,数量为400只。

单击"审核"按钮,如图5-14所示。

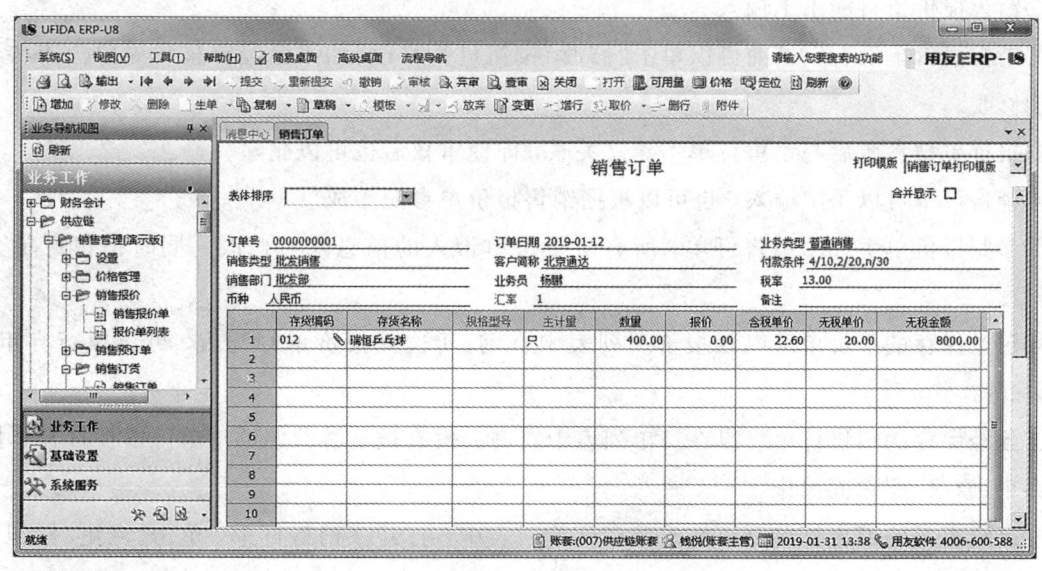

图 5-14 销售订单

⑥执行"销售发货"|"发货单"命令,打开"发货单"窗口。

⑦单击"增加"按钮,系统自动显示"参照生单"窗口。

⑧在"参照生单"管理窗口中,单击"过滤"按钮,系统显示复核条件的销售订单。单击出现"Y"选中销售订单和存货。

⑨单击"OK确定"按钮,系统自动参照销售订单生成销售发货单,修改发货日期为"13日",输入发货仓库为"器材仓"。单击"保存"按钮,再单击"审核"按钮。如图5-15所示。

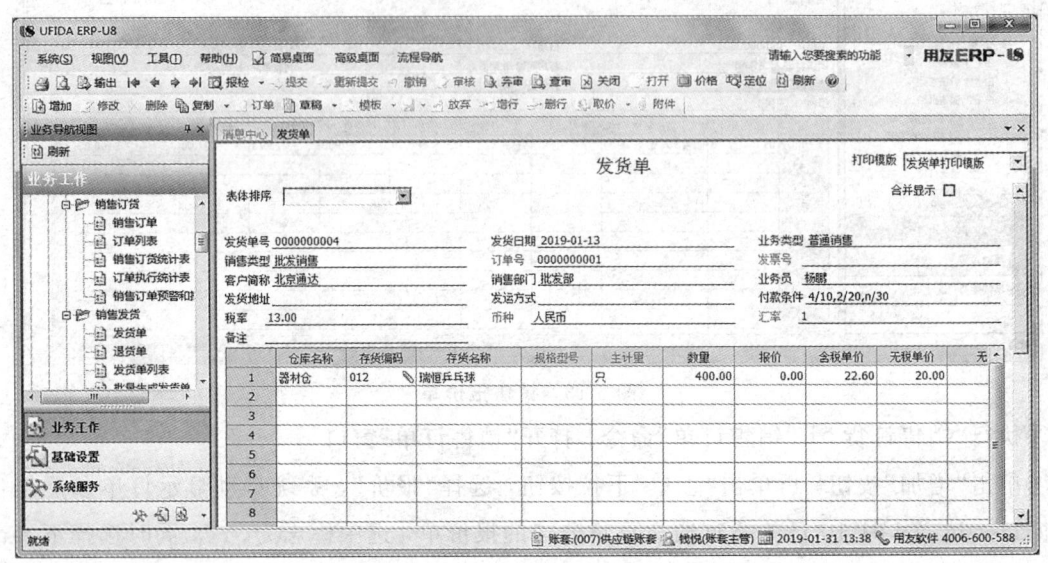

图 5-15 发货单

⑩单击"退出"按钮,退出"销售发货单"窗口。

小 贴 士

①销售报价单只能手工输入。

②销售报价单没有审核前可以单击"修改"按钮进行修改;如果已经审核须先取消审核,然后才能修改。

③报价单被参照后与销售订单不建立关联,即使审核后也可以删除。

④销售订单可以手工输入,也可以根据销售报价单参照生成。

⑤参照报价单生成的销售订单,所有从报价单带入的信息均可修改。同时销售订单上增行、删行。

⑥已经保存的报价单可以在报价单列表中查询;所选择报价单打开后,可以执行弃审、修改、删除等操作。

⑦已经保存的销售订单可以在订单列表中查询。没有被下游参照的订单可以在打开单据后执行弃审、修改、删除等操作。

⑧已经审核的销售订单可以修改。在订单列表中,打开该销售订单,单击"变更"按钮,可以修改。

⑨销售发货单可以手工输入,也可以参照销售订单生成。如果销售系统选项中设置了"普通销售必有订单",则只能参照生成。

⑩如果销售订单、发货单等单据已经被下游单据参照,则不能直接修改、删除。如果需要修改或删除,则必须先删除下游单据,然后取消审核,再修改或删除。

(2)销售出库单。

①在企业应用平台中,登录库存管理系统。

②执行"出库业务"|"销售出库单"命令,系统根据销售发货单自动生成销售出库单。按"翻页键"查看,单击"审核"按钮,确认销售出库单,如图5-16所示,单击"确定"按钮。

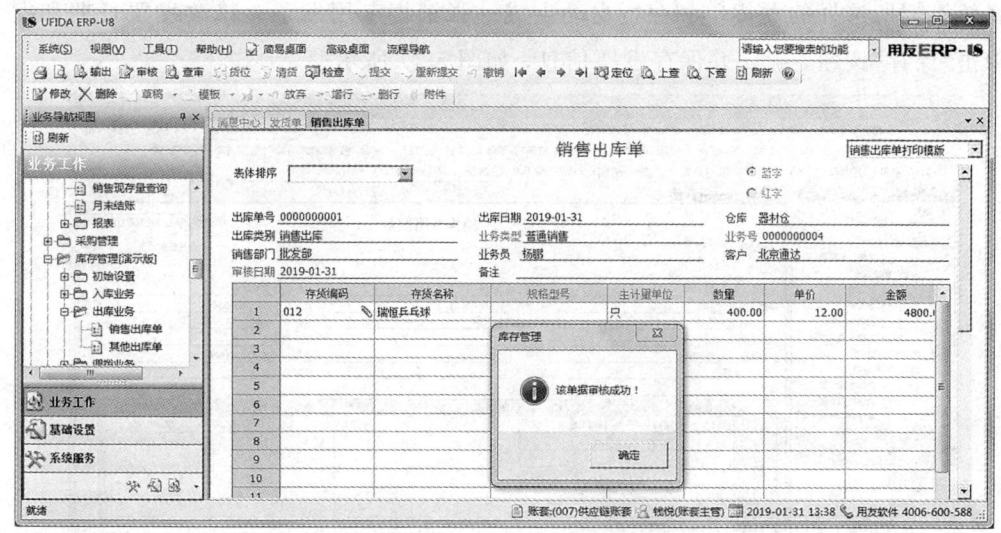

图5-16 销售出库单审核

小 贴 士

①在销售管理系统选项中设置了"销售生成出库单",则系统根据销售发货单自动生成出库单。

②如果在销售管理选项中没有设置"销售生成出库单",则在库存管理系统的销售出库单窗口中单击"生单"下拉按钮,系统显示出库单查询窗口。用户自行选择过滤单据生成销售出库单。

③在库存管理系统中生成的销售出库单可以在销售管理系统的账表查询中,通过联查单据查询到该销售出库单。

④在由库存管理生单向销售管理生单切换时,如果有已审核/复核的发货单、发票未在库存管理系统生成销售发货单,将无法生成销售出库单。因此,应检查已审核/复核的销售单据是否已经全部生成销售出库单后再切换。

⑤系统自动生成的销售出库单不能修改,可以直接审核。

(3)销售专用发票。

①在销售管理系统中,执行"销售开票"|"销售专用发票"命令,打开"销售专用发票"窗口。

②单击"增加"按钮,系统自动弹出"参照生单"窗口。默认业务类型为"普通销售",可以重

新选择。

③设置过滤条件,单击"过滤"按钮,系统根据过滤条件显示符合条件的全部单据。

④在显示的发货单记录中选择客户为"北京通达百货公司",或者选择日期为"2019年1月13日"的发货单,在所选择单据前单击,出现"Y"表示选择成功。

⑤选择存货信息。系统自动显示该发货单的存货信息,选择需要开具发票的存货,在其前面单击,出现"Y"表示选择成功。选择完毕,单击"OK确定"按钮。

⑥系统根据所选择的发货单和存货自动生成一张销售专用发票。修改发票日期和发票号,确认后单击"保存"按钮,确认并保存发票信息,如图5-17所示。

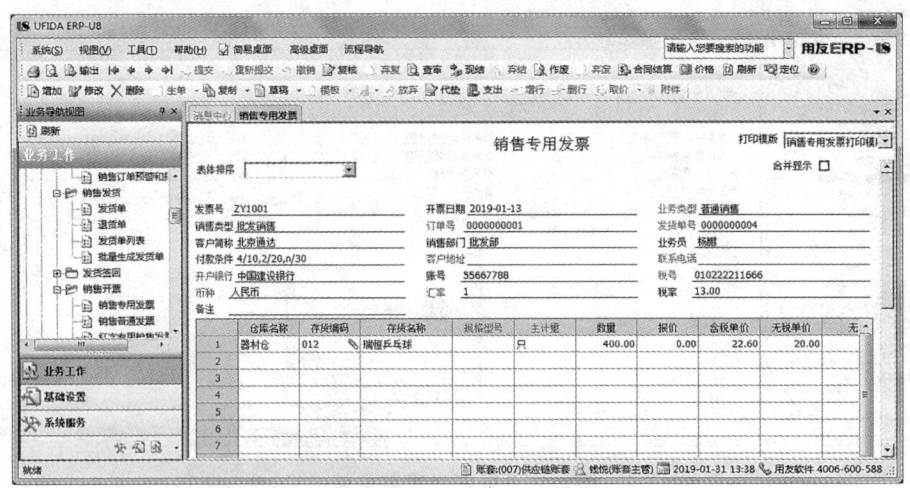

图 5-17　销售专用发票

⑦单击"复核"按钮,保存销售专用发票的信息,然后退出。

⑧执行"代垫费用"|"代垫费用单"命令,打开"代垫费用单"窗口。

⑨单击"增加"按钮,输入代垫费用及其相关内容,如图5-18所示。

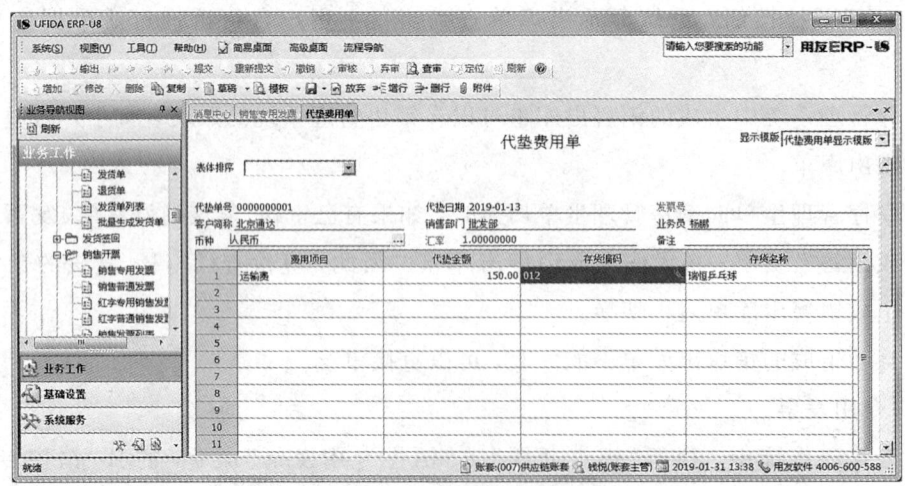

图 5-18　代垫费用单

⑩单击"保存"按钮,再单击"审核"按钮审核。

小 贴 士

①代垫费用单可以在销售管理系统的专用发票窗口输入。生成销售专用发票保存后,单击"代垫"按钮,调出"代垫费用单"窗口,输入"代垫费用单"。

②代垫费用单也可以通过执行"销售管理"|"代垫费用"|"代垫费用单"命令进行输入。

③代垫费用单保存后自动生成其他应收单并传递至应收款管理系统。

④销售管理系统只能记录代垫费用,但不能对代垫费用制单。其凭证需要在应收款管理系统中审核代垫费用单后,才能制单。

(4)应收款管理系统审核应收单并制单

①在企业应用平台,打开"业务工作"选项卡,执行"财务会计"|"应收款管理"|"应收单据处理"|"应收单据审核"命令,系统自动弹出"条件过滤选择"对话框,设置过滤条件。

②单击"确定"按钮。选择需要审核的应收单据,包括北京通达的运费单据和应收单据,在记录的"选择"处单击,出现"Y"表示选择成功。

③单击"审核"按钮,系统弹出"本次审核成功单据2张"信息提示对话框。

④执行"制单处理"命令,系统自动打开单据过滤窗口。设置单据过滤条件,选择"发票制单"和"应收单制单",如图 5-19 所示。单击"确定"按钮。

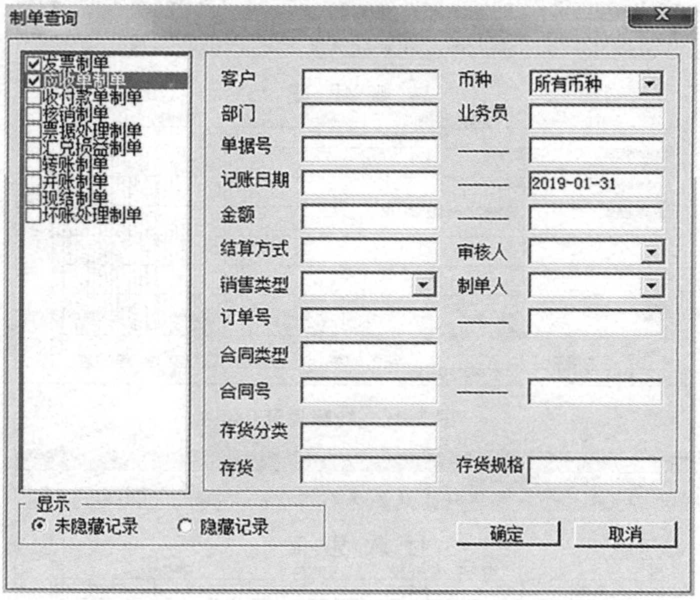

图 5-19 制单查询

⑤单击"全选"按钮,在需要制单的两个记录前的"选择标志"栏分别填 1 和 2,如图 5-20 所示。表示选择 1 的单据生成一张凭证,选择 2 的单据生成另一张凭证。

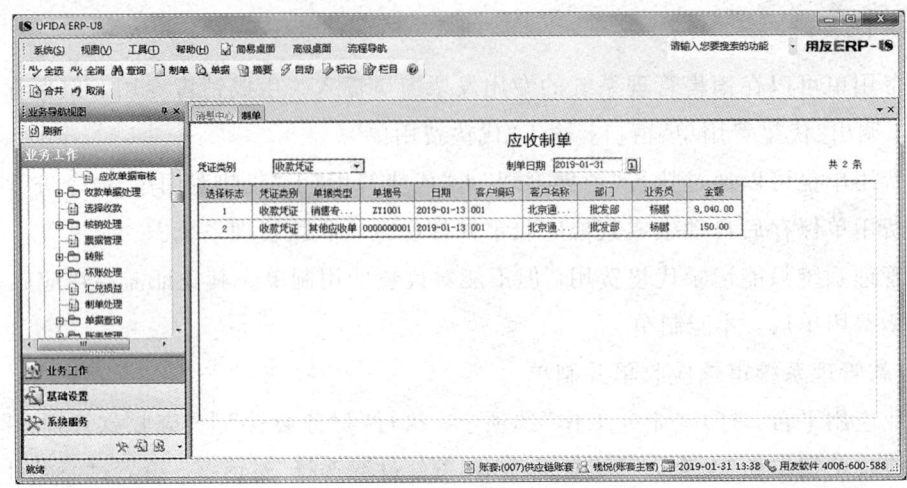

图 5-20 应收制单

⑥选择凭证类别为"转账凭证",单击"制单"按钮,系统根据所选择的应收单自动生成两张转账凭证;分别单击"保存"按钮,系统显示"已生成"标志,如图 5-21 所示。单击制单按钮,在第 2 行科目名称栏输入 1001,修改凭证类别为"付款凭证",再单击"保存"按钮,如图 5-22 所示。

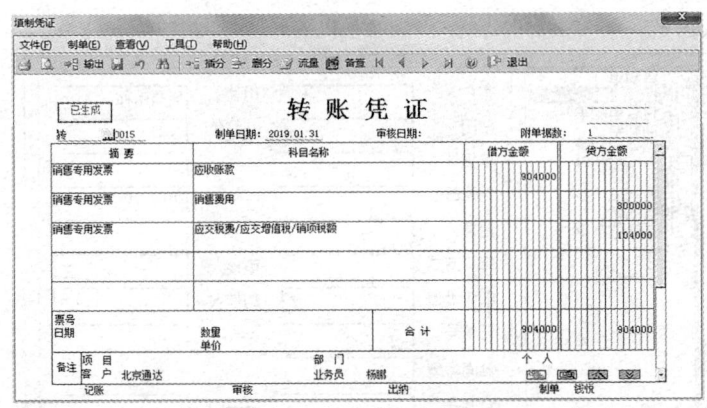

图 5-21 转账凭证

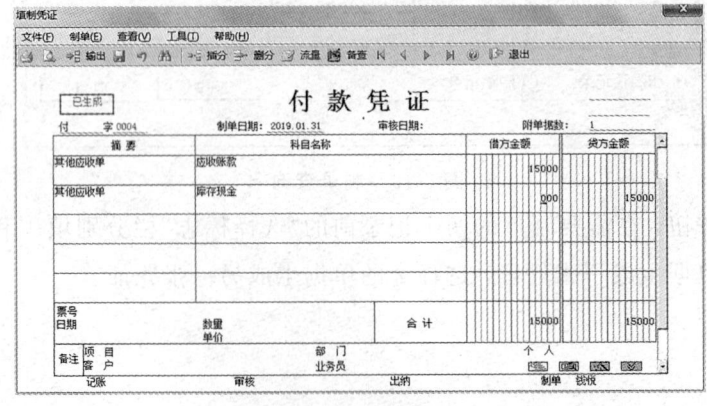

图 5-22 付款凭证

⑦执行"单据查询"|"凭证查询"命令,可以查询根据应收单生成的转账凭证。查询完毕,单击"退出"按钮。

2.第二笔普通销售业务的处理

本笔业务属于上年已经发货的销售业务,本期开具销售专用发票并收到款项。因此,本笔业务需要在销售管理系统中开具销售专用发票并现结;在应收款管理系统中审核收款单并生成凭证传递至总账系统;在存货核算系统中进行正常单据记账,确认并结转销售成本。

本笔业务处理流程:

(1)销售管理系统——根据发货单生成销售专用发票并现结。

(2)应收款管理系统——审核收款单,制单传递至总账系统。

(3)存货核算系统——正常单据记账,确认并结转销售成本,制单并传递至总账系统。

操作步骤:(1)销售管理系统开具专用发票

①在企业应用平台中,打开"业务工作"选项卡,执行"供应链"|"销售管理"|"销售开票"|"销售专用发票"命令,打开"销售专用发票"窗口。

②单击"增加"按钮,系统自动弹出"参照生单"窗口。"客户"选择"广州润景",默认业务类型为"普通销售",可以重新选择。

③设置过滤条件,例如输入或参照输入起始结束日期、部门业务员、订单号等信息,确认后单击"过滤"按钮,系统根据过滤条件显示符合条件的全部单据。

④在显示的发货单记录中的"选择"栏双击,出现"Y"表示选择成功。

⑤选择存货信息。系统自动显示该发货单的存货信息,选择需要开具发票的存货,在其前单击,出现"Y"表示选择成功,如图5-23所示。选择完毕,单击"OK确定"按钮。

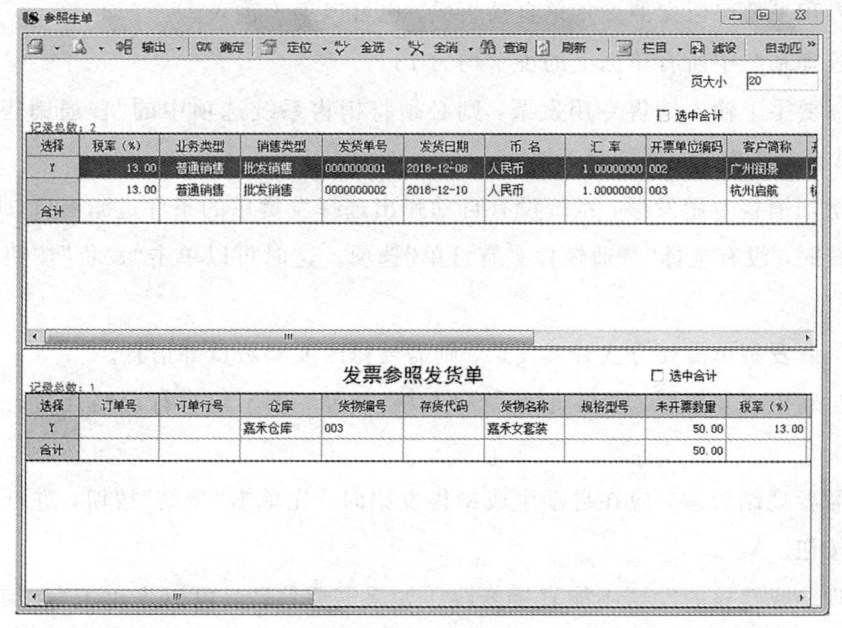

图 5-23　参照生单

⑥系统根据所选择的发货单和存货自动生成一张销售专用发票。修改发票日期、发票号，确认后单击"保存"按钮，确认并保存发票信息，如图5-24所示。

图5-24 销售专用发票

⑦由于开票的同时收到款项，所以单击"现结"按钮，系统自动弹出"销售现结"窗口。按照试验资料输入结算方式、结算号、结算金额等信息。

⑧结算信息输入并确认后，单击"确定"按钮，系统在专用发票上盖章确认，并显示"现结"字样。

⑨单击"复核"按钮，保存销售专用发票的信息。单击"退出"按钮。

小 贴 士

①销售专用发票可以参照发货单自动生成，也可以手工输入。

②销售管理系统中所有单据上的税率均为13%。

③如果需要手工输入销售专用发票，则必须将销售系统选项中的"普通销售必有订单"取消，否则，只能参照生成，不能手工输入。

④如果增加销售专用发票，系统没有自动弹出选择发货单的条件过滤窗口，则表示在销售系统参数设置时，没有选择"普通销售必有订单"选项。这时可以单击"发货"按钮，系统显示发货单过滤窗口。

⑤如果一张发货单需要分次开具发票，则需要修改发票数量等信息。

⑥系统自动生成发票后，如果直接单击"复核"按钮，则不能进行现结处理，只能确认为应收账款。

⑦如果需要现结处理，应在自动生成销售发票时，先单击"现结"按钮，进行现结处理，再单击"复核"按钮。

⑧已经现结或复核的发票不能直接修改。如果需要修改，可以先单击"弃结"和"弃复"按钮，然后单击"修改"按钮，修改确认后单击"保存"按钮。

⑨已经现结或复核的发票不能直接删除。如果需要删除,需要先单击"弃结"和"弃复"按钮。

(2)应收款管理系统审核收款单并制单。

①在企业应用平台,打开"业务工作"选项卡,执行"财务会计"|"应收款管理"|"应收单管理"|"应收单据审核"命令,系统弹出"应收单过滤条件"对话框。

②选择"包含已现结发票"复选框,如图5-25所示。

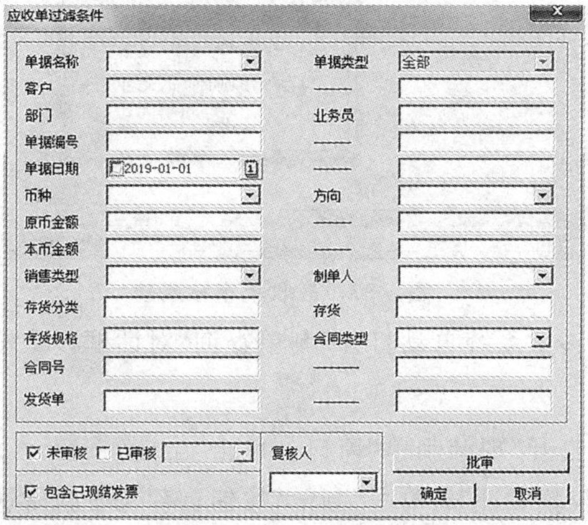

图 5-25 应收单过滤条件

③单击"确定"按钮。选择需要审核的应收单据,在记录的"选择"栏处双击,出现"Y"表示选择成功,如图5-26所示。

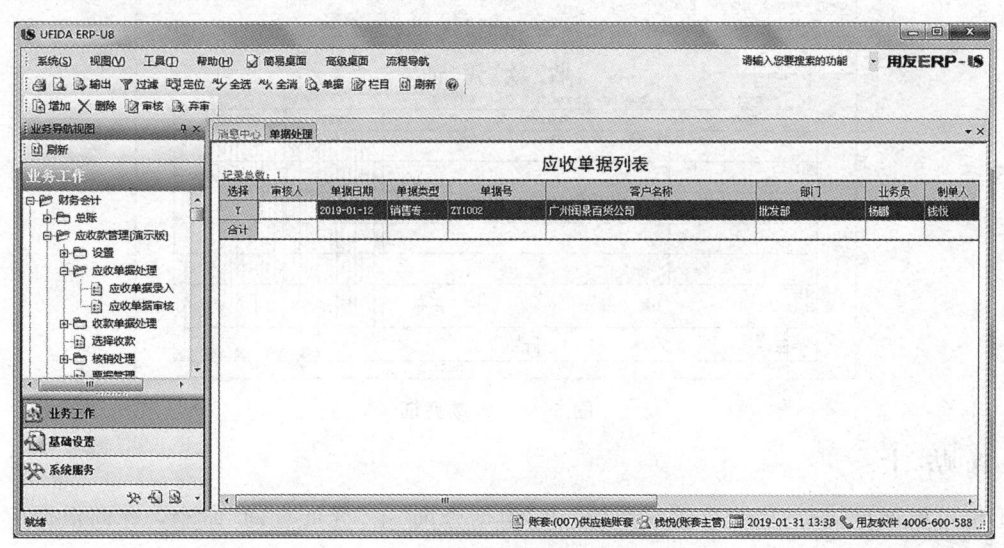

图 5-26 应收单列表

④单击"审核"按钮,系统弹出"本次审核成功单据[1]"信息提示对话框,如图5-27所示。单击"确定"按钮,再退出应收单据审核。

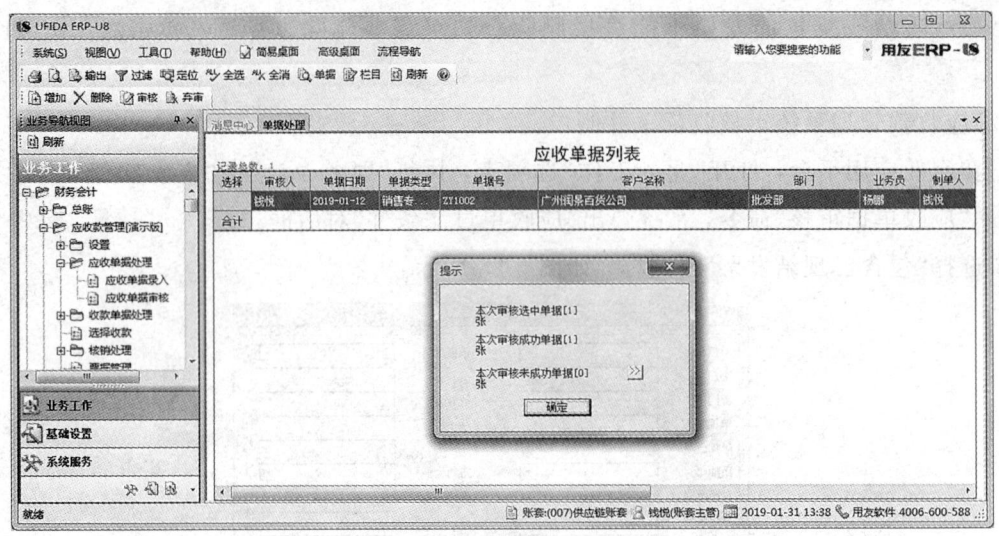

图 5-27 应收单审核成功

⑤执行"制单处理"命令，系统自动打开"制单查询"对话框，设置单据过滤条件，选择"现结制单"复选框。

⑥单击"确定"按钮，打开"现结制单"窗口。单击"全选"按钮。

⑦选择凭证类别为"收款凭证"，单击"制单"按钮，系统根据所选的现结制单自动生成收款凭证。单击"保存"按钮，系统显示"已生成"标志，如图 5-28 所示。单击"退出"按钮，退出应收款管理系统。

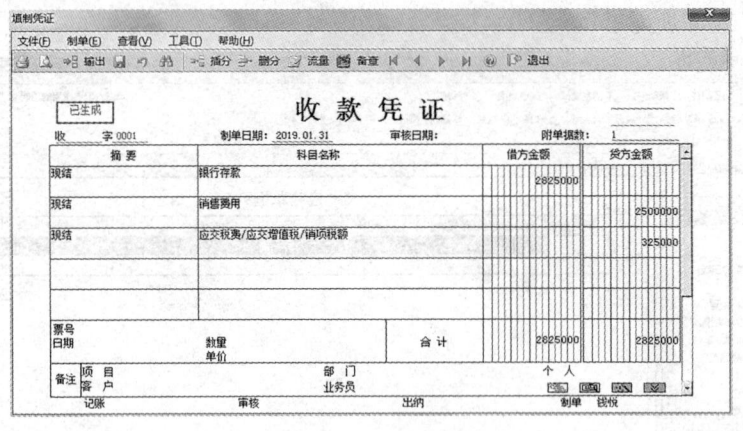

图 5-28 收款凭证

小 贴 士

①也可以通过执行"应收款管理系统"|"单据查询"|"凭证查询"命令，查询根据应收单生成的凭证。

②应收单可以在应收款管理系统中手工录入，也可以由销售发票自动生成。当销售管理系统与应收款管理系统集成使用时，销售发票复核后自动生成应收单并传递至应收款管理系统。

③应收单需要在应收款管理系统中审核确认，才能形成应收款项。

④如果是现结,应收单也必须在应收款管理系统中审核后,才能确认收取的款项。

⑤由销售发票自动生成的应收单不能直接修改。如果需要修改,则必须在销售系统中取消发票的复核,单击"修改""保存""复核"按钮,根据修改后的发票生成的应收单就是已经修改后的单据了。

⑥只有审核后的应收单或收款单才能制单。

⑦可以根据每笔业务制单,也可以月末一次制单。如果采用月末处理,可以按业务分别制单,也可以合并制单。

⑧已经制单的应收单或收款单不能直接删除。

⑨如果需要删除已经生成凭证的单据或发票,必须先删除凭证,然后在"应收单审核"窗口中取消审核操作,通过执行"应收单审核""应收单列表"命令,在"应收单列表"窗口中删除。

(3)存货核算系统结转销售成本并制单。

①在企业应用平台中,登录存货核算系统。

②执行"初始设置"|"科目设置"|"存货科目"命令,打开"存货科目"窗口。

③单击"增加"按钮,系统自动增加一行记录,参照输入存货仓库编码、存货类别和存货科目、分期收款发出商品科目、委托代销发出商品科目等。例如仓库编码01为嘉禾仓库,存货科目为"1405 库存商品",分期收款发出商品科目为"1405 库存商品",如图5-29所示。设置完毕单击"保存"按钮。

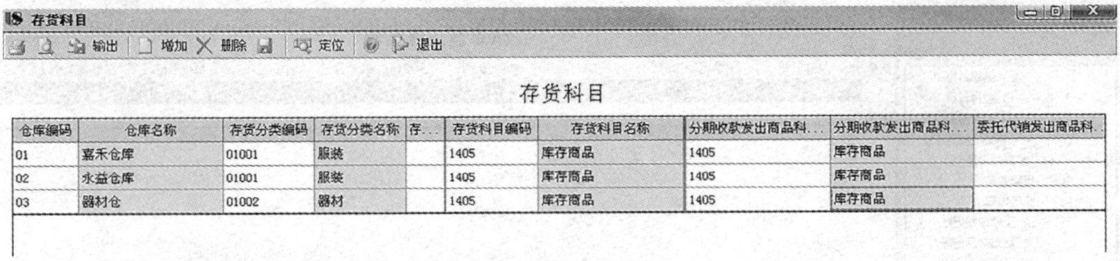

仓库编码	仓库名称	存货分类编码	存货分类名称	存货	存货科目编码	存货科目名称	分期收款发出商品科...	分期收款发出商品科...	委托代销发出商品科...
01	嘉禾仓库	01001	服装		1405	库存商品	1405	库存商品	
02	永益仓库	01001	服装		1405	库存商品	1405	库存商品	
03	器材仓	01002	器材		1405	库存商品	1405	库存商品	

图5-29 存货科目

④执行"初始设置"|"科目设置"|"对方科目"命令,打开"对方科目"窗口。

⑤单击"增加"按钮,根据收发类别设置存货对方科目。例如采购入库的对方科目为"1401 材料采购",销售出库的对方科目为"6401 主营业务成本",如图5-30所示。

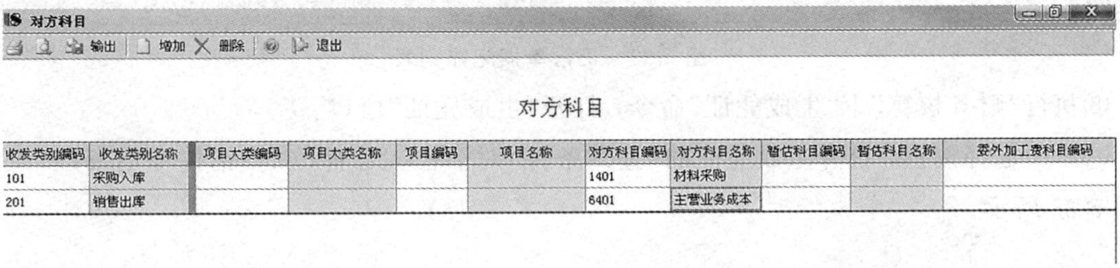

收发类别编码	收发类别名称	项目大类编码	项目大类名称	项目编码	项目名称	对方科目编码	对方科目名称	暂估科目编码	暂估科目名称	委外加工费科目编码
101	采购入库					1401	材料采购			
201	销售出库					6401	主营业务成本			

图5-30 对方科目

⑥执行"业务核算"|"正常单据记账"命令,系统自动弹出"过滤条件选择"对话框。设置过

滤条件为"嘉禾仓库""专用发票",如图 5-31 所示。

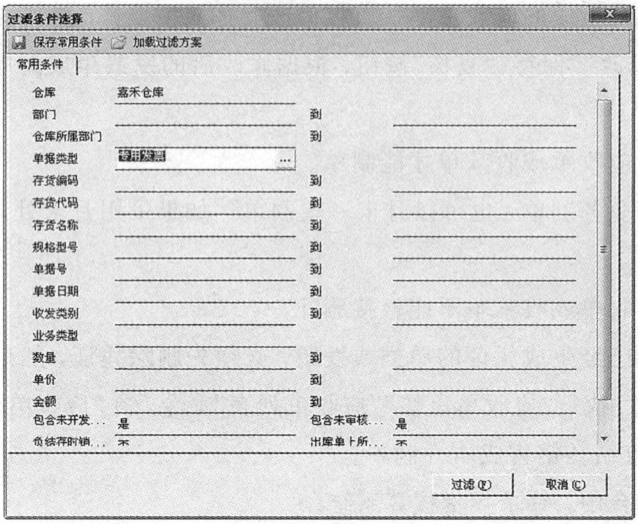

图 5-31 过滤条件选择

⑦单击"过滤"按钮,系统显示符合条件的单据,选择需要记账的单据,如图 5-32 所示,单击"记账"按钮。

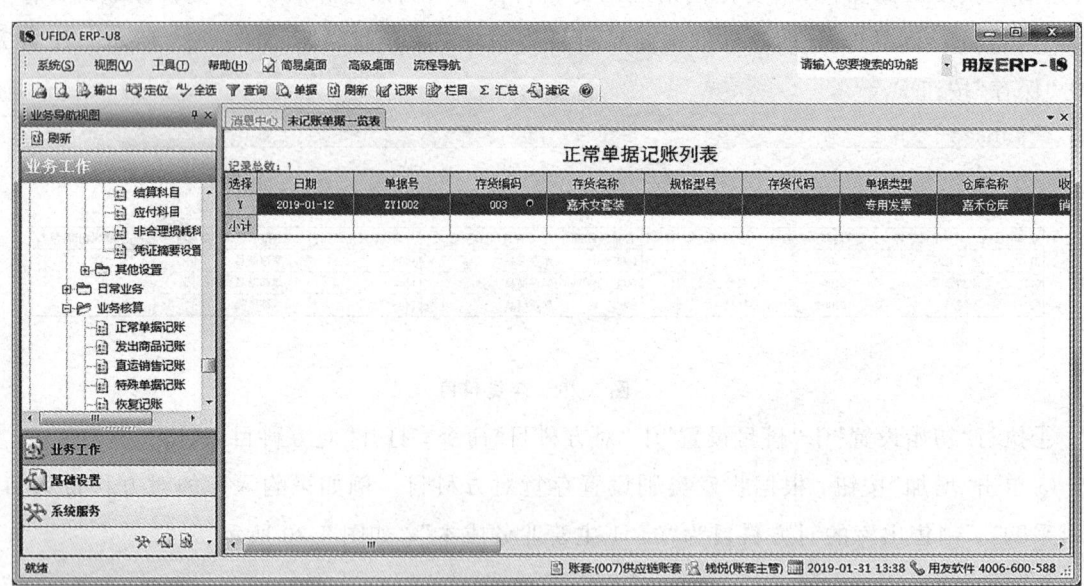

图 5-32 正常单据记账列表

⑧执行"财务核算"|"生成凭证"命令,打开"生成凭证"窗口。

⑨单击选择按钮,打开生成凭证的"查询条件"对话框。选择"(26)销售专用发票"复选框,如图 5-33 所示。

项目五 销售与应收系统

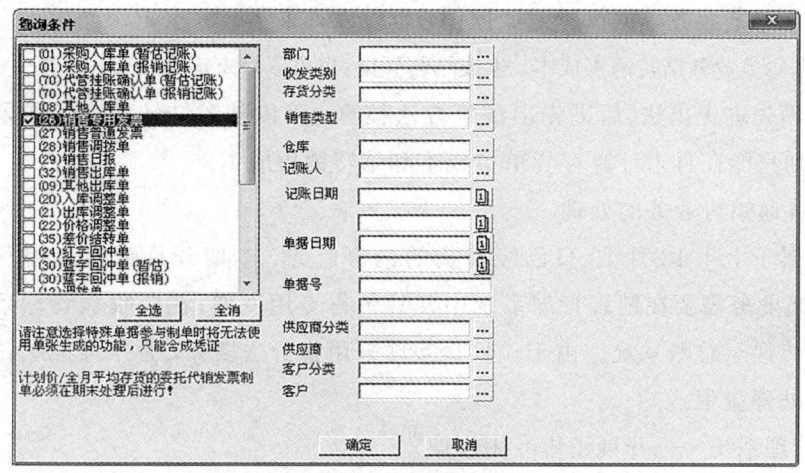

图 5-33 查询条件

⑩单击"确定"按钮，系统打开"未生成凭证单据一览表"窗口。选择需要生成凭证单据，单击"确定"按钮。

⑪选择凭证类别，核对入账科目是否正确，确定无误后单击"生成"按钮，系统自动生成了一张结转销售成本的凭证。修改凭证类别，单击"保存"，系统显示"已生成"标志，如图5-34 所示。

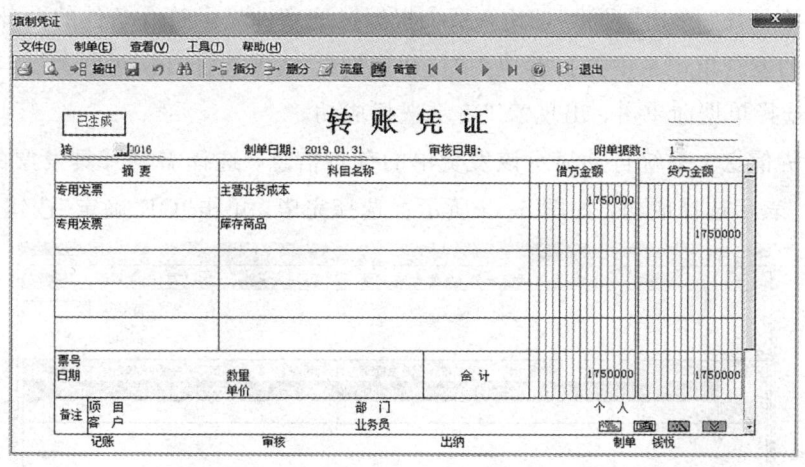

图 5-34 转账凭证

⑫单击"退出"按钮。

⑬执行"财务核算"|"凭证列表"命令，可以查询生成的结转销售成本的凭证。

小 贴 士

①如果在存货核算系统初始化时已经设置过存货科目和对方科目，则此处可以不再设置。

②存货核算系统必须执行正常单据记账后，才能确认销售出库的成本，并生成结转销售成本凭证。

③正常单据记账后，可以执行取消记账操作，恢复到记账前状态。

④可以根据每笔业务单据执行记账操作,也可以月末执行一次记账操作。

⑤可以根据每笔业务结转销售成本,生成结转凭证;也可以月末集中结转,合并生成结转凭证。

⑥存货采用先进先出法、后进先出法等方法核算,可以随时结转成本。如果存货采用全月加权平均法,则只能在月末计算存货单位成本和结转销售成本。

3.第三笔普通销售业务的处理

本笔业务属于上年12月10日已经发货的销售业务,本期开具销售专用发票确认应收款项。因此,本笔业务需要在销售管理系统中开具销售专用发票;在应收款管理系统中审核应收单并生成凭证传递至总账系统。由于瑞恒乒乓球采用售价法核算,月末才能结转销售成本。

本笔业务处理流程:

(1)销售管理系统——开具销售专用发票。

(2)应收款管理系统——审核应收单,制单并传递至总账系统。

操作步骤:

(1)销售管理系统开具销售专用发票。

①在销售管理系统中,执行"销售开票"|"销售专用发票"命令,打开"销售发票"窗口。

②单击"增加"按钮,系统自动弹出"参照生单"窗口。默认业务类型为"普通销售",可以重新选择。

③设置过滤条件,单击"过滤"按钮,系统根据过滤条件显示符合条件的全部单据。

④在显示的发货单记录中选择客户为"杭州启航",或者选择日期为"2018年12月10日"的发货单,在所选择单据前单击,出现"Y"表示选择成功。

⑤选择存货信息。系统自动显示该发货单的存货信息,选择需要开具发票的存货,在其前单击,出现"Y"表示选择成功,如图5-35所示。选择完毕,单击"OK确定"按钮。

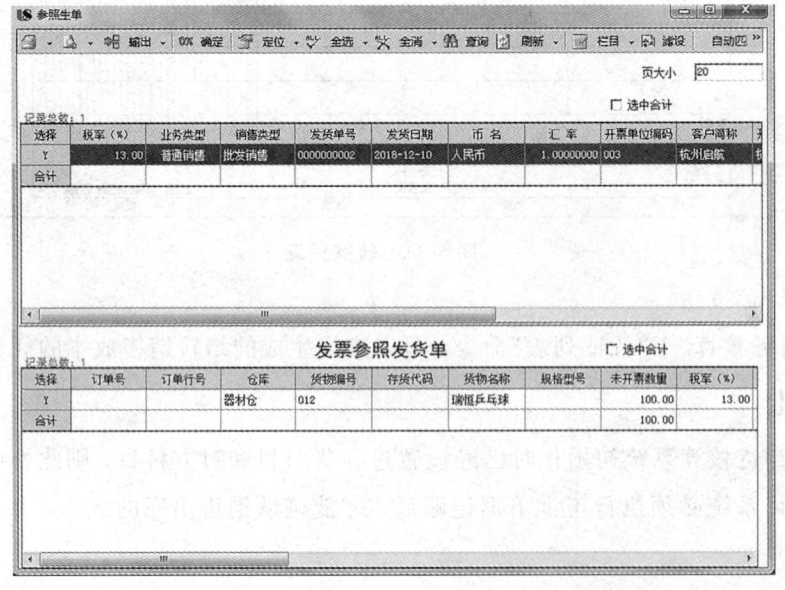

图5-35 参照生单

⑥系统根据所选择的发货单和存货自动生成一张销售专用发票。修改发票信息，如开具发票的日期和发票号等信息，确认后单击"保存"按钮，确认并保存发票信息，如图5-36所示。

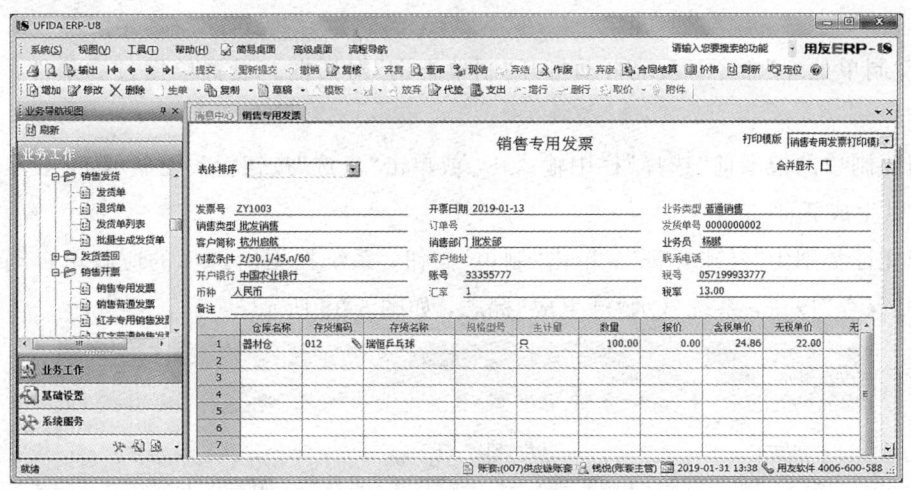

图5-36 销售专用发票

⑦单击"复核"按钮，保存销售专用发票的信息。

小 贴 士

①尚未复核的发票可以直接修改。

②已经复核的发票不能直接修改或删除。

③已经复核的发票取消复核后，可以修改。

(2)应收款管理系统审核应收单并制单。

①在企业应用平台中，打开"业务工作"选项卡，执行"财务会计"|"应收款管理"|"应收单据处理"|"应收单据审核"命令，系统自动弹出"应收单过滤条件"对话框。

②设置过滤条件，如图5-37所示。

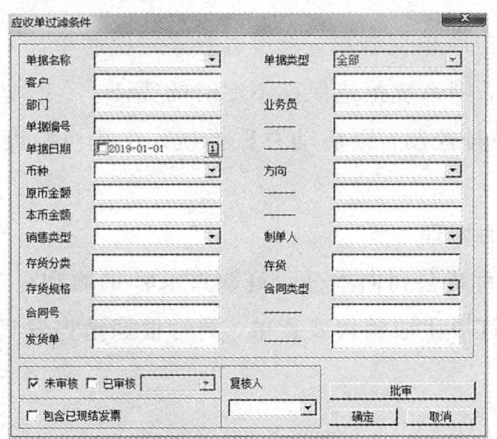

图5-37 应收单过滤条件

③单击"确定"按钮。选择需要审核的应收单据，在记录的"选择"栏处双击，出现"Y"，表

示选择成功。

④单击"审核"按钮,系统弹出"本次审核成功单据1张"信息提示对话框。单击"确定"按钮。

⑤执行"制单处理"命令,系统自动打开"制单查询"对话框。设置单据过滤条件,默认选择"发票制单"。

⑥在需要制单的记录前"选择"栏中输入1,或单击"全选"按钮,系统显示1,表示选择的单据成功,可以生成凭证。

⑦选择凭证类别为"转账凭证",单击"制单"按钮,系统根据所选择的应收单自动生成转账凭证。单击"保存"按钮,系统显示"已生成"标志,如图5-38所示。

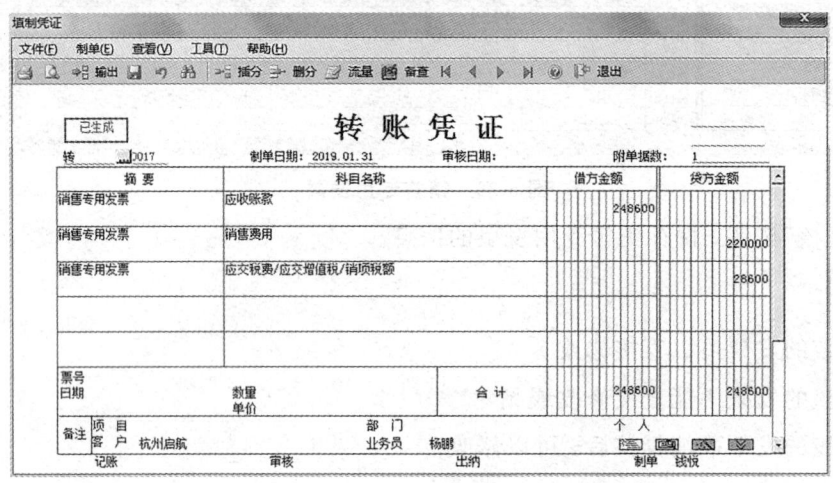

图5-38 转账凭证

⑧执行"单据查询"|"凭证查询"命令,可以查询根据应收单生成的转账凭证。查询完毕,单击"退出"按钮 。

小 贴 士

①可以根据每笔业务的应收单据制单,也可以月末一次制单。

②如果制单日期不序时,则系统拒绝保存不序时的凭证。

③如果要取消制单的序时控制,则启动总账系统,在其初始设置中取消"制单序时控制"选项。

4.第四笔普通销售业务的处理

本笔业务是广州市润景百货公司向本公司订购嘉禾男T恤和嘉禾男装的业务,需要填制报价单和销售订单,根据销售订单生成销售发货单,同时根据销售发货单生成销售专用发票和销售出库单。

本笔业务处理流程:

(1)在销售管理系统中,执行"销售报价"|"销售报价单"命令,打开填制报价单的窗口。

(2)单击"增加"按钮,输入表头信息。业务类型为"普通销售",销售类型为"批发销售",日期修改为"2019-01-15",客户是"广州市润景百货公司",业务员为"杨鹏",税率为13%。表体中的存货为嘉禾男T恤,数量800件,单价500元/件,嘉禾男装800件,单价280元/件。输入完毕单击"保存"按钮,再单击"审核"按钮,如图5-39所示。

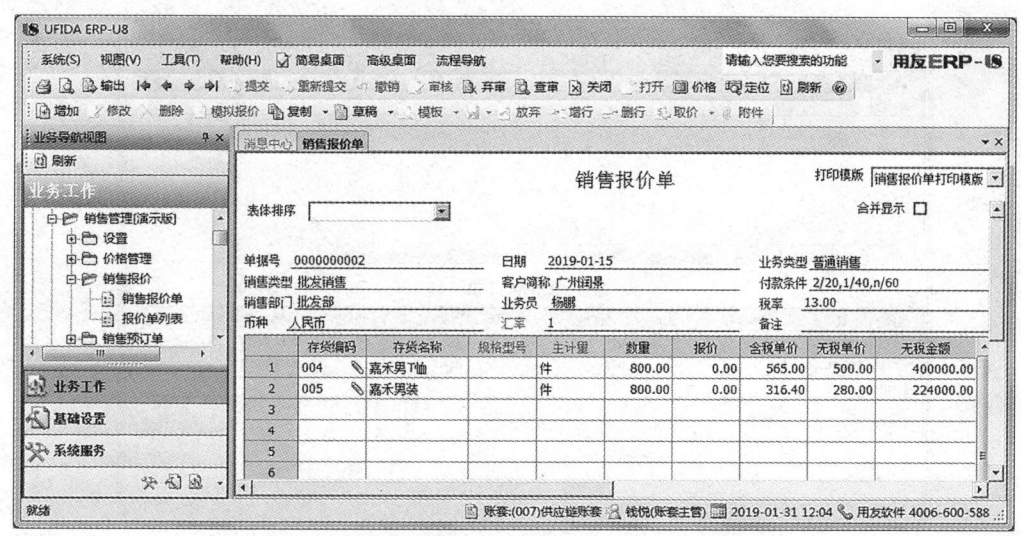

图5-39 销售报价单

(3)执行"销售订货"|"销售订单"命令,打开销售订单窗口。

(4)单击"增加"按钮,再单击"生单"下拉按钮,选择"报价",参照报价单生成销售订单,修改销售订单日期为"16日",分别修改男T恤和男装的数量为1600。信息确认后单击"保存"按钮,再单击"审核"按钮,如图5-40所示。

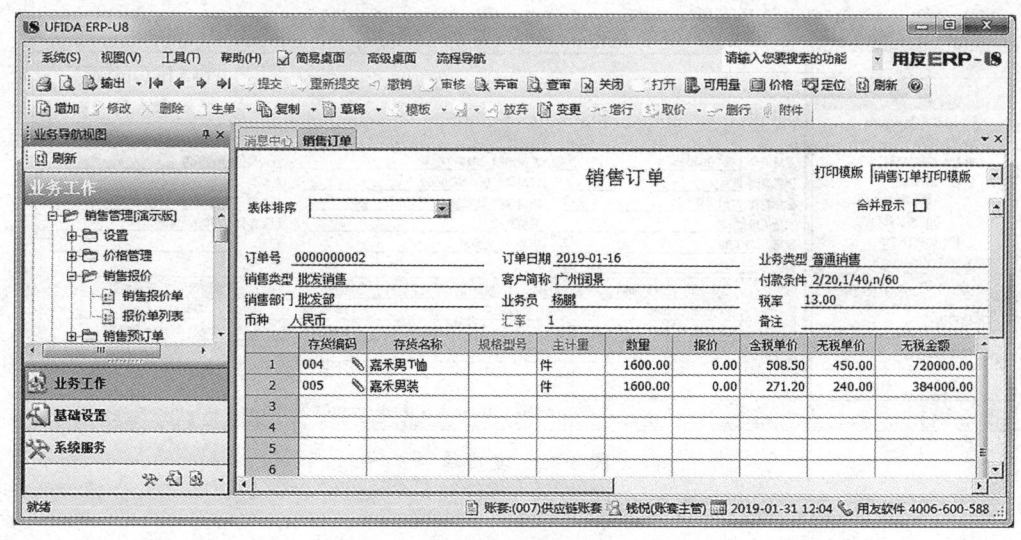

图5-40 销售订单

(5)登录销售管理子系统,执行"销售发货"|"发货单"命令,打开"发货单"窗口。

(6)单击"增加"按钮,系统弹出"参照生单"窗口。

(7)在"参照生单"窗口中,单击"过滤"按钮,系统显示符合条件的销售订单,单击出现"Y"

表示选中销售订单和相应的存货。若要选中多条存货,则要按住 Ctrl 键,如图 5-41 所示。

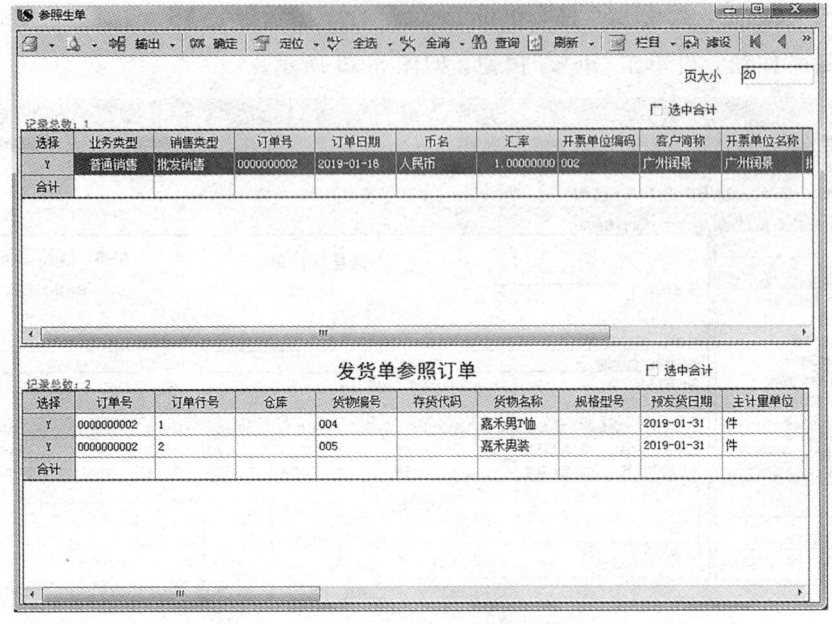

图 5-41 参照生单

(8)单击"OK 确定"按钮,系统自动参照销售订单生成销售发货单,修改发货日期为 18 日,输入发货仓库为"嘉禾仓库"。单击"保存"按钮,再单击"审核"按钮,如图 5-42 所示。

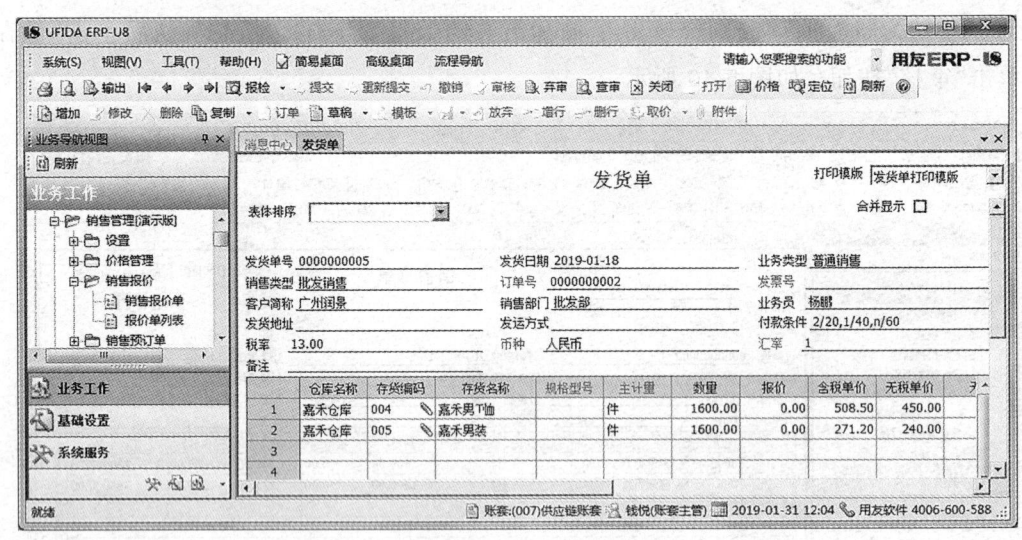

图 5-42 发货单

(9)单击"退出"按钮,退出销售发货单窗口。

(10)执行"销售开票"|"销售专用发票"命令,进入销售专用发票窗口。

(11)单击"增加"按钮,系统显示"参照生单"窗口。单击"过滤"按钮,系统显示符合条件的发货单,选中客户为"广州市润景百货公司"的发货单,同时在存货中选择"嘉禾男 T 恤",如图 5-43 所示。

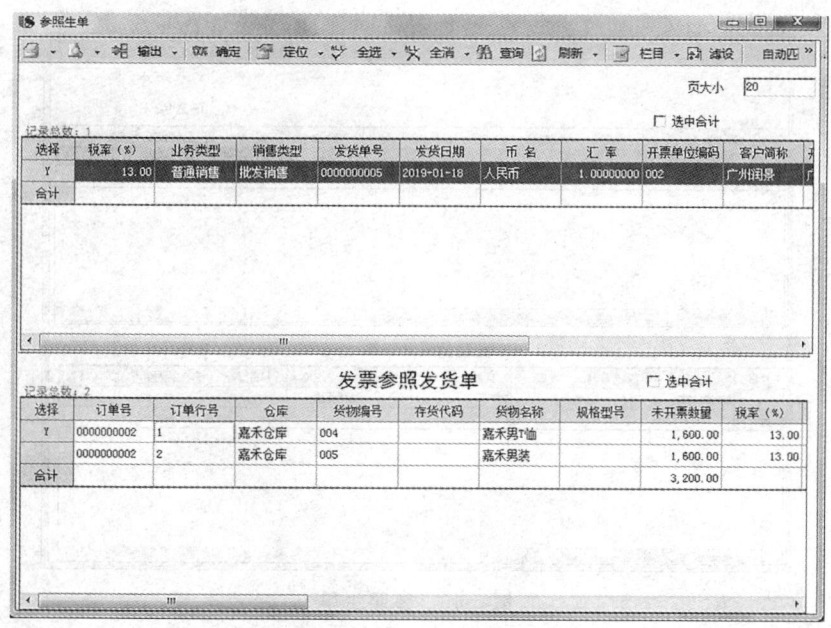

图 5-43 参照生单

（12）单击"OK 确定"按钮，系统自动根据所选发货单生成销售专用发票，修改日期和发票号，单击"保存"按钮。单击"现结"按钮，在"结算"对话框输入结算方式、结算金额等信息，单击"确定"按钮。最后单击"复核"按钮，确认并保存该专用发票，如图 5-44 所示。

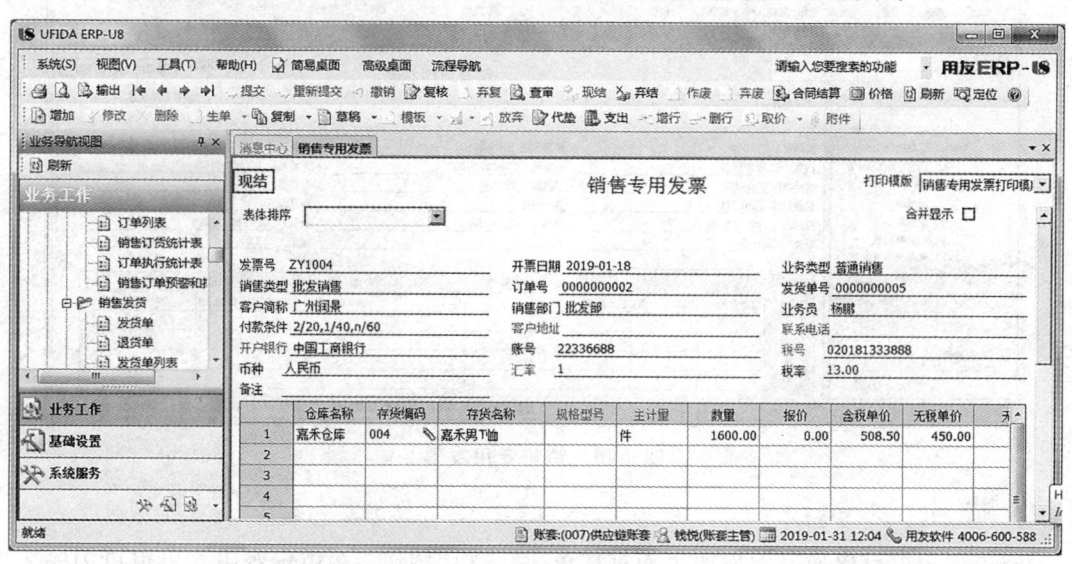

图 5-44 销售专用发票 1

（13）单击"增加"按钮，在发货单的过滤窗口中，选择广州市润景百货公司的发货单和嘉禾男装的存货，如图 5-45 所示。选定后单击"OK 确定"按钮。

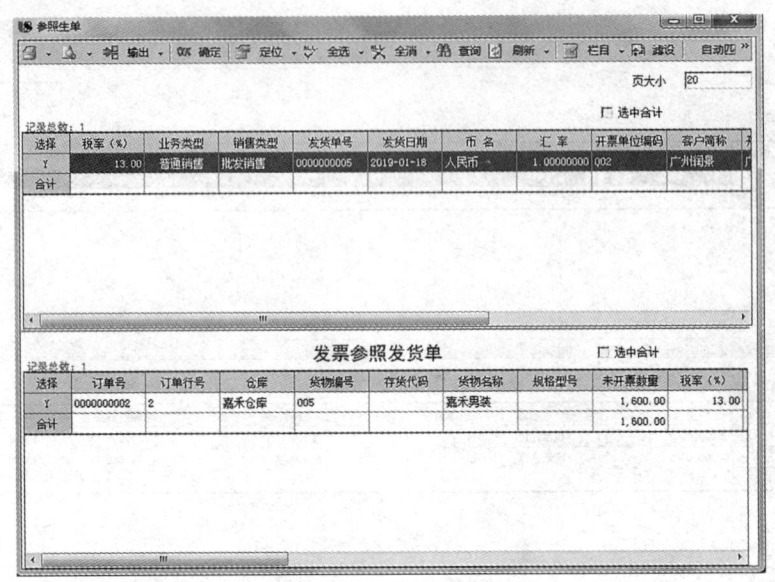

图 5-45　参照生单

（14）修改发票日期和发票号，确认后单击"保存"按钮。单击"复核"按钮，确认并保存该发票，如图所 5-46 示。

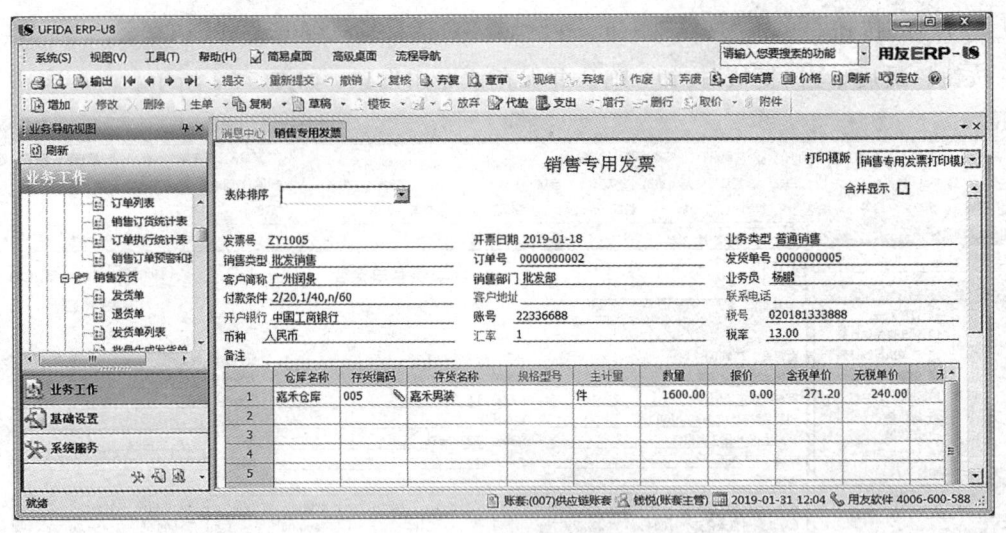

图 5-46　销售专用发票 2

小贴士

①销售支出单可以通过在发票界面直接单击"支出"按钮，在销售费用支出窗口中输入支付的各项费用。注意输入时在费用项目处先选择费用项目，系统自动带出费用项目编码。

②销售支出单也可以在销售系统中通过执行"销售支出"|"销售支出单"命令输入费用支出信息。

操作步骤：

（1）应收款管理系统审核并制单。

①启动应收款管理系统，执行"应收单据处理"|"应收单据审核"命令，系统自动弹出"应

收单过滤条件"对话框。

②设置单据过滤条件,选择"包含现结发票",单击"确定"按钮。

③选择需要审核的应收单据,在记录的"选择"处单击,出现"Y",表示选择成功。本次选择广州润景百货的两张应收单。

④单击"审核"按钮,系统弹出"本次审核成功单据 2 张"信息提示对话框,如图 5-47 所示。

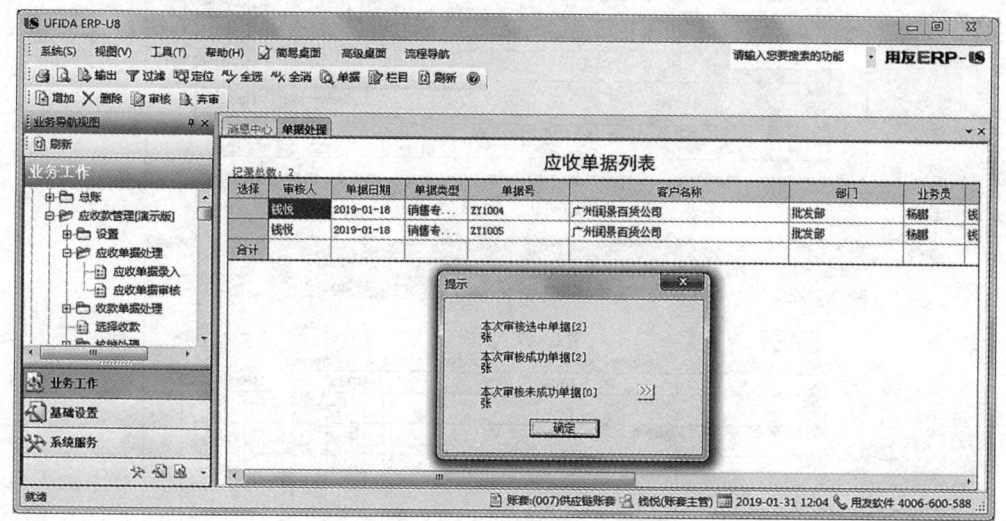

图 5-47　应收单据审核

⑤执行"制单处理"命令,系统自动打开"制单查询"对话框。设置单据过滤条件,选择"发票制单""现结制单"复选框,如图 5-48 所示,单击"确定"按钮。

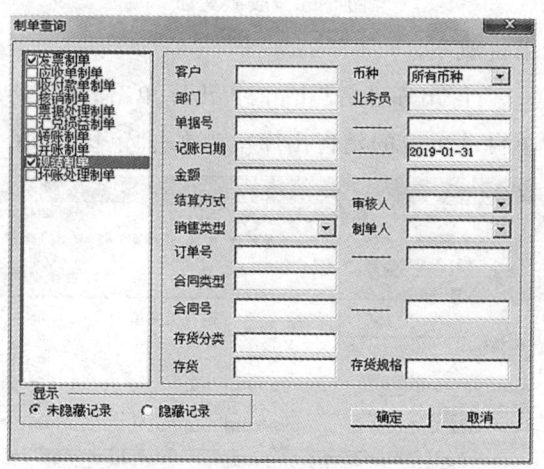

图 5-48　制单查询

⑥单击"全选"按钮。

⑦单击"制单"按钮,系统根据所选择的现结制单自动生成收款凭证,修改相应凭证类别,单击"保存"按钮,系统显示"已生成"标志。单击"下一张"按钮,修改相应凭证类别,单击"保存"按钮,如图 5-49 和图 5-50 所示。制单完毕,单击"退出"按钮,并退出应收款管理系统。

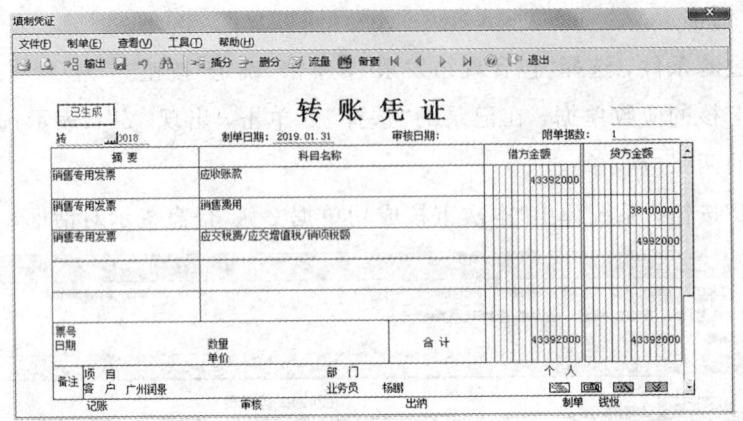

图 5-49 转账凭证

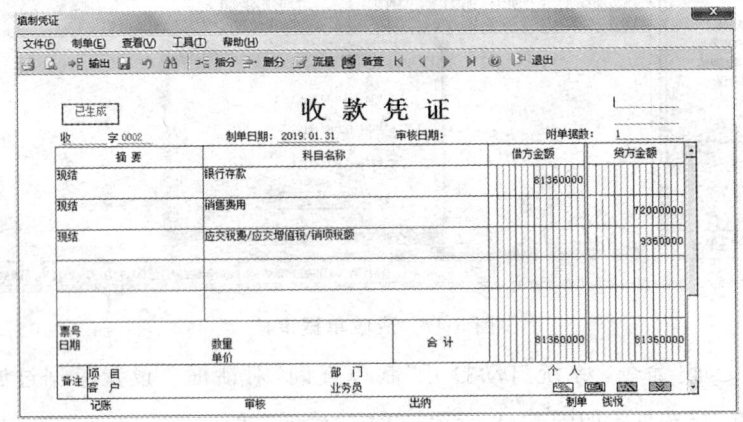

图 5-50 收款凭证

(2)销售出库单、结转销售成本。

①启动库存管理系统,执行"出库业务"|"销售出库单"命令,进入"销售出库单"窗口。按翻页键找到系统根据发货单自动生成的销售出库单,单击"审核"按钮,如图 5-51 所示。

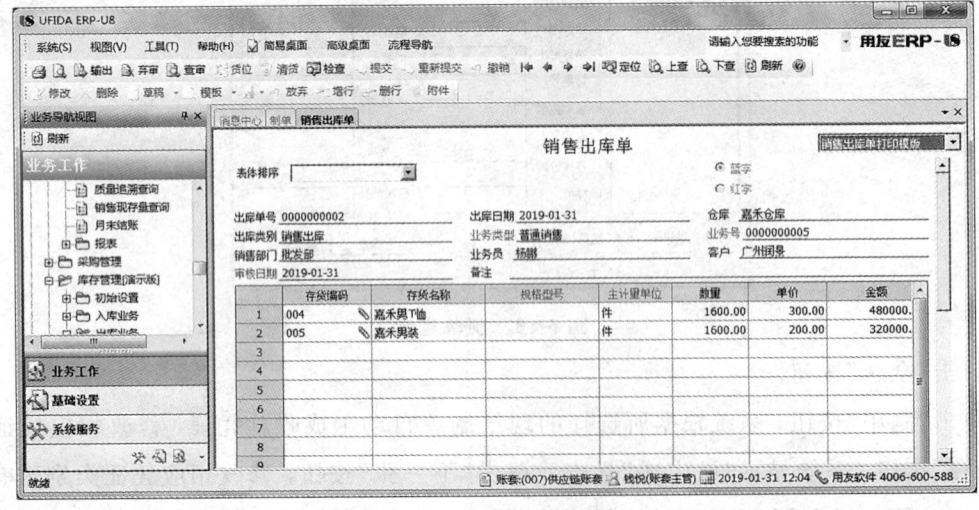

图 5-51 审核销售出库单

②启动存货核算系统,执行"业务核算"|"正常单据记账"命令,系统自动弹出记账单据过滤对话框。设置过滤条件为"嘉禾仓库""专用发票"。

③单击"过滤"按钮,系统显示符合条件的单据。选择需要记账的单据,如图5-52所示,单击"记账"按钮,再单击"退出"按钮。

图 5-52 正常单据记账

④执行"财务核算"|"生成凭证"命令,进入"生成凭证"窗口。

⑤单击"选择"按钮,进入生成凭证"查询条件"对话框,选择"(26)销售专用发票"。

⑥单击"确定"按钮,系统弹出"未生成凭证单据一览表"窗口。单击"全选"选择需要生成凭证的单据,如图5-53所示单击"确定"按钮。

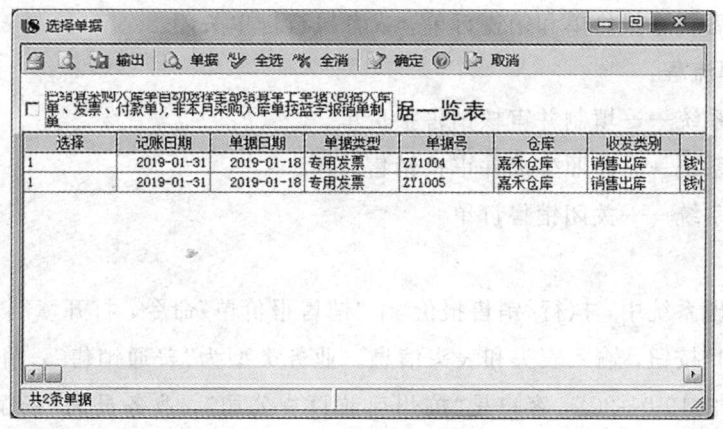

图 5-53 选择单据

⑦修改相应凭证类别后,单击"合成"按钮,核对入账科目是否正确,或者补充输入入账科目,系统自动生成一张结转销售成本的凭证;单击"保存"按钮,系统显示"已生成"标志,如图5-54所示。

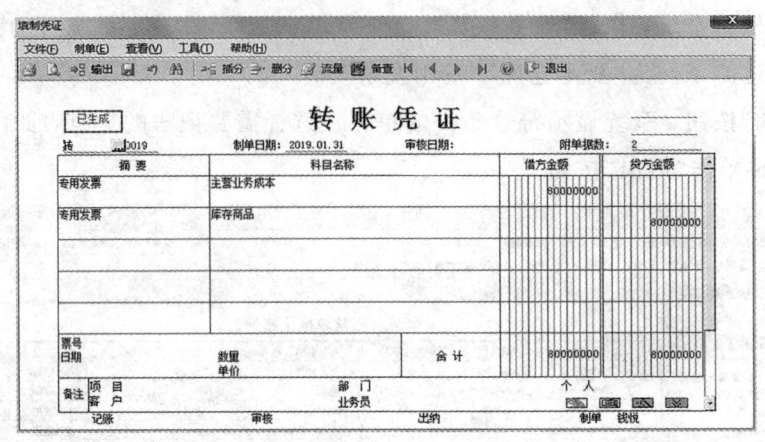

图 5-54 转账凭证

⑧执行"财务核算"|"凭证列表"命令,可以查询生成的结转销售成本的凭证。

小 贴 士

①记账后的单据在"正常单据记账"窗口中不再显示。

②只有记账后的单据才能进行制单。存货核算系统制单时,单击"生成"按钮表示每张销售出库单分别生成记账凭证,单击"合成"按钮表示多张销售出库单合并生成一张记账凭证。

③如果存货科目和对方科目没有事先设置,则在生成凭证界面中可以手工补充输入会计科目或修改会计科目,以便保证生成的凭证完全正确。

5. 第五笔普通销售业务的处理

本笔业务属于没有执行完毕中途关闭的业务。需要在销售管理系统中输入报价单、销售订单;对方撤销订货后删除报价单和销售订单,或者执行订单关闭。

本笔业务处理流程:

(1)销售管理系统——填制并审核销售报价单。

(2)销售管理系统——参照生成并审核销售订单。

(3)销售管理系统——关闭销售订单。

操作步骤:

(1)在销售管理系统中,执行"销售报价"|"销售报价单"命令,打开填制报价单的窗口。

(2)单击"增加"按钮,输入表头和表头信息。业务类型为"普通销售",销售类型为"批发销售",日期修改为"2019-01-20",客户是"杭州启航百货公司",业务员为"杨鹏",税率为13%。表体中的存货为嘉禾男套装,数量100套,无税单价为1000元。单击"保存"按钮,再单击"审核"按钮,如图5-55所示。

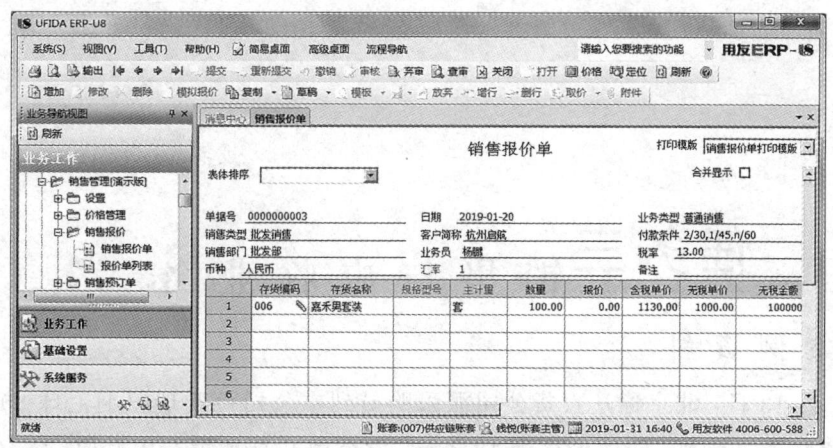

图 5-55　销售报价单

(3)执行"销售订货"|"销售订单"命令,打开"销售订单"窗口。

(4)单击"增加"按钮,参照报价单生成销售订单。表头信息与报价单相同,表体中的日期为1月20日,订购数量为100套,无税单价为1000元。信息确认后单击"保存"按钮,再单击"审核"按钮。

(5)2019年1月23日,接到对方撤销订货的通知后,领导决定关闭报价单和销售订单。

(6)执行"销售订货"|"订单列表"命令,设置过滤条件,查询到1月20日杭州启航百货公司的销售订单;选择相应订单,单击"关闭"按钮,关闭订单,如图5-56所示。今后若想查找这张订单,可以执行"销售订货"|"销售订单"命令,通过翻页键查找到该张订单。

图 5-56　关闭的销售订单

小　贴　士

①报价单、销售订单均有5种状态,即录入、未审核、已审核、已执行、关闭。

②已经关闭的订单表示该项业务已经执行完毕或者无法再执行。

6.账套备份

(1)在C:\"供应链账套备份"文件夹中新建"007-5-2 普通销售业务(一)"文件夹。

(2)将账套输出至C:\"供应链账套备份"\"007-5-2 普通销售业务(一)"文件夹中。

任务三 销售与应收业务二

任务案例资料

2019年1月13日,北京通达百货公司派采购员到本公司订购瑞恒羽毛球800只,本公司报价19元。经协商,双方认定的价格为18.5元,本公司开具销售专用发票(ZY1006),收到对方的转账支票(ZZ1001)。对方公司采购员当日提货(器材仓)。

2019年1月20日,杭州启航百货公司采购员到本公司采购瑞恒乒乓球800只,本公司报价22元。双方协商价格为21元,本公司立即开具销售专用发票(ZY1007),于25日和28日分两批发货(器材仓),每次发货400只。对方答应收到货物后,全额支付本次款项和前欠款项。

2019年1月25日,广州市润景百货公司有意向本公司订购嘉禾女套装20套。本公司报价500元,经双方协商,最后以450元成交。26日收到对方电汇(DH1003)的全部货款,本公司当即开具销售专用发票(ZY1008)。2019年1月27日,给广州润景百货公司发货(嘉禾仓库),确认嘉禾女套装出库成本。

2019年1月28日,广州润景百货公司向本公司订购明文羽毛球300只、乒乓球300只。本公司报价为:明文羽毛球10.5元,明文乒乓球9.5元。双方协商订购价为:羽毛球10元,乒乓球9元。本公司于29日开具销售专用发票(ZY1009),对方于当日提乒乓球300只,羽毛球尚未提货。

一、任务描述

这类业务主要是开票直接发货或者先开票后发货的销售业务,这两类业务都可以直接开具发票,系统根据发票自动生成发货单,根据发货单系统参照生成销售出库单。这两类业务可以是现销业务,也可以是赊销业务。如果存货采用先进先出法核算,也可以随时结转销售成本。这类业务需要直接由手工开具发票,因此,必须将销售管理系统的"普通销售必有订单"选项取消,同时取消库存管理系统的"销售生成出库单"选项。这样就可以手工开具销售发票了。

二、任务设计

1.在销售管理系统中取消"普通销售必有订单"

2.在库存系统中取消"销售生成出库单"

3.开具销售专用发票并复核

4.确认、收取应收款项生成销售出库单

5.根据销售出库单确认销售成本(存货采用先进先出法核算)

三、操作步骤

1.第一笔普通销售业务的处理

本笔业务属于开票直接发货的普通销售业务,可以直接开具销售专用发票,由销售发票生成销售发货单、销售出库单,确认收入、收取价税款。

本笔业务流程：

(1)销售管理系统——取消"普通销售必有订单"和"销售生成出库单"。

(2)销售管理系统——开具销售专用发票并现结。

(3)销售管理系统——生成销售发货单。

(4)库存管理系统——生成销售出库单。

(5)应收款管理系统——审核应收单、制单并传递至总账系统。

操作步骤：

(1)以2019年1月31日登录企业应用平台,在销售管理系统中,执行"设置"|"销售选项"命令,取消"普通销售必有订单"和"销售生成出库单"选项,如图5-57所示,然后单击"确定"按钮。

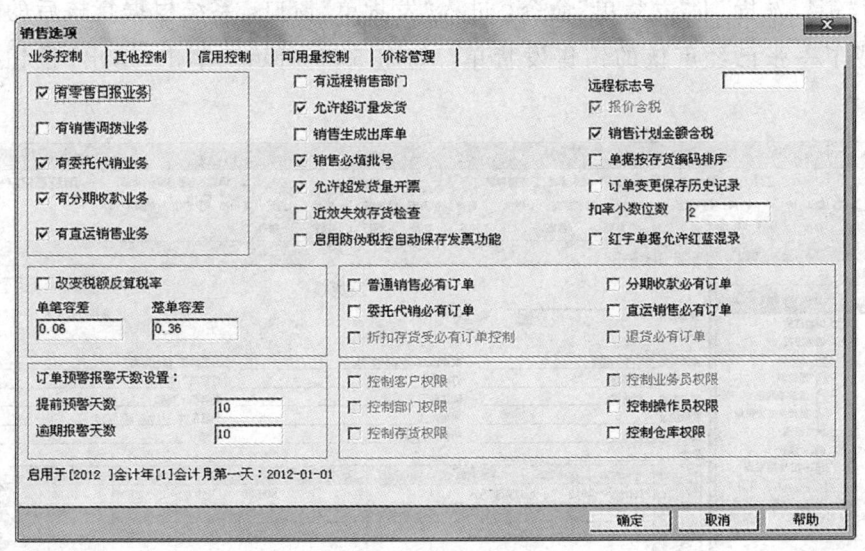

图 5-57 销售选项

(2)执行"销售开票"|"销售专用发票"命令,进入"销售专用发票"窗口。单击"增加"按钮,系统自动弹出"参照生单"对话框,单击"取消"按钮,关闭该对话框,进入"销售专用发票"窗口。

(3)手工输入发票的表头和表体信息。业务类型为"普通销售",销售类型为"经销商批发",客户为"北京通达百货公司",开票日期为"2019-01-13",发票号为 ZY1006,销售部门为"批发部",业务员为"杨鹏",器材仓瑞恒羽毛球 1000 只,报价 19 元,无税单价 18.5 元。全部信息输入后,如图 5-58 所示,单击"保存"按钮。

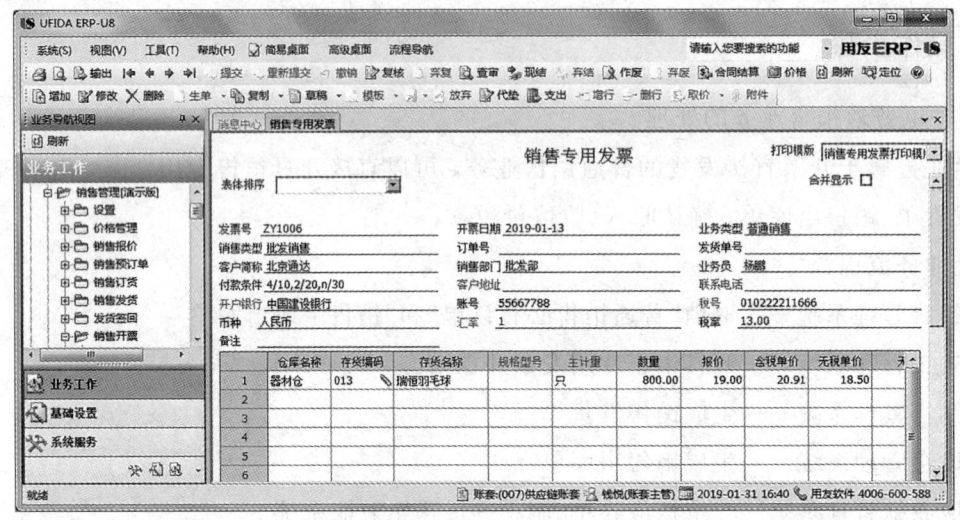

图 5-58 销售专用发票

(4)单击"现结"按钮,打开"现结"对话框,输入结算方式为"转账支票"(ZZ1001),全额支付,输入完毕,单击"确定"按钮。

(5)发票上自动显示"现结"标志,单击"复核"按钮。

(6)执行"销售发货"|"发货单"命令,进入"发货单"窗口,系统根据复核后的销售专用发票,自动生成了一张已经审核的销售发货单,如图 5-59 所示。单击"退出"按钮,退出销售系统。

图 5-59 销售发货单

(7)启动库存管理系统,执行"出库业务"|"销售出库单"命令,进入"销售出库单"窗口。

(8)单击"生单"下拉按钮,选择"销售生单"。单击"过滤"按钮,系统显示符合条件的单据,选中单据表头，系统显示单据内容，以便于确认单据，如图 5-60 所示。

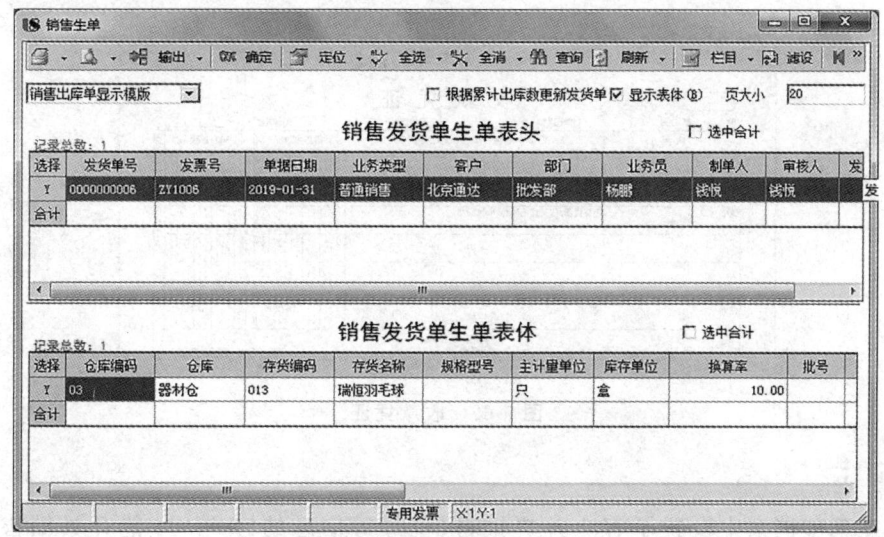

图 5-60 销售生单

(9)选中销售发货单后单击"OK 确定"按钮，系统根据选择的发货单生成一张未保存的销售出库单，修改入库日期，单击"保存"按钮，再单击"审核"按钮，如图 5-61 所示。

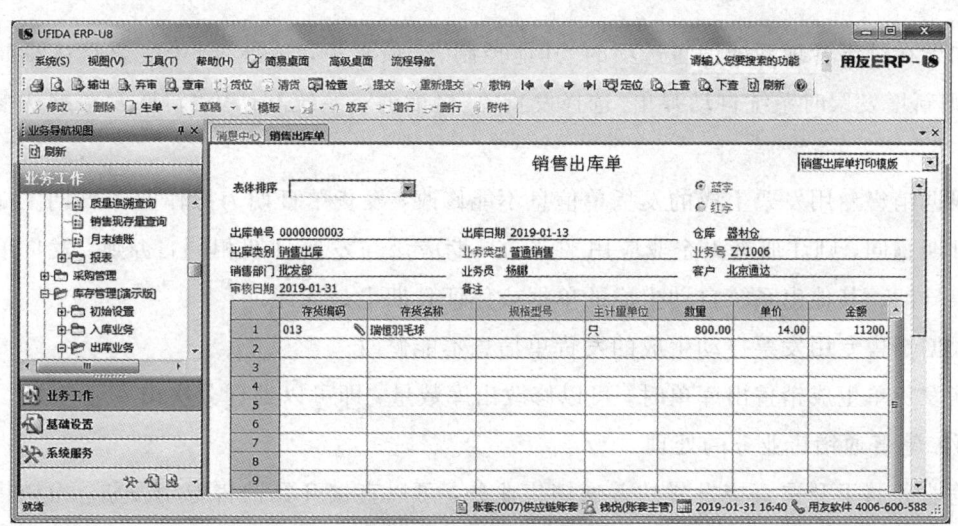

图 5-61 销售出库单

(10) 启动应收款管理系统，执行"应收单据处理"｜"应收单据审核"命令，系统自动弹出"条件过滤选择"对话框。

(11)设置单据过滤条件，选择"包含已现结发票"复选框，单击"确定"按钮。

(12)选择需要审核的应收单据，在该记录的"选择"栏双击，出现"Y"。

(13)单击"审核"按钮，系统显示"本次审核成功单据 1 张"信息提示对话框。

(14)执行"制单处理"命令，系统自动打开"制单查询"对话框，设置单据过滤条件，选择"现结制单"。选择单据后单击"制单"按钮，在生成凭证界面中修改凭证类别为"收款凭证"，然后单击"保存"按钮，如图 5-62 所示。

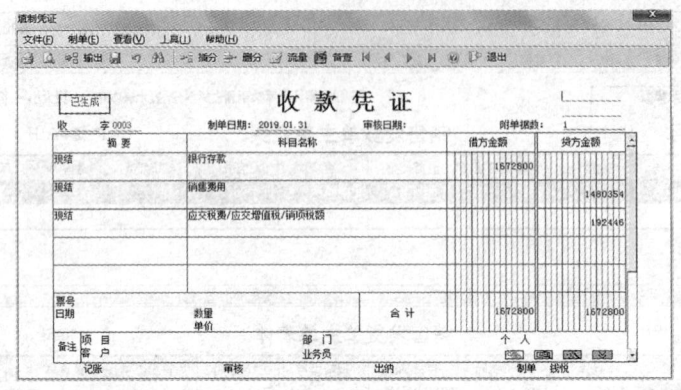

图 5-62　收款凭证

小 贴 士

①只有在基础档案中设置了客户开户银行、税号等信息的客户，才能开具销售专用发票，否则，只能开具普通发票。

②开具销售专用发票现结时，需要输入客户的银行账号，否则，只能开具普通发票进行现结处理。

③如果在销售管理系统销售选项的"其他控制"选项卡中，选择"新增发票默认参照发货单生成"，则新增发票时系统自动弹出"选择发货单"对话框。系统默认为"新增发票默认参照订单生成"。

④根据销售专用发票生成的发货单信息不能修改，发货单日期为操作业务日期。如果需要与发票日期相同，则注册进入企业应用平台的日期应该与发票日期相同，否则，发货单日期不等于发票日期。其他由系统自动生成的单据或凭证日期也是如此。

⑤根据销售专用发票自动生成的发货单信息不能修改。

根据发货单生成销售出库单时，可以修改出库数量，即可以处理分次出库业务。

2.第二笔普通销售业务的处理

本笔业务属于开票直接发货的普通销售业务，可以直接开具销售专用发票，由销售发票生成销售发货单，分次生成销售出库单，确认应收账款。

本笔业务处理流程：

(1)销售管理系统——开具销售专用发票。

(2)销售管理系统——生成销售发货单。

(3)库存管理系统——分次生成销售出库单。

(4)应收款管理系统——审核应收单、制单并传递至总账系统。

操作步骤：

(1)在销售管理系统中，执行"销售开票"｜"销售专用发票"命令，进入"销售专用发票"窗口。

（2）单击"增加"按钮，点击"取消"，关闭"参照生单"对话框。手工输入发票的表头和表体信息。业务类型为"普通销售"，销售类型为"批发销售"，客户为"杭州启航百货公司"，开票日期为"2019-01-23"，发票号为ZY1007，销售部为"批发部"。器材仓瑞恒乒乓球800只，报价22元，无税单价21元。全部信息输入后，如图5-63所示，单击"保存"按钮，再单击"复核"按钮。

图5-63 销售专用发票

（3）执行"销售发货"|"发货单"命令，进入"发货单"窗口。系统根据复核后的销售专用发票，自动生成了一张已经审核的销售发货单。单击"退出"按钮，退出销售系统。

（4）启动库存管理系统，执行"出库业务"|"销售出库单"命令，进入"销售出库单"窗口。

（5）单击"生单"下拉按钮，选中"销售生单"，系统显示单据过滤对话框，输入过滤条件后单击"过滤"按钮，进入销售发货单生单列表。

（6）单击"OK确定"按钮，系统根据选择的发货单生成一张未保存的销售出库单，修改发货数量为400，修改出库日期"2019-01-25"。单击"保存"按钮，再单击"审核"按钮，如图5-64所示。

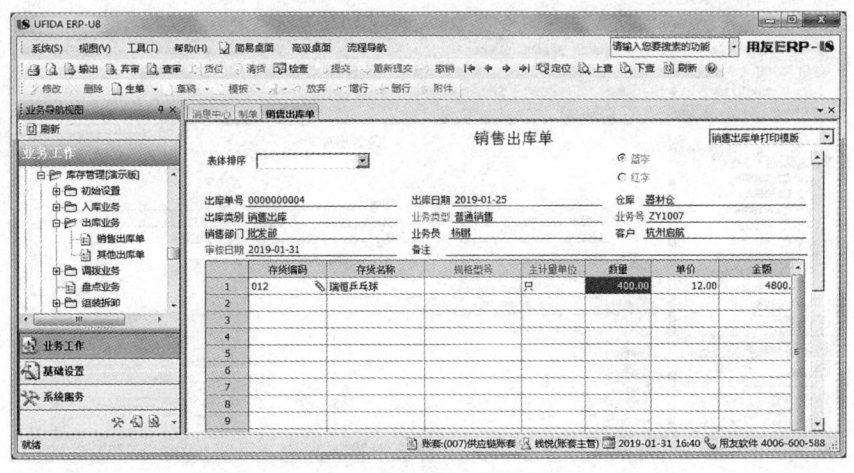

图5-64 销售出库单

（7）启动应收款管理系统，执行"应收单据处理"|"应收单据审核"命令，系统自动弹出"条

件过滤选择"对话框。

(8)设置单据过滤条件,单击"确定"按钮。

(9)选择需要审核的应收单据,在记录的"选择"栏双击,出现"Y"。

(10)单击"审核"按钮,系统弹出"本次审核成功单据1张"信息提示对话框。

(11)执行"制单处理"命令,系统自动打开单据过滤窗口,设置单据过滤条件,选择"发票制单"。选择单据后单击"制单"按钮,在生成凭证界面修改凭证类别为"转账凭证",然后单击"保存"按钮,如图5-65所示。

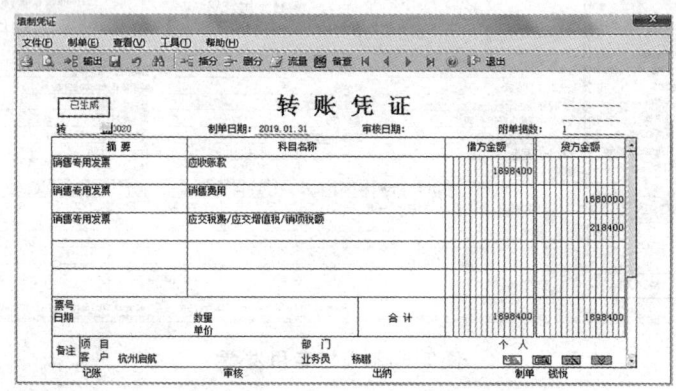

图 5-65 转账凭证

(12)28日,在库存管理系统中,执行"出库业务"|"销售出库单"命令,进入"销售出库单"窗口。

(13)单击"生单"下拉按钮,选中弹出的"销售生单",系统显示单据过滤窗口。输入过滤条件后单击"过滤"按钮,进入销售发货单生单列表,双击"选择"栏,选中对应的发货单。单击"确定"按钮,系统根据选择的发货单生成一张未保存的销售出库单,数量为400。修改出库日期,单击"保存"按钮,再单击"审核"按钮,如图5-66所示。

图 5-66 销售出库单

3.第三笔普通销售业务的处理

本笔业务属于开票现销的普通销售业务,需要开具销售专用发票,进行现结,根据应收单确认收入并制单。

本笔业务处理流程:

(1)销售管理系统——开具销售专用发票并现结。

(2)应收款管理系统——审核应收单并制单。

(3)销售管理系统——生成销售发货单。

(4)库存管理系统——生成销售出库单。

(5)存货核算系统——单据记账、结转销售成本。

操作步骤:

(1)在销售管理系统中,执行"销售开票"|"销售专用发票"命令,进入"销售专用发票"窗口。

(2)单击"增加"按钮,取消"参照生单"对话框。手工输入发票的表头和表体信息。业务类型为"普通销售",销售类型为"批发销售",客户为"广州润景百货公司",开票日期为"2019-01-25",发票号为ZY1008,业务员为"杨鹏",销售部门为"批发部",税率为13%。嘉禾仓库嘉禾女套装20套,报价500元,无税单价450元。全部信息输入后,如图5-67所示,单击"保存"按钮。

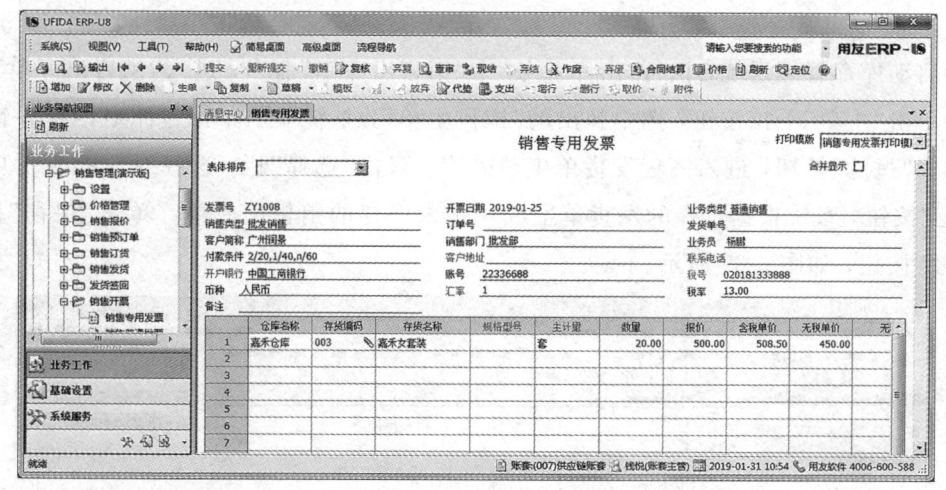

图5-67 销售专用发票

(3)单击"现结"按钮,打开"现结"对话框,输入结算方式为"电汇"(DH1003)结算金额10170,输入完毕,单击"确定"按钮。

(4)发票上自动显示"现结"字样,单击"复核"按钮。

(5)启动应收款管理系统,执行"应收单据处理"|"应收单据审核"命令,系统自动弹出"条件过滤选择"对话框。

(6)设置单据过滤条件,选择"包含已现结发票"复选框,单击"确定"按钮。

(7)选择需要审核的应收单据,在记录的"选择"栏双击出现"Y"。

(8)单击"审核"按钮,系统弹出"本次审核成功单据 1 张"信息提示对话框。

(9)执行"制单处理"命令,系统自动打开单据过滤对话框,设置单据过滤条件,选择"现结制单"。选择单据后单击"制单"按钮,在生成凭证界面修改凭证类别为"收款凭证",然后单击"保存"按钮,如图 5-68 所示,确认并保存收款凭证信息。

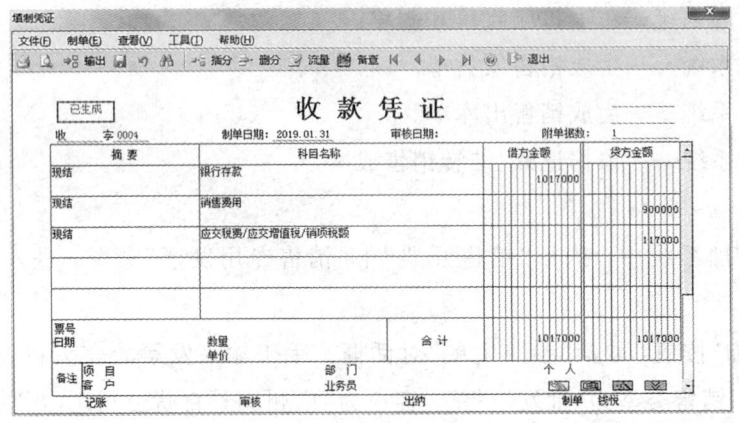

图 5-68 收款凭证

(10)在销售管理系统中,执行"销售发货"|"发货单"命令,进入"发货单"窗口。系统根据复核后的销售专用发票,自动生成一张已经审核的销售发货单。单击"退出"按钮,退出销售系统。

(11)启动库存管理系统,执行"出库业务"|"销售出库单"命令,进入"销售出库单"窗口。

(12)单击"生单"下拉按钮,选中弹出的"销售生单",系统显示单据过滤对话框。输入过滤条件后单击"过滤"按钮,进入销售发货单生单列表,双击"选择"栏,选择对应的发货单。单击"OK 确定"按钮,系统根据选择的发货单生成一张未保存的销售出库单。单击"保存"按钮,再单击"审核"按钮,如图 5-69 所示。

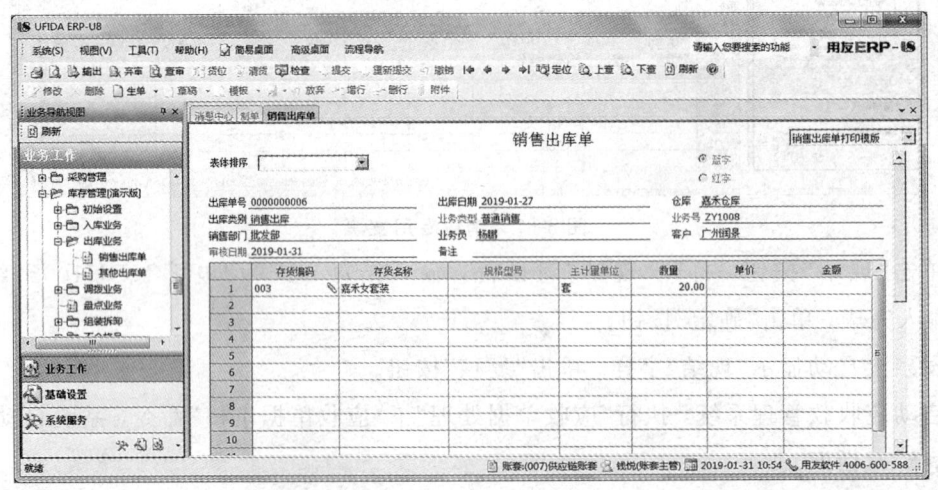

图 5-69 销售出库单

(13)启动存货核算系统,执行"业务核算"|"正常单据记账"命令,系统自动弹出记账单据

过滤窗口。设置过滤条件为"嘉禾仓库""专用发票"。

(14) 单击"确定"按钮，系统显示符合条件的单据。选择需要记账的单据，如图 5-70 所示，单击"记账"按钮。记账后单击"退出"按钮。

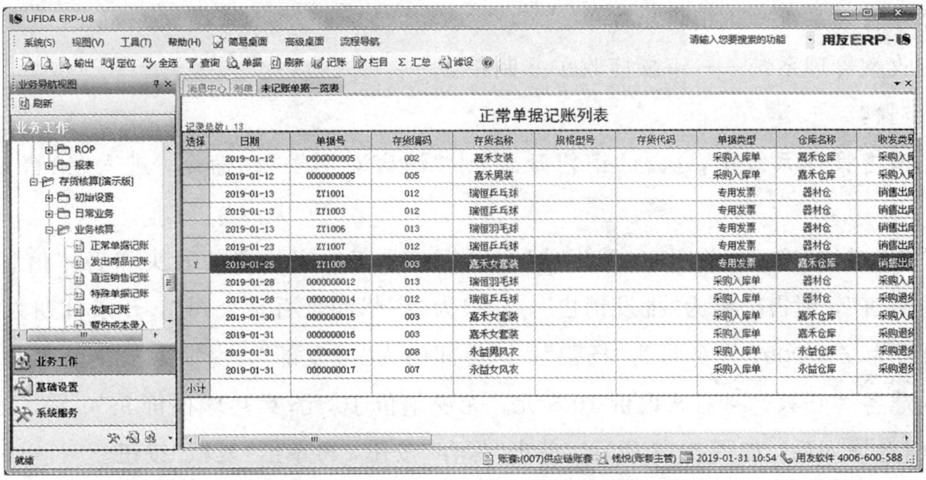

图 5-70　正常单据记账

(15) 执行"财务核算"|"生成凭证"命令，进入"生成凭证"窗口。

(16) 单击"选择"按钮，进入生成凭证"查询条件"对话框，选择"销售专用发票"。

(17) 单击"确定"按钮，系统打开"未生成凭证单据一览表"窗口，选择需要生成凭证的单据。

(18) 选择单据、凭证类别后，单击"确定"按钮，核对入账科目是否正确，或者补充输入入账科目；单击"合成"按钮，系统自动生成了一张结转销售成本的凭证。修改凭证类别为"转账凭证"，单击"保存"按钮，凭证左上角显示"已生成"标志，如图 5-71 所示。单击"退出"按钮。

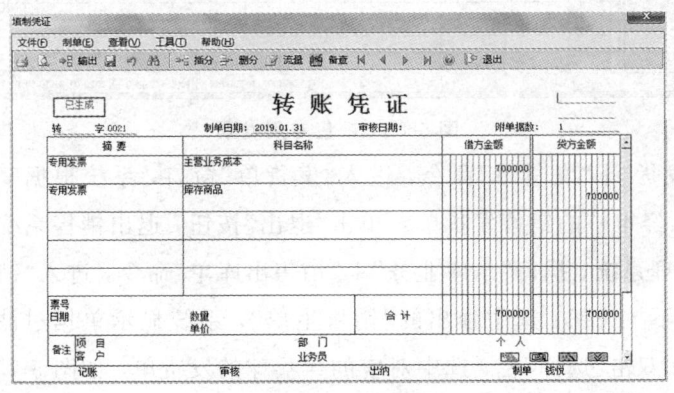

图 5-71　转账凭证

(19) 执行"财务核算"|"凭证列表"命令，可以查询生成的结转销售成本的凭证。

4. 第四笔普通销售业务的处理

本笔业务属于开票直接销售的普通销售业务，需要开具销售专用发票、生成发货单、销售出库单，确认应收账款并制单。

本笔业务处理流程：

(1)销售管理系统——销售专用发票。

(2)销售管理系统——销售发货单。

(3)库存管理系统——销售出库单。

(4)应收款管理系统——审核应收单并制单。

操作步骤：

(1)在销售管理系统中，执行"销售开票"|"销售专用发票"命令，进入"销售专用发票"窗口。

(2)单击"增加"按钮，关闭"参照生单"对话框。手工输入发票的表头和表体信息，业务类型为"普通销售"，销售类型为"批发销售"，客户为"广州润景百货公司"，开票日期为"2019-01-29"，发票号为 ZY1009，业务员为"杨鹏"，销售部门为"批发部"，税率为 13%。器材仓明文羽毛球、乒乓球各 300 只，羽毛球报价 10.5 元，无税单价 10 元；乒乓球报价 9.50 元，无税单价 9元。全部信息输入后，如图 5-72 所示，单击"保存"按钮，再单击"复核"按钮。

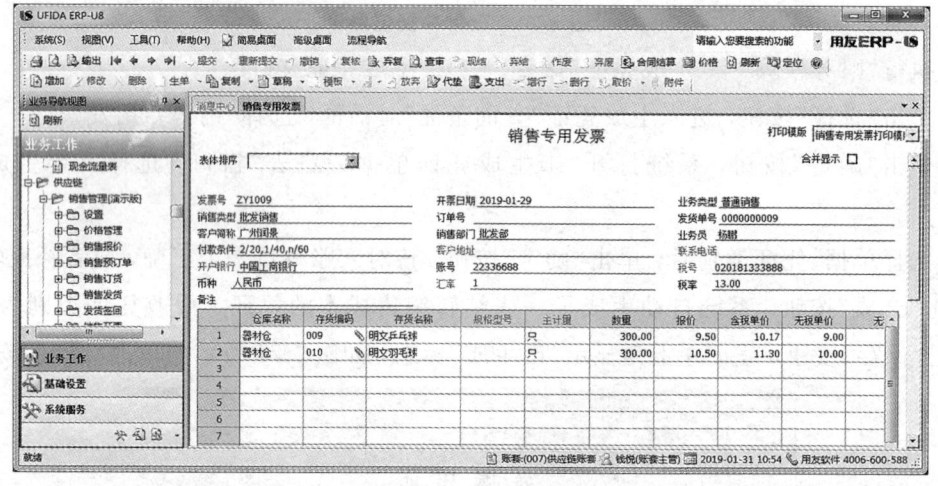

图 5-72 销售专用发票

(3)执行"销售发货"|"发货单"命令，进入"发货单"窗口，系统根据复核后的销售专用发票，自动生成一张已经审核的销售发货单。单击"退出"按钮，退出销售系统。

(4)启动库存管理系统，执行"出库业务"|"销售出库单"命令，进入"销售出库单"窗口。

(5)单击"生单"下拉按钮，选中弹出的"销售生单"，系统显示单据过滤窗口。输入进入销售发货单生单列表。双击"选择"栏，选中对应的乒乓球的发货单，如图 5-73 所示。

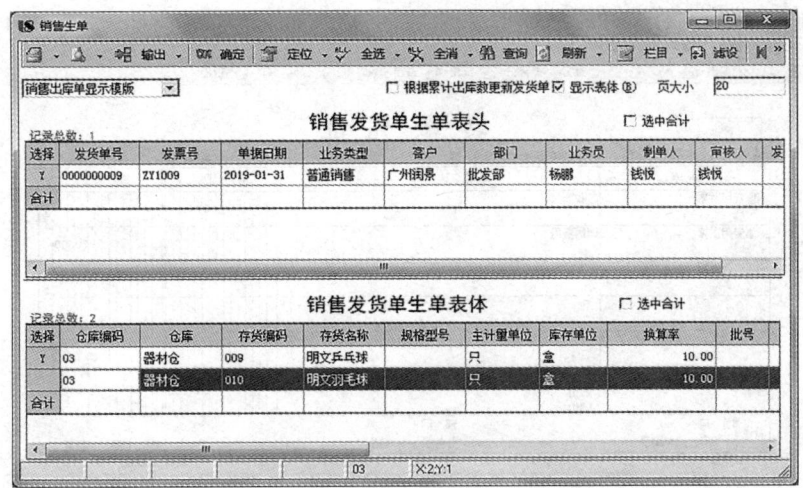

图 5-73 销售生单

(6) 单击"OK 确定"按钮，系统根据选择的发货单生成一张未保存的销售出库单。单击"保存"，再单击"审核"按钮，如图 5-74 所示。单击"退出"按钮。

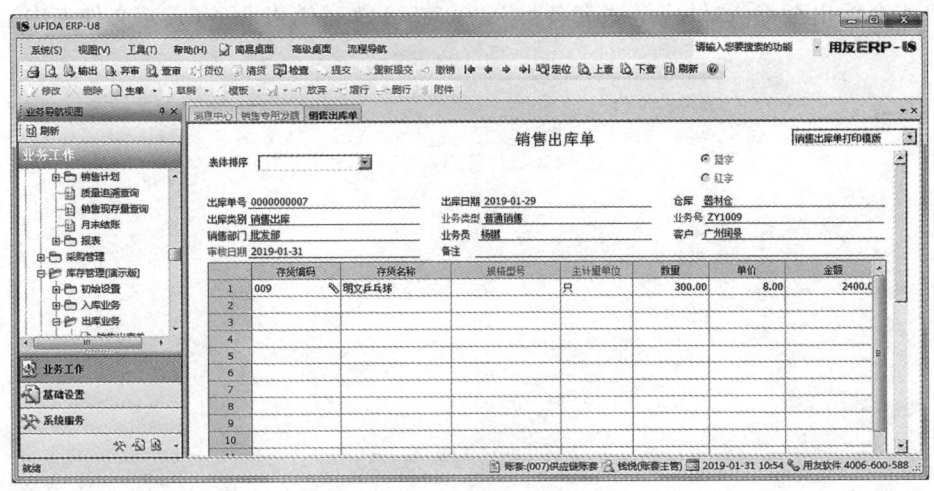

图 5-74 销售出库单

(7) 启动应收款管理系统，执行"应收单据处理"|"应收单据审核"命令，系统自动弹出"条件过滤选择"对话框。

(8) 设置单据过滤条件，单击确定"按钮"。

(9) 选择需要审核的应收单据，在记录的"选择"栏双击，出现"Y"，单击"审核"按钮，系统弹出"本次审核成功单据 1 张"信息提示对话框。

(10) 单击"制单处理"，系统自动打开单据过滤窗口，设置单据过滤条件，选择发票制单。选择单据后单击制单按钮，在生成凭证的界面修改凭证类别为"转账凭证"，单击"保存"，如图 5-75 所示。

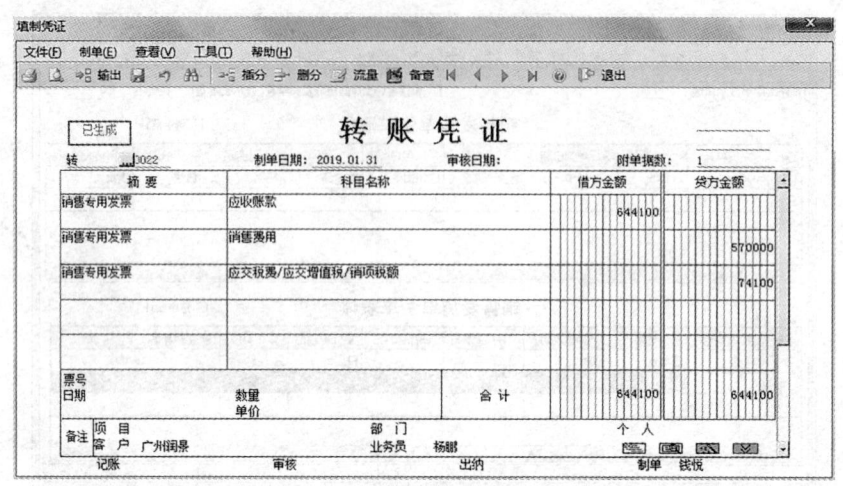

图 5-75 转账凭证

5.账套备份

(1)在 C:\"供应链账套备份"文件夹中新建"007-5-3 普通销售业务(二)"文件夹。

(2)将账套输出至 C:\"供应链账套备份"\"007-5-3 普通销售业务(二)"文件夹中。

任务四 销售退货业务

任务案例资料

2019年1月15日，给山西庆盛贸易公司销售明文羽毛球200只，订单价格为10元，对方已经提货，我公司还未开具发票。1月20日，对方因为质量问题全部退货，本公司同意退货。全部存货我公司已于当天收到，入器材仓。

2019年1月30日，广州润景百货公司提出退回明文羽毛球300只，无税单价10.5元（28日已经开票、生成发货单，但尚未出库）。

2019年1月30日，广州润景百货公司因质量问题要求退回嘉禾女套装10套。无税单价450元，该服装已于本月26日开具销售专用发票并收款，27日发货并结转销售成本（单价成本350元）。

2019年1月31日，北京通达百货公司要求退货，退回瑞恒羽毛球10只（入器材仓），无税单价18.5元，该羽毛球已于本月13日开具销售发票并收款。本公司同意退货，同时办理了退款手续（开出一张现金支票XJ1001）。

一、任务描述

销售退货业务包括普通销售退货和委托代销退货业务的处理，分为开具发票前退货和开具发票后退货、委托代销结算前退货和委托代销结算后退货。不同阶段发生的退货业务，其业务处理不完全相同。

1.先发货后开票业务模式下的退货处理流程

（1）填制退货单，审核该退货单。

（2）根据退货单生成红字销售出库单，传递至库存管理系统。

（3）填制红字销售发票，复核后的红字销售发票自动传递至应收款管理系统。

（4）红字销售发票经审核，形成红字应收款。

（5）红字销售出库单在存货核算系统中记账，进行成本处理。

2.开票直接发货退货业务处理流程

（1）填制红字销售发票，复核后自动生成退货单。

（2）生成红字销售出库单。

（3）复核后的红字销售发票自动传递至应收款管理系统，审核后，形成红字应收款。

（4）审核后的红字出库单在存货核算系统中记账，进行成本处理。

二、任务设计

1. 普通销售退货
2. 录入退货单
3. 录入或生成红字发票并复核
4. 审核红字应收单并制单
5. 账套备份

三、操作步骤

1. 第一笔退货业务的处理

本笔业务属于已经发货尚未开票的全额退货业务。首先需要输入销售订单,根据销售订单生成发货单,系统自动生成销售出库单;退货后需要输入退货单,系统根据退货单,自动生成红字销售出库单。

本笔业务处理流程:

(1)销售管理系统——填制并审核销售订单。

(2)销售管理系统——参照订单生成发货单。

(3)库存管理系统——生成并审核销售出库单。

(4)销售管理系统——填制并审核退货单。

(5)库存管理系统——生成并审核红字销售出库单。

操作步骤:

(1)以2019年1月31日登录企业应用平台,打开"业务工作"选项卡,执行"供应链"|"销售管理"|"销售订货"|"销售订单"命令,进入"销售订单"窗口。

(2)单击"增加"按钮,输入销售订单表头和表体内容。

(3)单击"保存"按钮,再单击"审核"按钮,如图5-76所示。

图 5-76 销售订单

(4)执行"销售发货"|"发货单"命令,单击"增加"按钮,系统自动弹出"参照订单"窗口。选择山西庆盛贸易公司销售订单,单击"OK 确定"按钮,生成发货单,日期为1月15日。补充输入仓库信息为"器材仓"后,单击"保存"按钮,再单击"审核"按钮,如图5-77所示。

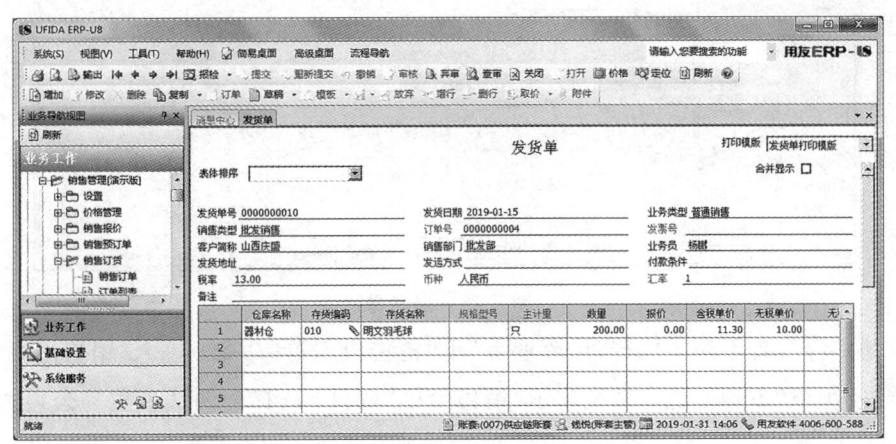

图 5-77　销售发货单

(5)启动库存管理系统,执行"出库业务"|"销售出库单"命令,进入"销售出库单"窗口。

(6)单击"生单"下拉按钮,选择山西庆盛贸易公司的发货单,如图5-78所示。确认生单后,审核销售出库单,日期为1月15日。

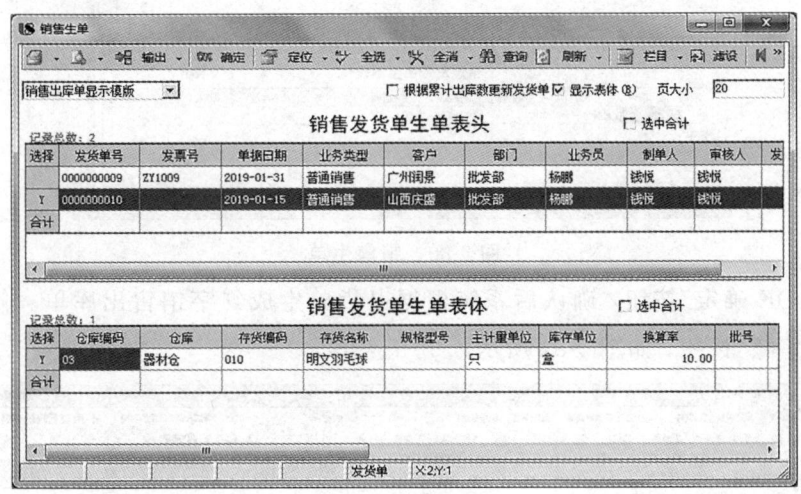

图 5-78　销售生单

(7)1月20日,对方退货。启动销售管理系统,执行"销售发货"|"退货单"命令,进入"退货单"窗口。

(8)单击"增加"按钮,系统自动显示退货单参照发货单窗口。单击"过滤"按钮,选择山西庆盛贸易公司1月15日的发货单。

(9)单击"OK 确定"按钮,系统自动生成退货单,修改退货日期为20日。单击"保存"按钮,再单击"审核"按钮,如图5-79所示。

图 5-79 退货单

(10)启动库存管理系统,执行"出库业务"|"销售出库单"命令,进入"销售出库单"窗口。

(11)单击"生单"下拉按钮,系统显示"销售生单"窗口,选择山西庆盛贸易公司20日的发货单,如图5-80所示。

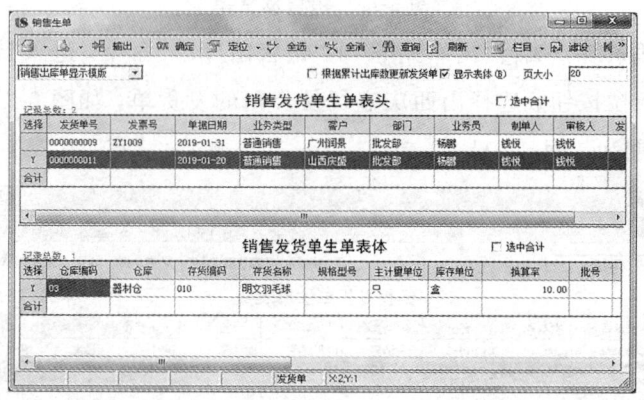

图 5-80 销售生单

(12)单击"OK确定"按钮,确认后系统根据退货单生成红字销售出库单。修改相关信息,保存后,单击"审核"按钮,如图5-81所示。

图 5-81 销售出库单

（13）退出库存管理系统。

小 贴 士

①退货单上的存货数量应该为负数，退货单上的金额可以小于或等于零。

②退货单可以参照销售订单、发货单生成，也可以直接手工输入。参照生成时，单击退货单窗口上的"订单"或"发货"按钮，即可参照选择的相关单据生成退货单。

③退货单可以参照一张或多张发货单记录生成，如果销售选项设置为"普通销售必有订单"，则退货单必须参照原发货单或订单生成。

④参照销售订单生成的退货单或手工输入的退货单可以生成红字发票。

⑤参照发货单生成的退货单直接冲减原发货单数量，因而该退货单无法生成红字销售发票，但该退货单可以在"发货单列表"中查询。

⑥如果销售选项中设置了"销售生成出库单"，则发货单审核时自动生成销售出库单；退货单审核时自动生成红字销售出库单。

2.第二笔退货业务的处理

本笔业务属于先开票后发货的普通销售业务，已经给对方开出发货单，但尚未出库，因此，退货时，需要输入退货单，开具红字专用销售发票。由于尚未生成销售出库单，所以，不必生成红字销售出库单。

本笔业务处理流程：

（1）销售管理系统——填制并审核退货单。

（2）销售管理系统——生成并复核红字专用销售发票。

（3）应收款管理系统——审核红字应收单并制单。

操作步骤：

（1）启动销售管理系统，执行"销售发货"|"退货单"命令，手工填制一张退货单，无税单价为 10.5 元，单击"审核"按钮，如图 5-82 所示。

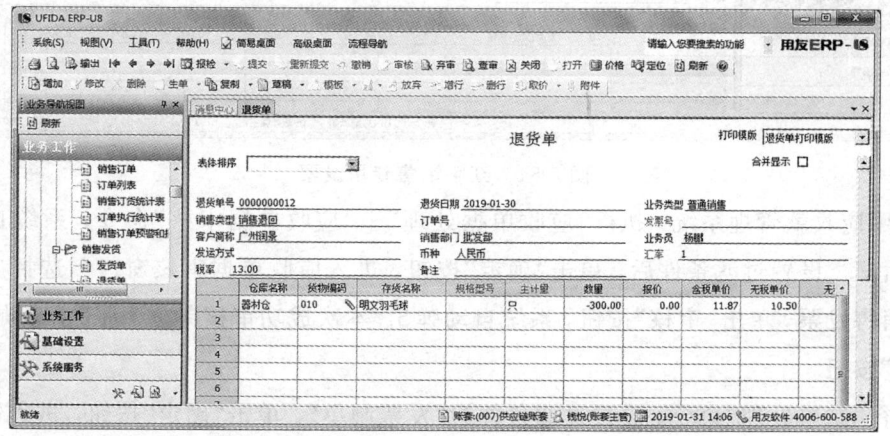

图 5-82　退货单

(2)执行"销售开票"|"红字专用发票"命令,单击"增加"按钮,系统自动显示"发票参照发货单"窗口。输入相应查询条件(红字记录),如图5-83所示。单击"过滤"按钮,系统自动显示广州润景百货公司退货单。

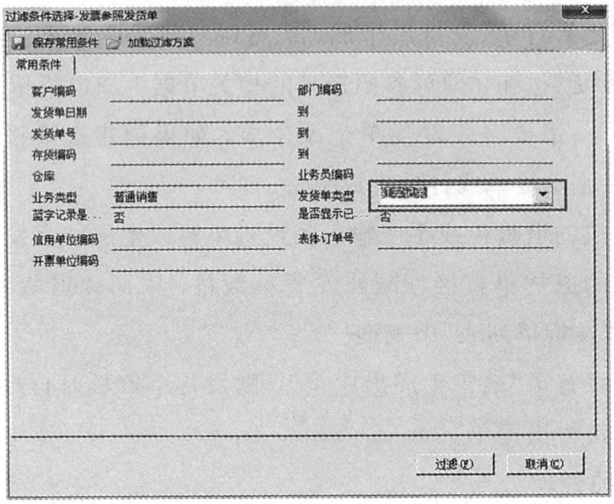

图 5-83 过滤条件选择—发票参照发货单

(3)单击"OK确定"按钮,生成红字专用销售发票。修改相关项目后,单击"保存"按钮,再单击"复核"按钮,如图5-84所示。

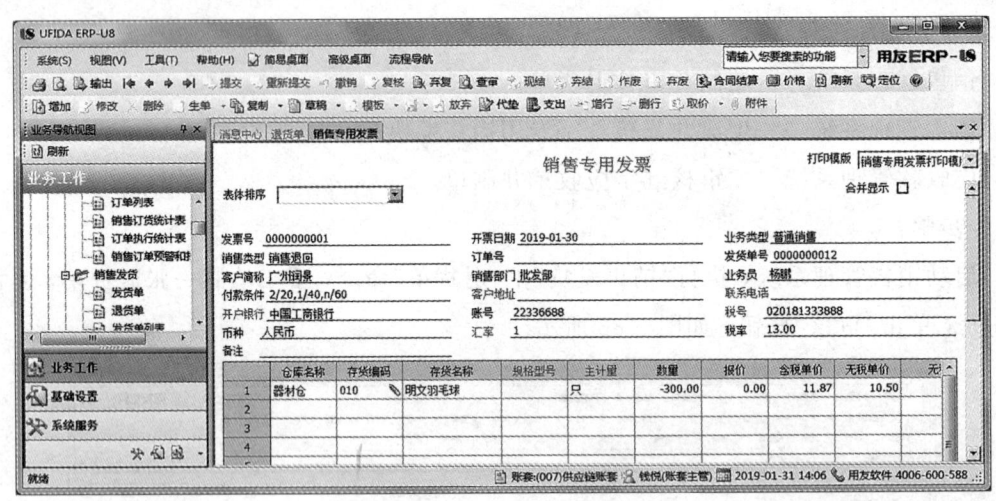

图 5-84 红字销售专用发票

(4)启用应收款管理系统,执行"应收单据处理"|"应收单据审核"命令,系统自动弹出单据过滤对话框。设置过滤条件后,单击"确定"按钮,进入应收单据审核窗口。选择广州润景百货公司的销售发票,单击"审核"按钮,系统自动弹出"本次成功审核单据1张"信息提示对话框。单击"退出"按钮。

(5)执行"制单处理"命令,设置过滤条件为"发票制单",单击"确定"按钮,进入制单单据选择窗口。

(6)在所选择单据的"选择标志"处输入"1",选择凭证类别为"转账凭证";单击"制单"按钮,系统生成一张红字冲销凭证,单击"保存"按钮,如图 5-85 所示。

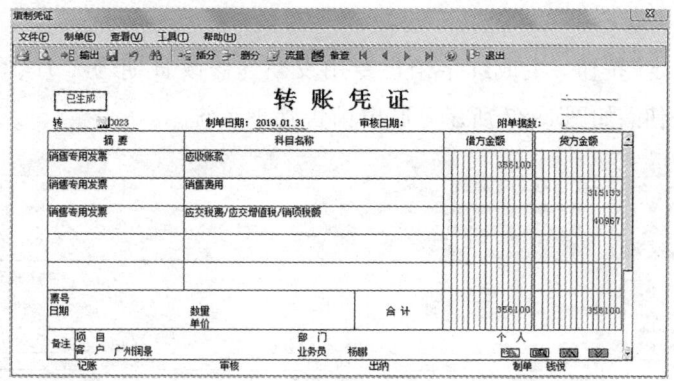

图 5-85 转账凭证

3.第三笔退货业务的处理

本笔业务属于先开票后发货的销售退货业务,根据实验三中的第三笔业务的处理,对退货业务进行相应的处理。本笔业务需要手工输入退货单、开具或生成红字销售专用发票、生成红字销售出库单、冲减收入和应收账款,并冲销已经结转的销售成本。

本笔业务处理流程:

(1)销售管理系统——填制并审核退货单。

(2)销售管理系统——生成并复核红字专用销售发票。

(3)库存管理系统——生成并审核红字销售出库单。

(4)应收款管理系统——审核红字应收单并制单。

(5)存货核算系统——记账并生成冲销结转成本凭证。

操作步骤:

(1)在销售管理系统中,执行"销售发货"|"退货单"命令,手工填制一张退货单,无税单价为 450 元,保存后,单击"审核"按钮,如图 5-86 所示。

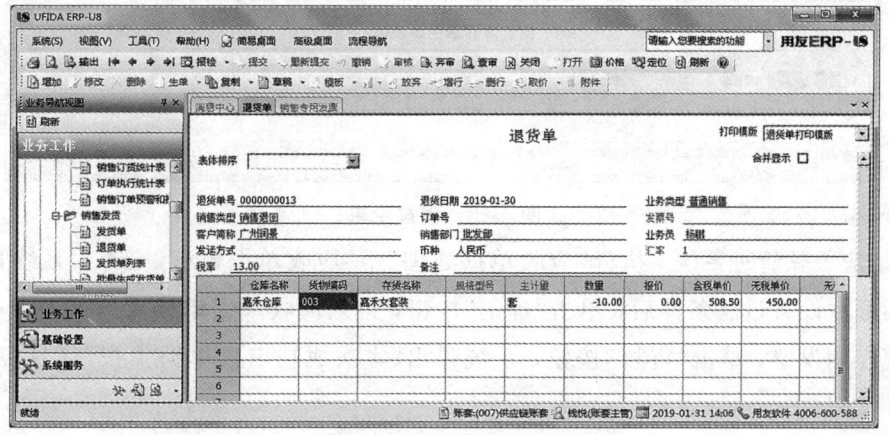

图 5-86 退货单

(2)执行"销售开票"|"红字销售专用发票"命令,单击"增加"按钮,系统自动显示"发票参照发货单"窗口。输入相关查询条件(红字记录),单击"过滤"按钮,系统自动显示广州润景百货公司退货单。

(3)单击"OK 确定"按钮,生成红字销售专用发票。修改日期为 1 月 30 日,单击"保存"按钮,再单击"复核"按钮,如图 5-87 所示,退出销售管理系统。

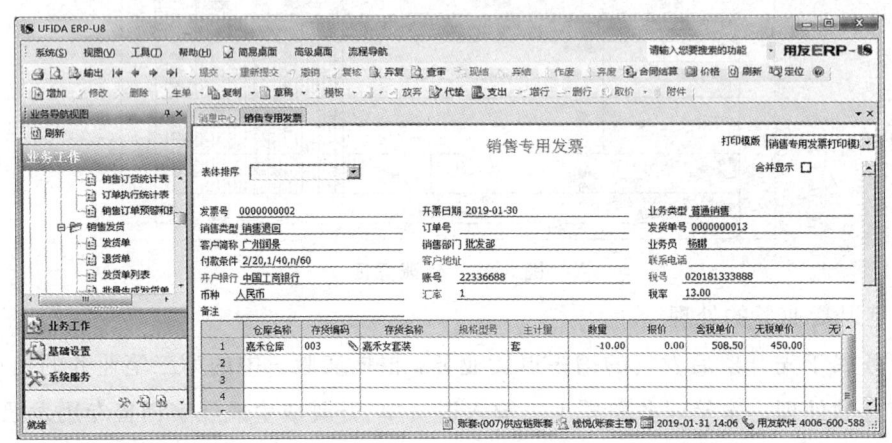

图 5-87　红字销售专用发票

(4)启动库存管理系统,执行"出库业务"|"销售出库单"命令,单击"生单"下拉按钮,系统显示"销售发货单列表"窗口。选择广州润景百货公司发货单和嘉禾女套装,如图 5-88 所示,单击"OK 确定"按钮,确认生单后,系统自动生成红字销售出库单。修改日期为 1 月 30 日,单击"保存"和"审核"按钮,再单击"退出"按钮。

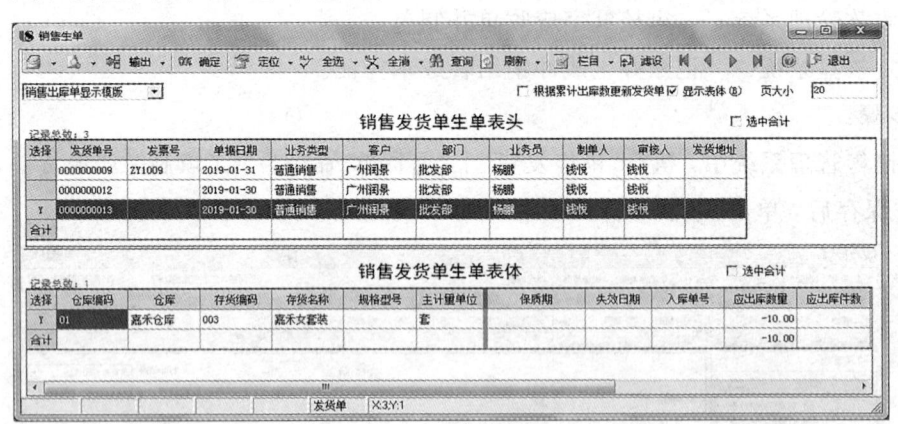

图 5-88　销售生单

(5)启动应收款管理系统,执行"应收单据处理"|"应收单据审核"命令,系统自动弹出单据过滤对话框。设置过滤条件后,单击"确定"按钮,进入应收单据审核窗口。选择广州润景百货公司销售专用发票,单击"审核"按钮,系统弹出"本次成功审核单据 1 张"信息提示对话框,单击"退出"按钮。

(6)执行"制单处理"命令,设置过滤条件为"发票制单"。单击"确定"按钮,进入制单单据选择窗口。

(7)在所选择单据的"选择标志"处输入"1",选择凭证类别为"转账凭证"。单击"制单"按钮,系统生成一张红字冲销凭证。单击"保存"按钮,生成红字冲销凭证,如图 5-89 所示。

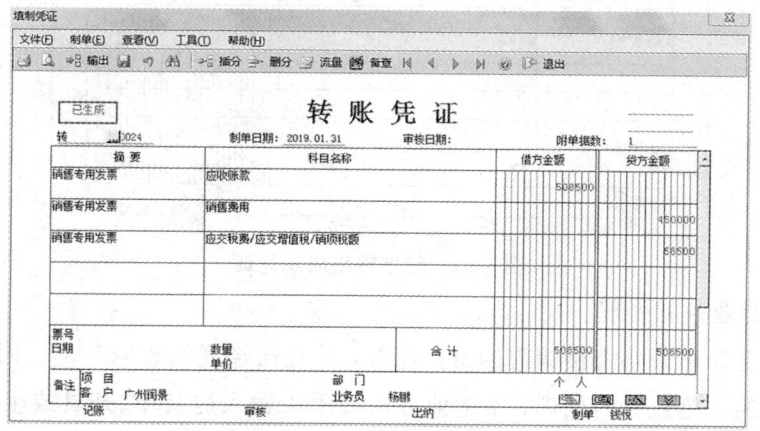

图 5-89　红字转账凭证

(8)启动存货核算系统,执行"业务核算"|"正常单据记账"命令,选择嘉禾仓库销售专用发票记账,如图 5-90 所示,单击"记账",手工输入嘉禾女套装的单价为 350 元。记账后单击"退出"按钮。

图 5-90　正常单据记账列表

(9)执行"财务核算"|"生成凭证"命令,单击"选择"按钮,在生单单据选择窗口中选择"销售专用发票",单击"确定"按钮。在"未生成凭证单据一览表"窗口中,选择"嘉禾仓库",其"选择"栏显示"1",单击"确定"按钮。

(10)在"生成凭证"窗口中,选择凭证类别为"转账凭证"。单击"生成"按钮,系统自动生成一张红字凭证,冲销已结转的销售成本,如图 5-91 所示。

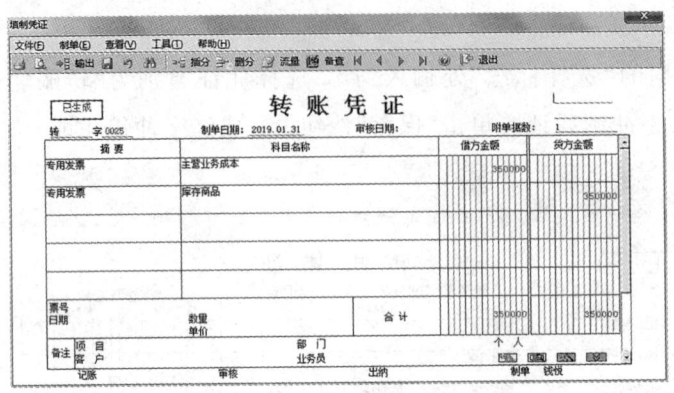

图 5-91　红字转结成本凭证

4.第四笔退货业务的处理

本笔退货业务属于开票直接销售的退货业务,并且已经现结收取款项。因此,根据原始业务即实验三中的第一笔业务的处理,本笔业务需要手工输入退货单、开具或生成红字销售专用发票、生成红字销售出库单、冲减收入和收取的款项。

本笔业务处理流程:

(1)销售管理系统——填制并审核退货单。

(2)销售管理系统——生成并复核红字销售专用发票。

(3)库存管理系统——生成并审核红字销售出库单。

(4)应收款管理系统——审核红字应收单并制单。

操作步骤:

(1)在销售管理系统中,执行"销售发货"|"退货单"命令,手工填制一张退货单,无税单价为 18.5 元,单击"审核"按钮,如图 5-92 所示。

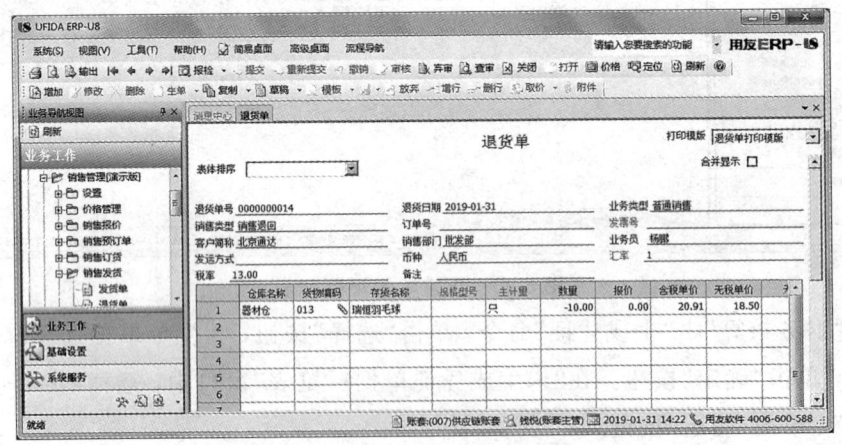

图 5-92　退货单

(2)执行"销售开票"|"红字销售专用发票"命令,单击"增加"按钮,系统自动显示"发票参照发货单"窗口。修改相关查询条件(红字记录),单击"过滤"按钮,系统自动显示北京通达百货公司退货单。

(3)单击"OK 确定"按钮,生成红字销售专用发票。单击"保存"按钮,再单击"现结"按钮,在"现结"对话框中,输入结算方式为"现金支票",结算号为 XJ1001,并输入负数结算金额即为退款金额(-209.1 元),如图 5-93 所示。

图 5-93 销售退货现结

(4)结算信息输入完毕后单击"确定"按钮。在生成的红字发票上单击"复核"按钮,确认红字销售专用发票,并退出销售管理系统。

(5)启动库存管理系统,执行"出库业务"|"销售出库单"命令,单击"生单"下拉按钮,系统显示"销售发货单列表"窗口。选择北京通达百货公司发货单和瑞恒羽毛球,单击"OK 确定"按钮,确认生单后,系统自动生成红字销售出库单。单击"审核"按钮,再单击"退出"按钮。

(6)启动应收款管理系统,执行"应收单据处理"|"应收单据审核"命令,系统自动弹出单据过滤对话框。设置过滤条件后,选择"包含已现结发票"复选框,如图 5-94 所示,单击"确定"按钮。

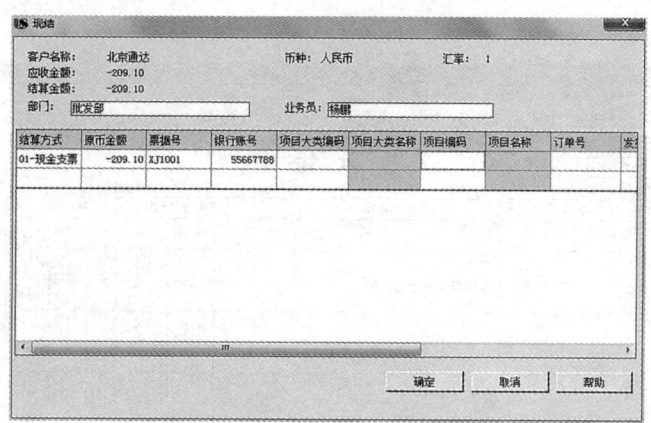

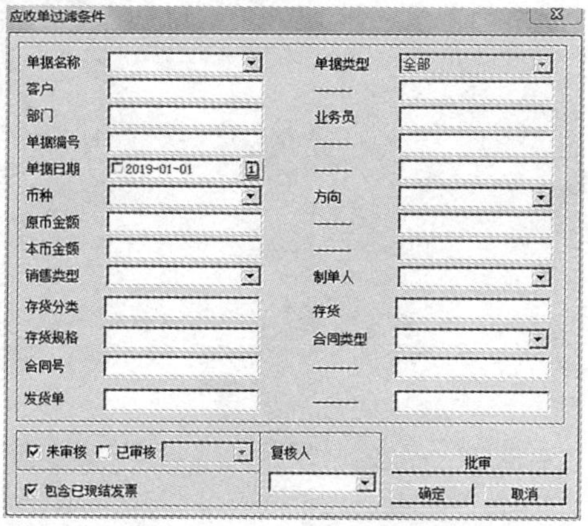

图 5-94 应收单过滤条件

(7)进入应收单据审核窗口,选择需要审核的应收单据,即北京通达百货公司销售专用发票,在该记录的"选择"栏双击,出现"Y"。再单击"审核"按钮,系统弹出"本次成功审核单据 1 张"信息提示对话框,单击"退出"按钮。

(8)执行"制单处理"命令,系统自动打开单据过滤对话框,设置单据过滤条件,选择"现结制单"。在所选择单据的"选择"栏输入"1",单击"制单"按钮。在生成凭证界面中修改凭证类别为"收款凭证",然后单击"保存"按钮,系统根据现结红字发票自动生成了一张红字收款凭证,如图 5-95 所示。

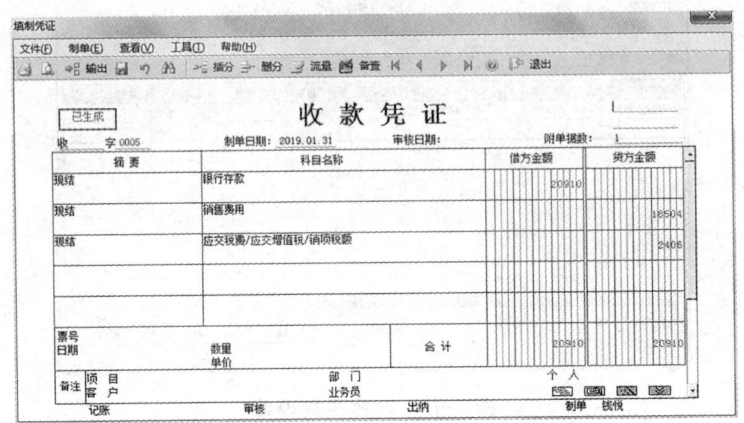

图 5-95　收款凭证

5.账套备份

(1)在 C:\"供应链账套备份"文件夹中新建"007-5-4 销售退货业务"文件夹。

(2)将账套输出至 C:\"供应链账套备份"\"007-5-4 销售退货业务"文件夹中。

任务五 直运销售业务

任务案例资料

2019年1月15日，广州润景百货公司向本公司订购嘉禾男、女套装各500套，报价分别为1200元和520元，本公司接受广州润景百货公司的订货。当天，本公司向嘉禾公司订购嘉禾男、女套装各500套，单价分别为800元和350元。要求本月20日将货物直接发给广州润景百货公司。2019年1月20日，本公司收到嘉禾公司的专用发票，发票号为ZY0011。发票载明男、女套装各500套，单价分别为800元和350元，增值税税率为13%，货物已经发给广州润景百货公司。本公司尚未支付货款。2019年1月21日，本公司给广州润景百货公司开具销售专用发票（发票号为ZY1011），发票载明男、女套装各500套，单价分别为1200元和520元，增值税税率为13%，款项尚未收到。

一、任务描述

直运业务是指商品无须入库即可完成的购销业务。客户向本公司订购商品，双方签订购销合同；本公司向供应商采购客户所需商品，与供应商签订采购合同；供应商直接将商品发给客户，结算时，由购销双方分别与企业结算。直运业务包括直运销售业务与直运采购业务，没有实物的出入库，货物流向是直接从供应商到客户，财务结算通过直运销售发票、直运采购发票进行。

二、任务设计

1. 在销售管理系统中设置"直运销售必有订单"
2. 录入销售订单
3. 参照生成采购专用发票
4. 参照生成销售专用发票
5. 直运采购发票审核并制单
6. 直运销售发票审核并制单
7. 备份账套

三、操作步骤

1. 直运采购和直运销售

直运销售业务处理流程：

(1)销售管理系统——销售选项设置。

(2)销售管理系统——输入销售订单。

(3)采购管理系统——采购订单和采购专用发票。

(4)销售管理系统——直运销售发票。

操作步骤：

(1)在销售管理系统中，执行"设置"|"销售选项"命令，选中"直运销售必有订单"复选框，单击"确定"按钮。

(2)在销售管理系统中，执行"销售订货"|"销售订单"命令，打开"销售订单"窗口。单击"增加"按钮，输入直运销售订单，注意将销售类型修改为"直运销售"，输入完整内容，保存并审核该销售订单，如图5-96所示。

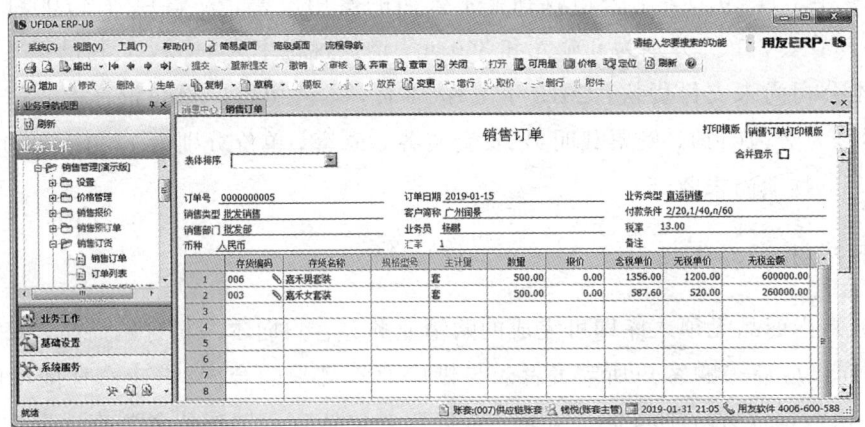

图 5-96　直运销售订单

(3)在采购管理系统中，执行"采购订货"|"采购订单"命令，增加一张采购订单。注意采购类型为"直运采购"，可以拷贝销售订单生成采购订单，分别输入原币单价800.00和350.00，将标题中的税率修改为13％，保存并审核这张采购订单，如图5-97所示。

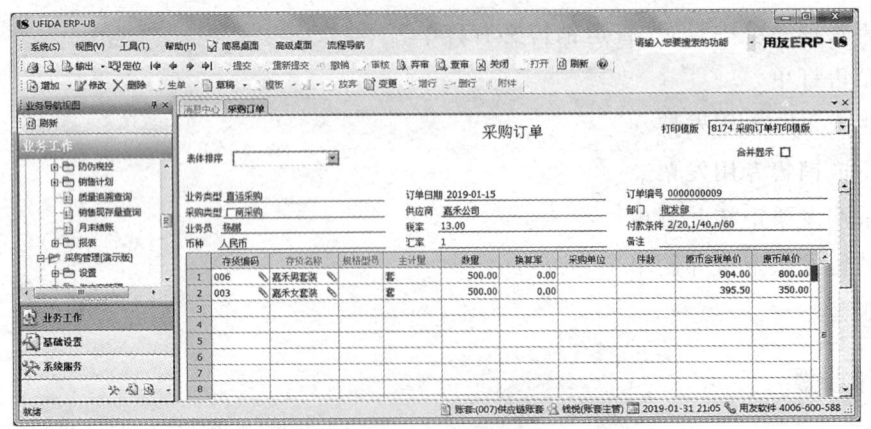

图 5-97　采购订单

(4)在采购管理系统中,执行"采购发票"|"采购专用发票"命令,单击"增加"按钮,修改业务类型为"直运采购",修改发票号和其他表头信息,拷贝采购订单生成采购专用发票。单击"保存"按钮,如图5-98所示。

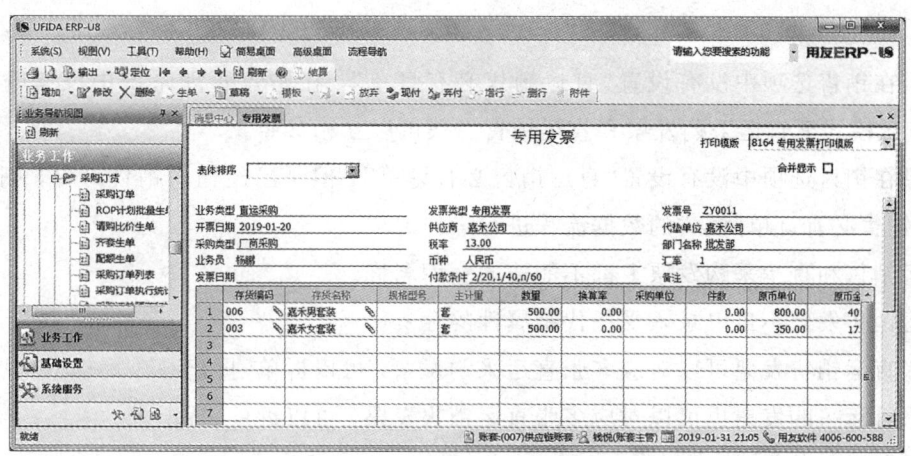

图 5-98 采购专用发票

(5)在销售管理系统中,执行"销售开票"|"销售专用发票"窗口。单击"增加"按钮,取消发货单过滤对话框。选择业务类型为"直运销售",单击工具栏上的"生单",下拉按钮选择"参照订单",在"过滤条件选择"对话框中,选择客户为"广州润景百货公司"、业务类型为"直运销售",单击"过滤"按钮,选择直运销售订单和明细行;单击"OK确定"按钮,生成销售专用发票,修改日期,修改发票号为 ZY1011,单击"保存"按钮,再单击"复核"按钮,确认直运销售业务完成,如图5-99所示。

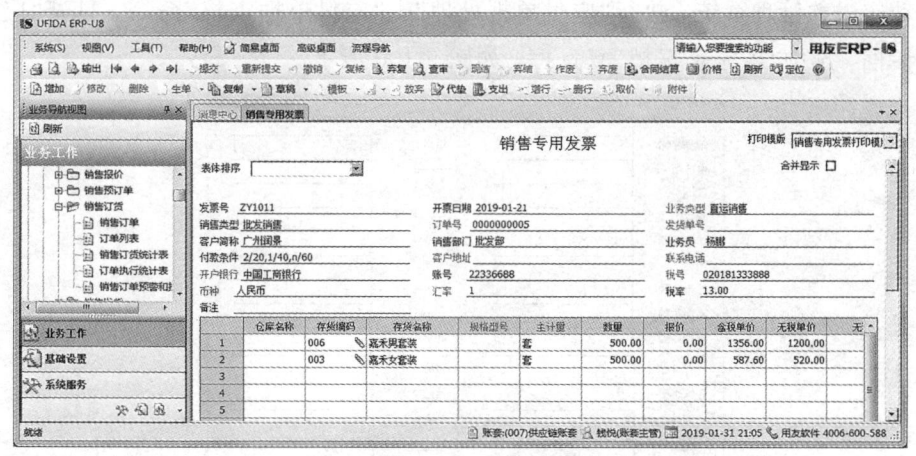

图 5-99 销售专用发票

小 贴 士

①对于直运业务的销售订单、采购订单、采购发票、销售发票,其采购类型为直运采购,销售类型为直运销售。

②需要开具销售专用发票的客户,必须在客户档案中输入税号,否则只能开具普通销售

发票。

③如果选择了"直运销售必有订单",则直运销售发票和直运采购发票都只能参照销售订单生成发票;如果需要手工开具发票,则应先取消"直运销售必有订单",同时还必须删掉销售订单。

④如果在销售选项中没有设置"直运销售必有订单",在销售管理系统中没有输入销售订单,这种直运模式下直运采购发票和直运销售发票可以互相参照。

⑤如果在销售选项中没有设置"直运销售必有订单",但是已经输入销售订单,则仍然需要按照"直运销售必有订单"模式的数据流程进行操作。

⑥直运销售和直运采购发票上都不能输入仓库名称。

⑦直运销售发票不可以录入受托代销属性的存货。

⑧一张直运销售发票可以对应多张直运采购发票,可以拆单、拆记录。

⑨一张直运采购发票也可以对应多张直运销售发票,可以拆单、拆记录。

2.直运业务应收应付款的确认

直运销售业务需要根据审核后的直运采购发票确认应付账款,根据审核后的直运销售发票确认应收账款。

直运销售业务应收应付款确认流程:

(1)应付款管理系统——审核直运采购发票并制单。

(2)应收款管理系统——审核直运销售发票并制单。

操作步骤:

(1)启动应付款管理系统,执行"应付单据处理"|"应付单据审核"命令,打开"应付单据过滤条件"对话框,选中"未完全报销"复选框,如图5-100所示。

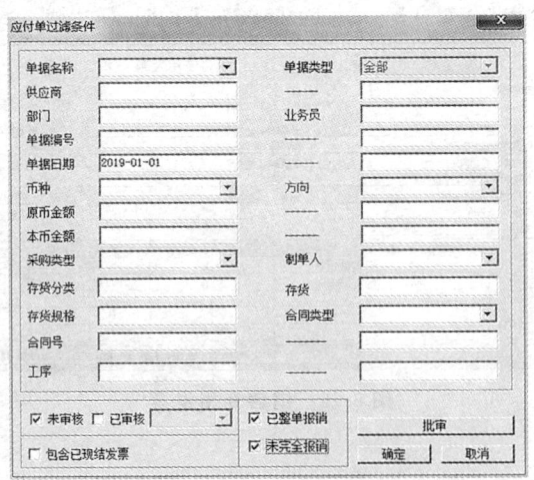

图5-100 应付单据过滤

(2)单击"确定"按钮,在"应付单据列表"中选择发票号为ZY0011的采购专用发票,在"选择"栏单击出现"Y"。

(3)单击"审核"按钮,系统显示"本次审核成功单据1张"。确认直运采购的应付款项后,单击"确定"按钮,再单击"退出"按钮。

(4)启动应收款管理系统,执行"应收单据处理"|"应收单据审核"命令,单击"选择栏",再单击"审核"按钮,系统显示"本次审核成功单据1张"。单击"退出"按钮。

(5)单击"制单处理",在制单查询对话框中选择"发票制单",单击"确定"按钮。在"销售发票制单"窗口中,单击"全选"按钮,再单击"制单"按钮,生成直运销售凭证;修改凭证类型分别为"转账凭证",单击"保存"按钮,如图5-101所示。

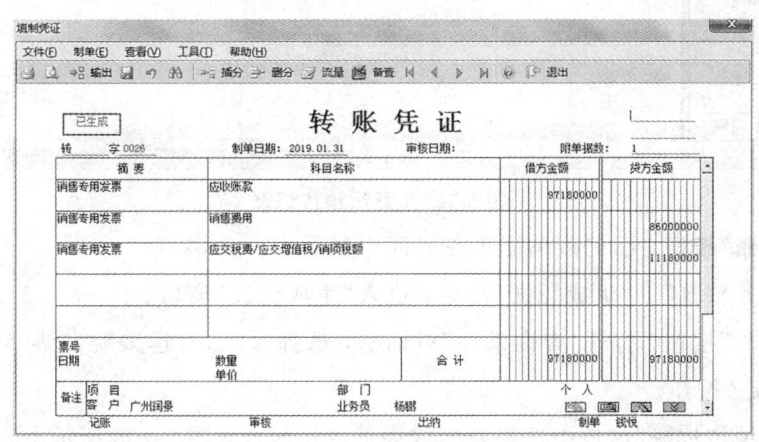

图5-101 转账凭证

小 贴 士

①直运采购业务生成的直运采购发票在应付款管理系统中审核,但不能在此制单,其制单操作在存货核算系统中进行。

②直运销售业务生成的直运销售发票在应收款管理系统中审核并制单,其销售成本的结转需要在存货核算系统中进行。

3.直运单据记账并结转成本

已经审核的直运采购发票和直运销售的发票需要在存货核算系统中记账后,才能结转直运采购成本和直运销售成本。

业务处理流程:

(1)存货核算系统——直运采购发票、直运销售发票记账。

(2)存货核算系统——结转直运采购成本和直运销售成本。

操作步骤:

(1)启动存货核算系统,执行"业务核算"|"直运销售记账"命令,打开"直运采购发票核算查询条件"对话框。

(2)选择要记账的单据类型,单击"确定"按钮后进入"直运销售记账"窗口,选择要记账的单据记录,如图5-102所示。

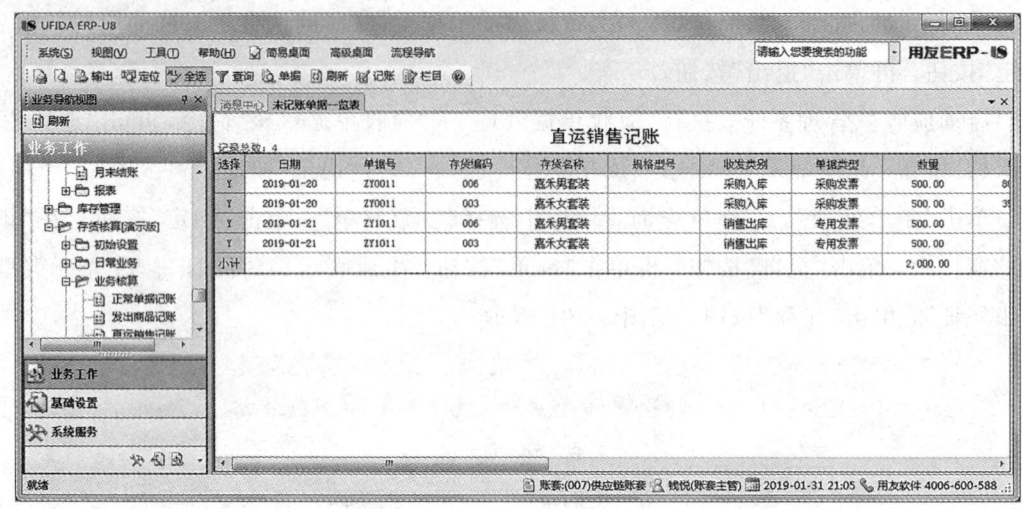

图 5-102 直运销售记账

(3)单击"记账"按钮,已记账单据不在界面中显示。

(4)执行"财务核算"|"生成凭证"命令,进入"生成凭证"窗口。

(5)单击"选择"按钮,打开"查询条件"对话框,选择"(25)直运采购发票"和"(26)直运销售发票",单击"确定"按钮。

(6)在"直运销售记账"窗口中选择要生成凭证的记录,如图 5-103 所示。

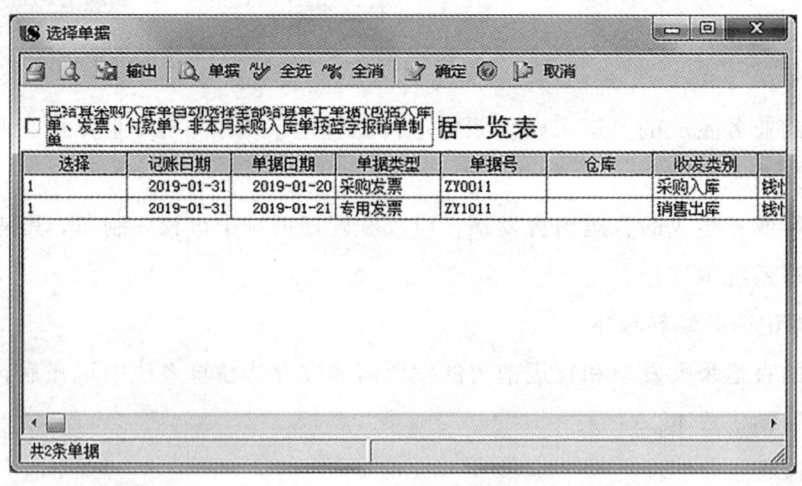

图 5-103 选择单据

(7)单击"确定"按钮后,进入"生成凭证"窗口。将全部科目补充完整,如存货科目、对方科目、税金科目、应付科目等,修改凭证类型为"转账凭证",如图 5-104 所示。

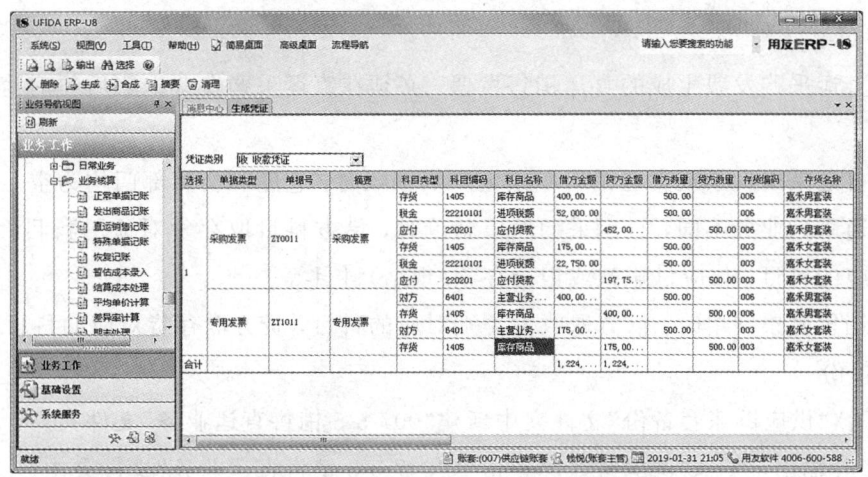

图 5-104　生成凭证

(8)单击"生成"按钮,生成直运销售结转成本凭证(按"翻页"键生成下一张),如图 5-105 和图 5-106 所示。

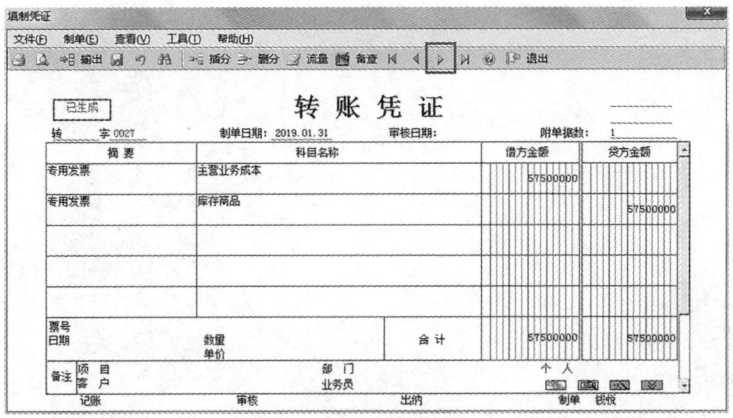

图 5-105　转账凭证

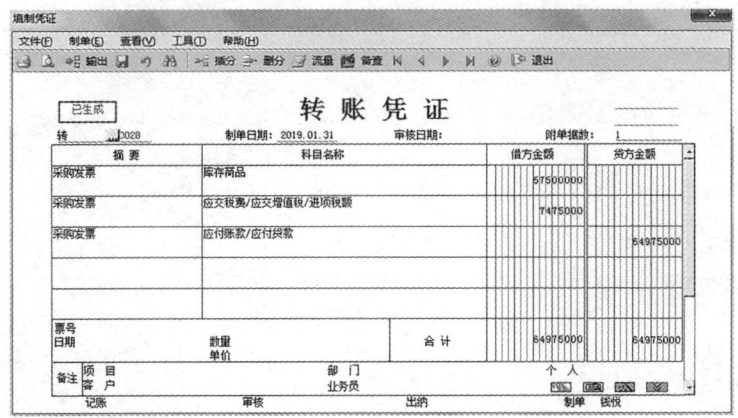

图 5-106　转账凭证

小 贴 士

①根据直运采购发票生成的直运销售发票,必须在直运采购发票记账后再对直运销售发票记账。

②根据直运采购发票或直运销售发票记入明细账时,仓库和所属部门均为空。

③与普通采购业务不同,直运采购发票制单时,借方科目取存货对应的科目,贷方科目取结算方式对应的科目,如应付账款或银行存款(现结)科目等。

④直运销售发票制单时,借方取收发类别对应的科目,贷方取存货对应的科目。

4.账套备份

(1)在 C:\"供应链账套备份"文件夹中新建"007-5-5 销售直运业务"文件夹。

(2)将账套输出至 C:\"供应链账套备份"\"007-5-5 销售直运业务"文件夹中。

任务六 分期收款销售业务

任务案例资料

2019年1月5日，山西庆盛贸易公司向本公司订购300件永益女风衣，300件永益男风衣，本公司报价分别为185元和215元。经过双方协商，以180元、210元成交，双方签订销售合同，双方约定，一次发货，分三期收款。2019年1月7日。本公司根据销售合同发出永益男、女风衣各300件，开具销售转运发票(ZY1022)，确认价税款。2019年1月27日，收到山西庆盛贸易公司电汇44070元(DH1022)，系支付永益风衣第1期款项。

2019年1月25日，山西庆盛贸易公司向本公司订购200套嘉禾男套装，本公司报价1100元，经双方协商，以1000元成交，双方签订销售合同，合同约定分两次收款。28日，本公司给山西庆盛贸易公司发出嘉禾男套装200套。本公司开具专用发票并结算转销售成本。28日收到山西庆盛货运公司电汇113000元，系支付第一期分期收款业务款项。

一、任务描述

分期收款销售业务是指将货物提前一次发给客户，分期收回货款。其特点是一次发货，分次收款。分期付款销售业务的订货、发货、出库、开票等处理与普通销售业务相同，只是业务类型应选择"分期收款"。分期收款时，开具销售发票，结转销售成本。

分期收款销售业务的处理流程为：

1. 销售管理系统——设置销售选项"分期收款必有订单"
2. 销售管理系统——填制并审核分期收款订单
3. 销售管理系统——生成收款发货单
4. 销售管理系统——生成分期收款发票
5. 应收款管理系统——确认分期收款销售收入
6. 库存管理系统——生成分期收款出库单
7. 存货核算系统——发票记账并结转成本

二、任务设计

1. 分期收款必有订单
2. 填制分期收款发货单

3.生成分期付款发货单

4.开具分期收款发票

5.备份账套

三、操作步骤

1.第一笔业务的处理

本业务属于分期收款销售订单的形成和发货业务，因此需要输入分期收款销售成本，生成分期收款发货单，开具分期收款发票，确认第一次收入并制单，生成分期收款销售出库单。

操作步骤：

(1)登录销售管理，执行"设置"销售选项命令，选择"有分期收款业务"、"分期收款必有订单"和"销售生成出库单"复选框，如图5-107所示。

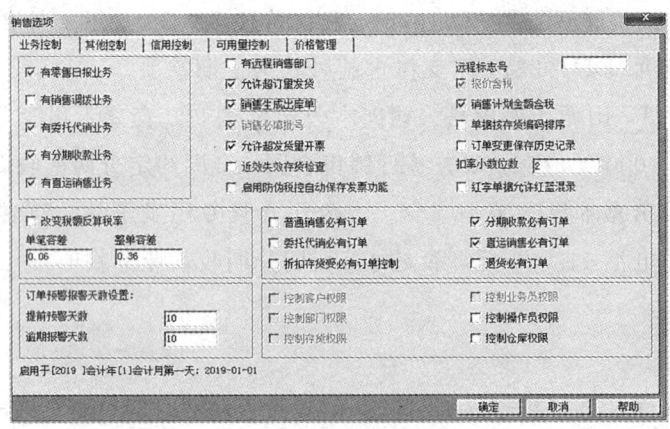

图 5-107 销售选项

(2)执行"订货"|"销售订单"命令，单击"增加"按钮，进入"销售订单"窗口。

(3)选择业务类型为"分期收款"，销售类型为"批发销售"，日期为"2019-01-05"，并输入表头和表体的其他信息。输入完毕单击"保存"按钮，再单击"审核"按钮，如图5-108所示。

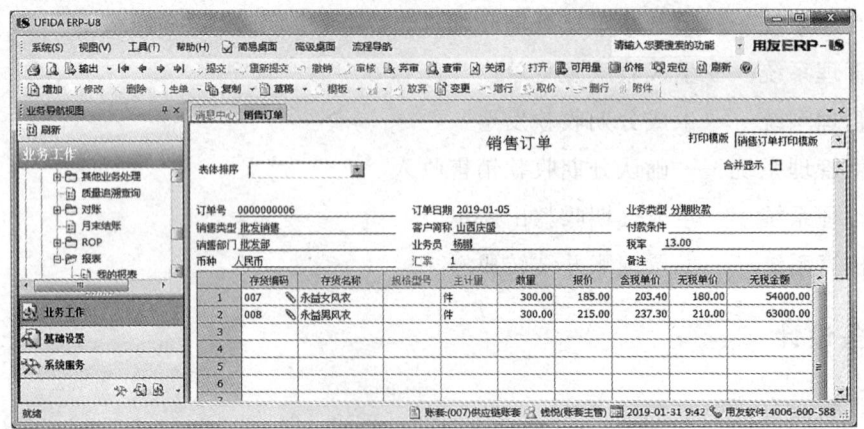

图 5-108 销售订单

(4)执行"销售发货"|"发货单"命令,单击"增加"按钮,系统显示"参照订单"窗口,单击"取消"按钮。

(5)选择业务类型为"分期收款",单击"订单"按钮,再单击"过滤"按钮,选择"山西庆盛贸易公司"的订单,选择存货,单击"OK确定"按钮,生成销售发货单;修改发货日期为"2019-01-07",输入仓库为"永益仓库",单击"保存"按钮,再单击"审核"按钮,如图5-109所示。

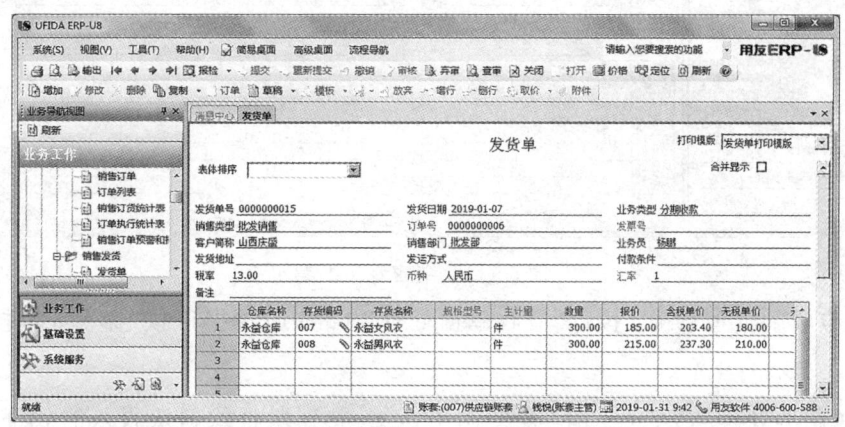

图 5-109 发货单

(6)执行"销售开票"|"销售专用发票"命令,单击"增加"按钮,显示"发票参照发货单"窗口,选择"分期收款",单击"过滤"按钮,选择客户为"山西庆盛贸易公司"的发货单,并选中存货,如图5-110所示。

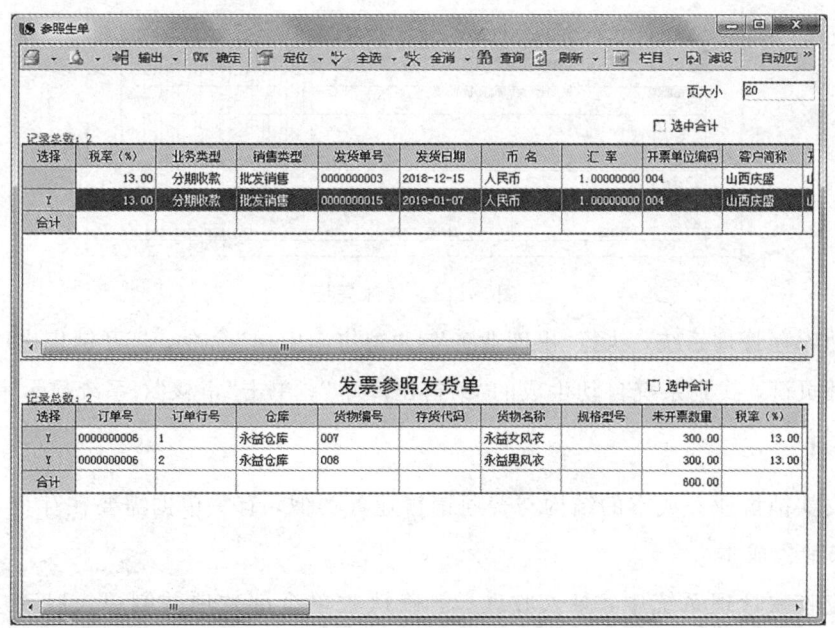

图 5-110 参照生单

(7)单击"OK确定"按钮,生成销售发票,修改日期为"2019年1月7日",发票号为ZY1022,修改完毕单击"保存"按钮,再单击"复核"按钮,如图5-111所示。

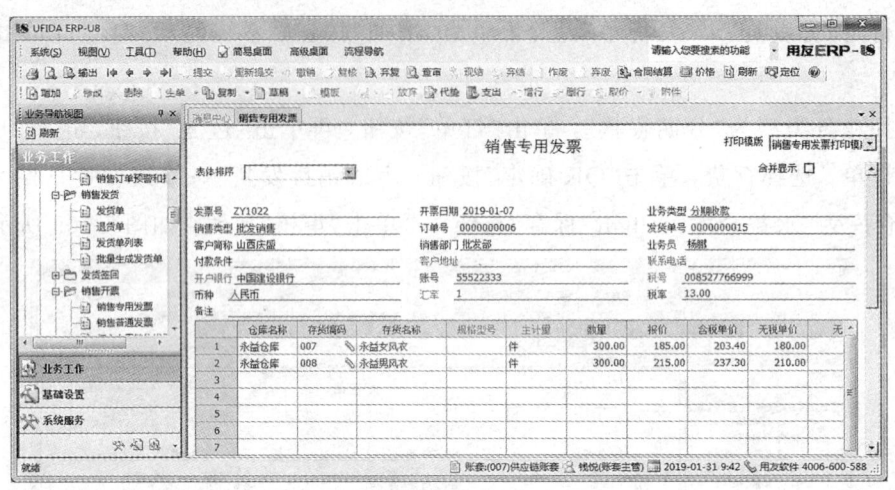

图 5-111 销售专用发票

(8) 启动应收款管理系统,执行"应收单据处理"|"应收单据审核"命令,审核分期收款生成专用发票。

(9) 执行"制单处理"命令,选择"发票制单",生成分期收款确认收入的凭证,如图 5-112 所示。

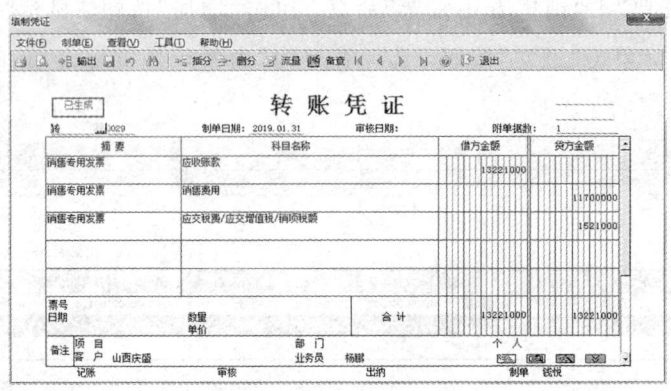

图 5-112 转账凭证

(10) 启动库存管理系统,执行"出库业务"|"销售出库单"命令,打开销售出库单窗口。

(11) 按翻页键,找到系统自动生成的"销售出库单",单击"审核",系统显示审核成功。

小 贴 士

①分期收款销售业务成本的结构与普通销售业务类似,有关单据需要在存货核算系统中记账,才能结账销售成本。

(12) 在应收款管理系统中,录入收款单,确认收单全部款项并制单。启动应收款管理系统,执行"收款单据处理"|"收款单据录入"命令,单击"增加"按钮,输入表头表体信息,如结算方式为"电汇",结算科目为"银行存款",客户为"山西庆盛贸易公司",结算金额为 44070 元,单击"保存"按钮,如图 5-113 所示。

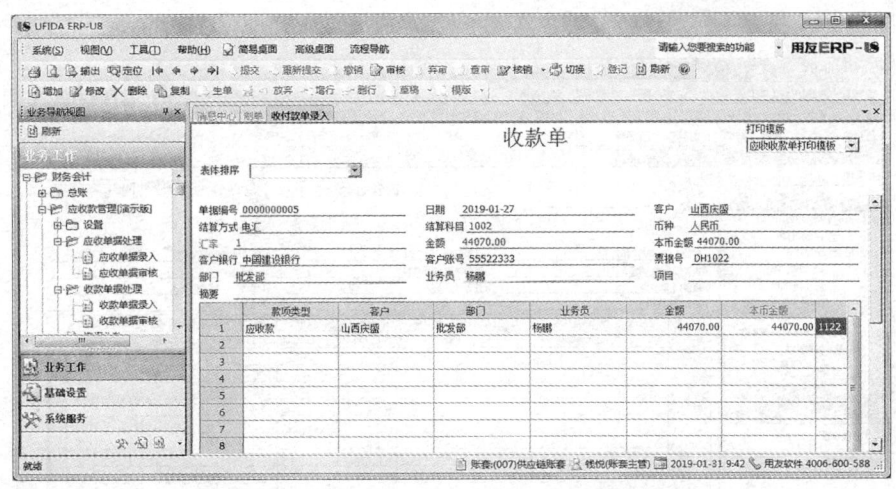

图 5-113　收款单

(13)单击"审核"按钮,系统弹出"是否立即制单?"信息对话框,单击"是"按钮,系统自动生成一张收款凭证,如图 5-114 所示。

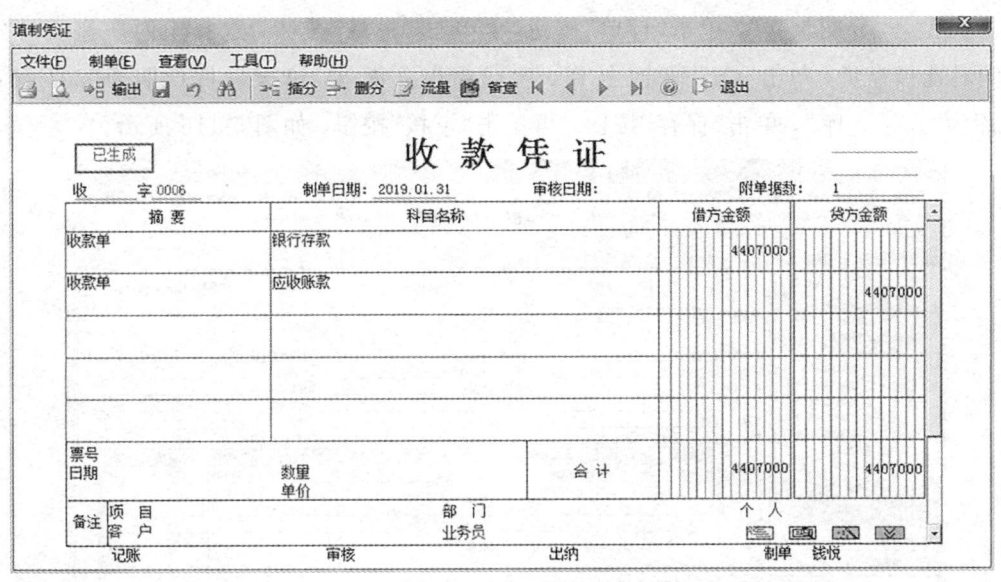

图 5-114　收款凭证

2.第二笔业务的处理

本笔业务属于分期收款业务,本期签订分期收款销售合同,因此需要生成分期收款销售订单,生成分期收款发货单;同时开具收款发票并现结,生成分期收款销售出库单,并结转销售成本。

操作步骤:

(1)执行"销售订货"|"销售订单"命令,单击"添加"按钮,进入增加"销售订单"窗口。

(2)选择业务类型为"分期收款",销售类型为"批发销售",日期为"2019-01-25",并输入表头和表体的其他信息。输入完毕单击"保存"按钮,再单击"审核"按钮,保存并确认分期收款销售订单,如图 5-115 所示。

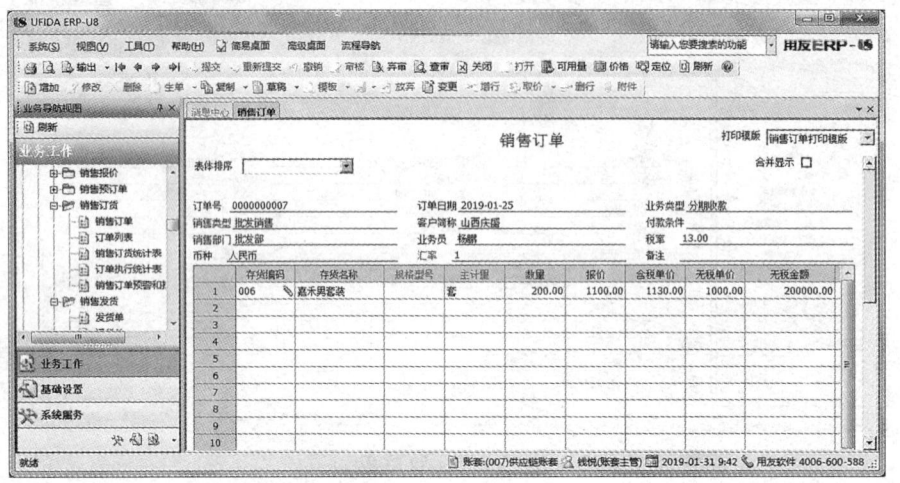

图 5-115 销售订单

(3)执行"销售发货"|"发货单"命令,单击"增加"按钮,系统显示"参照订单"窗口,取消。选择业务类型为"分期收款",单击"订单"按钮,再单击"过滤"按钮,选择山西庆盛贸易公司的订单,同时选择存货,单击"OK 确定"按钮,生成销售发货单,修改发货日期为"2019-01-28",输入仓库为"嘉禾仓库",单击"保存"按钮,再单击"审核"按钮,如图 5-116 所示。

图 5-116 销售发货单

(4)启动库存管理系统,执行"出库业务"|"销售出库单"命令,翻页可以查看到由销售发货单审核后自动产生的销售出库单,单击"审核"按钮,系统显示审核成功。

(5)启动存货核算系统,执行"业务核算"|"发出商品记账"命令,打开发出商品核算查询条件的对话框,选择业务类型为"分期收款",单据类型为"发货单",如图 5-117 所示。

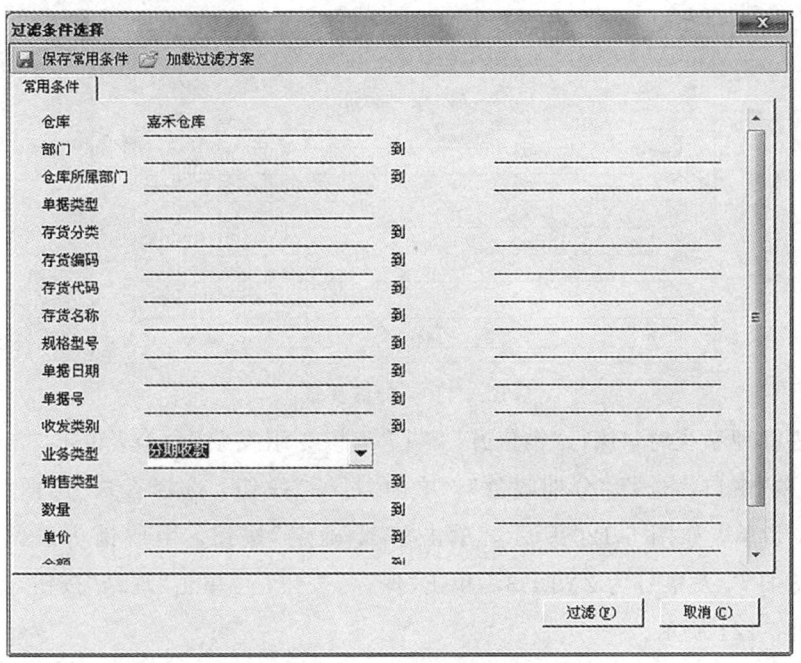

图 5-117 过滤条件

(6) 单击"过滤"按钮，进入"发出商品记账"窗口，选择嘉禾仓库 2019-01-28 的发货单，如图 5-118 所示，单击"记账"按钮。

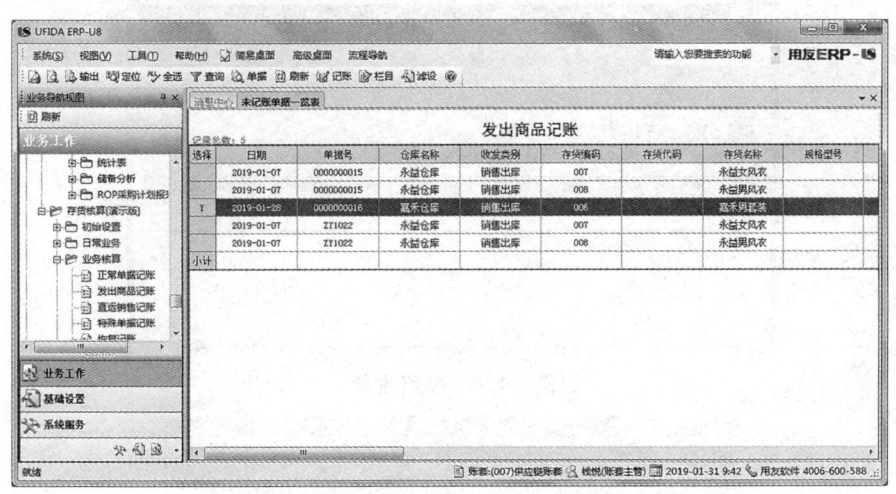

图 5-118 发出商品记账

(7) 执行"财务核算"|"生成凭证"命令，单击"选择"按钮，打开"查询条件"对话框。选择"(05)分期收款发出商品发货单"，单击"确定"按钮，打开"未生成凭证单据一览表"，选择嘉禾服装仓 2019 年 1 月 28 日的发货单。

(8) 单击"确定"按钮，修改凭证类型为"转账凭证"。

(9) 单击"生成"按钮，生成结转成本凭证，保存凭证，如图 5-119 所示。

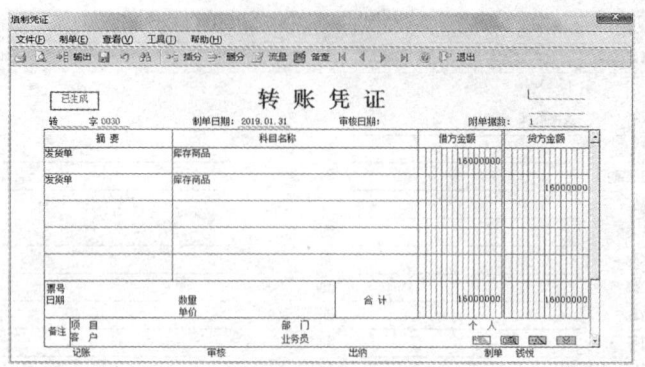

图 5-119 转账凭证

(10)在销售管理系统时,执行"销售开票"|"销售专用发票"命令,单击"增加"按钮,显示"发票参照发货单"窗口。选择"分期收款",单击"过滤"按钮,选择客户"山西庆盛贸易公司"2019-01-28 的发货单,如图 5-120 所示,单击"OK 确定"按钮,生成销售发票,修改日期为"2019 年 1 月 28 日",发票号为 ZY1033。单击"保存"按钮,再单击"现结"按钮,输入金额、票据号等信息,如图 5-121 所示。

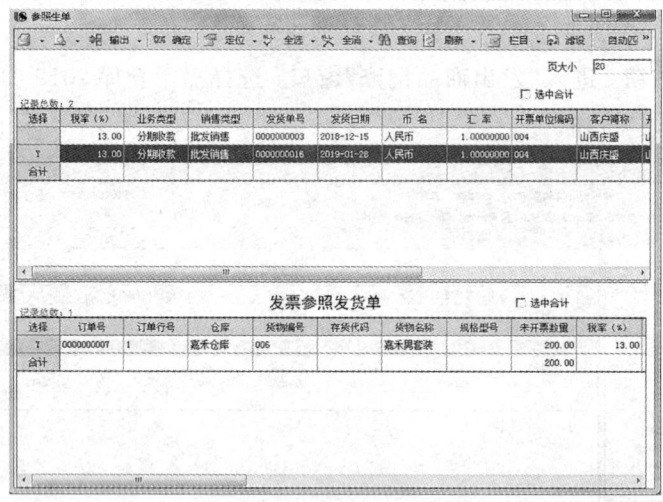

图 5-120 参照生单

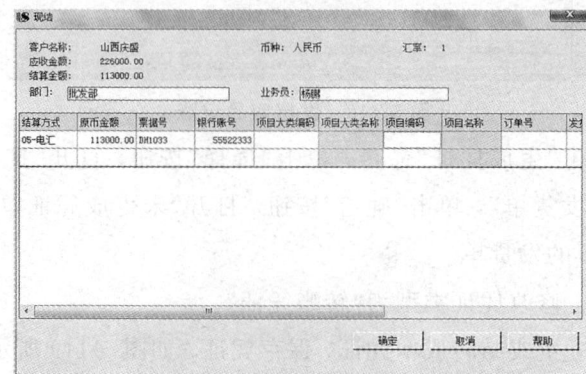

图 5-121 现结

(11)单击"确定"按钮,再单击"复核"按钮,结果如图 5-122 所示。

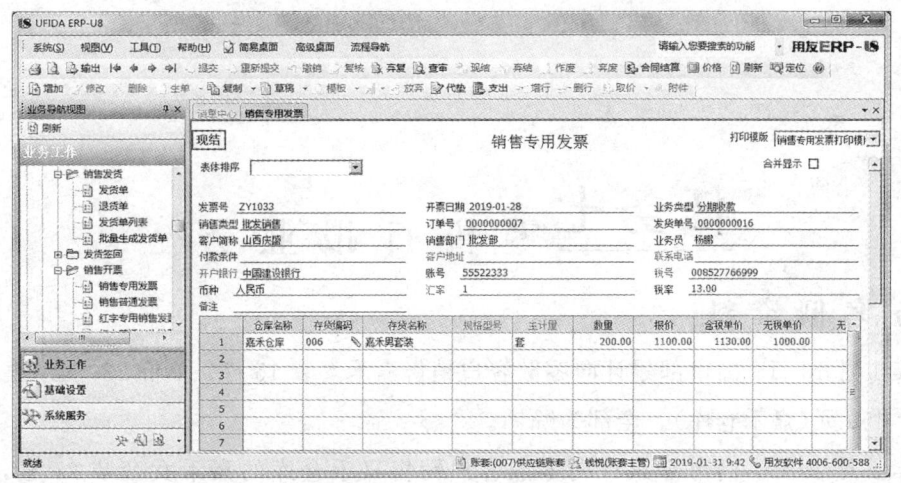

图 5-122　销售专用发票

(12)启动应收款管理系统,执行"应收单据处理"|"应收单据审核"命令,选择"包含已现结发票",审核分期收款生成的专用发票。

(13)执行制单处理命令,选择"现结制单",生成收款确认收入,收取款项的凭证,如图 5-123 所示。

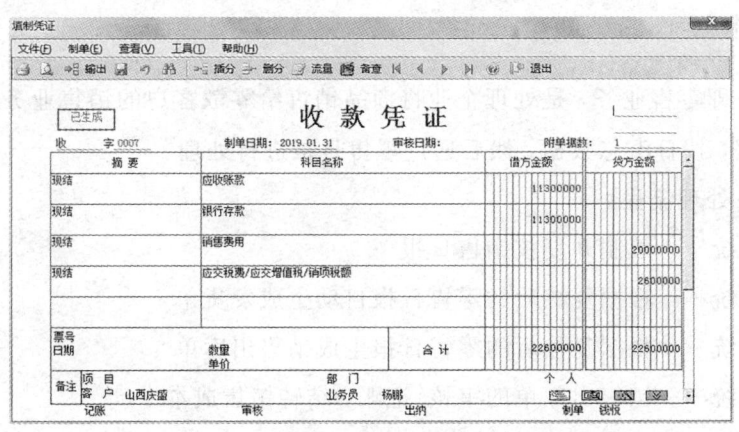

图 5-123　收款凭证

3.账套备份

(1)在 C:\"供应链账套备份"文件夹中新建"007-5-6 分期收款业务"文件夹。

(2)将账套输出至 C:\"供应链账套备份"\"007-5-6 分期收款业务"文件夹中。

任务七 零售日报业务

任务案例资料

2019年1月10日,门市部累计向零散客户销售嘉禾女装15件,单价230元,嘉禾男T恤30件,单价450元(嘉禾仓库)。全部为赊销。

2019年1月20日,门市部累计向零散客户销售嘉禾仓库的嘉禾女套装25套,单价450元,全部为赊销。

2019年1月31日,门市部累计向零散客户销售的瑞恒乒乓球45只,单价22元;瑞恒羽毛球35只,单价24元;明文乒乓球20只,单价13元;明文羽毛球20只,单价14元,全部为现销(现金支票XJ1044),款项全额收讫。

一、任务描述

零售日报业务即零售业务,是处理企业将商品销售给零散客户的销售业务。零售业务是根据相应的销售票据,按日汇总数据,然后通过零售日报进行处理。

零售日报业务处理流程:

1. 销售管理系统——填制并复核销售日报
2. 销售管理系统——根据复核后的零售日报自动生成发货单
3. 库存管理系统——根据复核后的零售日报生成销售出库单
4. 库存核算系统——销售出库单的审核、记账,结转销售成本
5. 应收款管理系统——审核后的零售日报作为销售发票,审核后形成应收款并制单

二、任务设计

1. 填制销售日报
2. 生成销售发货单
3. 生成销售出货库
4. 确认、收取销售款项
5. 确认销售成本
6. 备份账套

三、操作步骤

1. 第一笔零售业务的处理

本笔业务需要在销售管理系统中填制、复核零售日报,生成销售发货单;在库存管理系统中审核销售出货单;在存货核算系统中对零售日报记账并确认销售成本;在应收款管理系统中审核零售日报并确认收入和应收款项。

操作步骤:

(1)启动销售管理系统,执行"零售日报"|"零售日报"命令,打开"零售日报"窗口。

(2)单击"增加"按钮,进入新增零售日报状态。输入表头和表体内容,如日报日期、客户简称、销售类型(门市零售)、销售部门、存货编码、仓库、零售数量、单价等信息。单击"保存"按钮,再单击"复核"按钮,如图 5-124 所示。

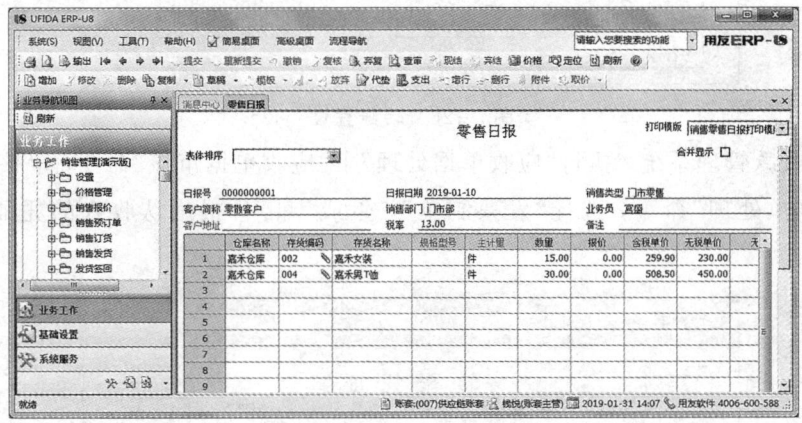

图 5-124　零售日报

(3)执行"销售发货"|"发货单"命令,打开"发货单"窗口,系统已经根据复核后的零售日报自动生成发货单。

(4)启动库存管理系统,执行"出库业务"|"销售出库单"命令,审核销售出库单,如图 5-125 所示。

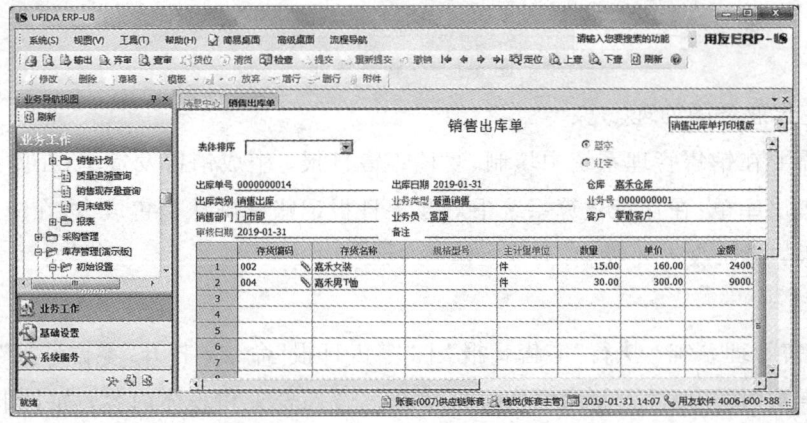

图 5-125　销售出库单

(5)启动存货核算系统,执行"业务核算"|"正常单据记账"命令,在"单据类型"中选择"销售日报"记账,单击"确认"按钮。

(6)单击"全选"按钮,选择嘉禾仓库的零售日报业务进行记账。

(7)执行"财务核算"|"生成凭证"命令,单击"选择",打开"查询条件"对话框。选择"销售日报"生成凭证,生成的凭证如图5-126所示。

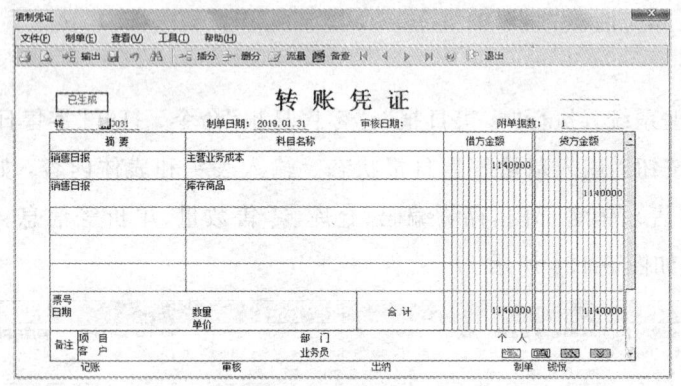

图5-126 转账凭证

(8)启动应收款管理系统,执行"应收单据处理"|"应收单据审核"命令,审核零售日报。

(9)执行"制单处理"命令,选择"发票制单",生成零售日报确认收入的凭证,如图5-127所示。

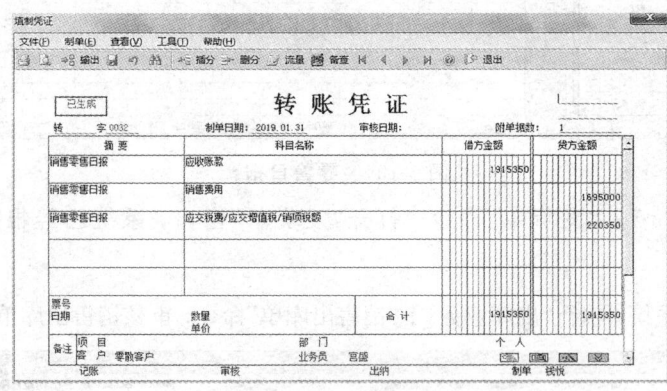

图5-127 转账凭证

2.第二笔零售业务的处理

本笔业务需要在销售管理系统中填制、复核零售日报,生成销售发货单;在库存管理系统中生成并审核销售出库单;在存货核算系统中对零售日报记账并确认销售成本;在应收款管理系统中审核零售日报,确认收入并收款。

操作步骤:

(1)启动销售管理系统,执行"零售日报"|"零售日报"命令,打开"零售日报"系统窗口。

(2)单击"增加"按钮,进入新增零售日报状态。输入表头和表体内容,如日报日期、客户简称、税率、销售部门、存货编码、仓库、零售数量、单价等信息。单击"保存"按钮,再单击"复核"按钮,如图 5-128 所示。

图 5-128 零售日报

(3)执行"销售发货"|"发货单"命令,打开"发货单"窗口,系统已经根据复核后的零售日报自动生成发货单。

(4)启动库存管理系统,执行"出库业务"|"销售出库单命令",进入"销售出库单"窗口,单击"审核"按钮。

(5)启动存货核算系统,执行"业务核算"|"正常单据记账"命令,选择"零售日报"记账。

(6)单击"确定"按钮,选择嘉禾公司的零售日报记账。

(7)执行"财务核算"|"生成凭证"命令,单击"选择",打开"查询条件"对话框。选择"销售日报"生成结转成本凭证,如图 5-129 所示。

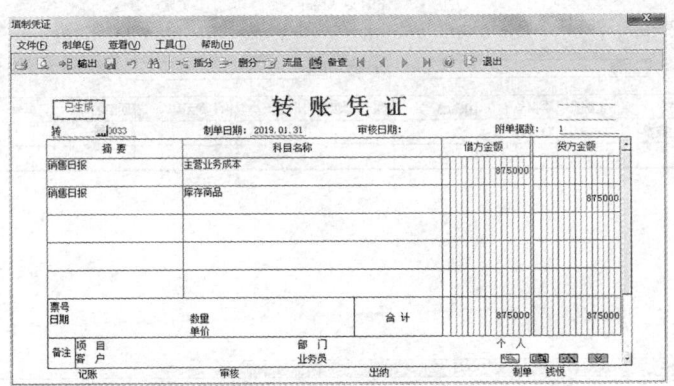

图 5-129 转账凭证

(8)启动应收款管理系统,执行"日常处理"|"应收单据处理"|"应收单据审核"命令,审核零售日报。

(9)执行"日常处理"|"制单处理"命令,生成确认零售收入,如图 5-130 所示。

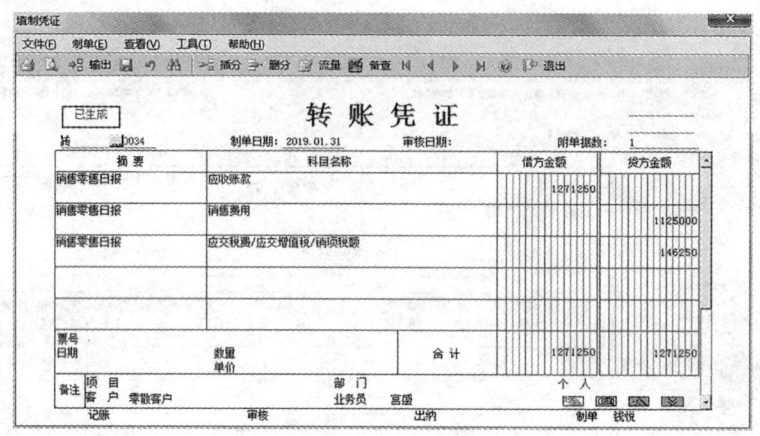

图 5-130 转账凭证

3.第三笔零售业务的处理

本笔业务需要在销售管理系统中填制、复核零售日报、生成销售发货单;在库存管理系统中审核销售出库单;在应收款管理系统中审核零售日报,确认收入并收款。

操作步骤:

(1)启动销售管理系统,执行"零售日报"|"零售日报"命令,打开"零售日报"窗口。

(2)单击"增加"按钮,进入新增零售日报状态,输入表头和表体内容,如日报日期、客户简称、税率、销售部门、存货编码、仓库、零售数量、单价等信息。单击"保存"按钮,再单击"现结"按钮,如图 5-131 所示,最后单击"复核"按钮,如图 5-132 所示。

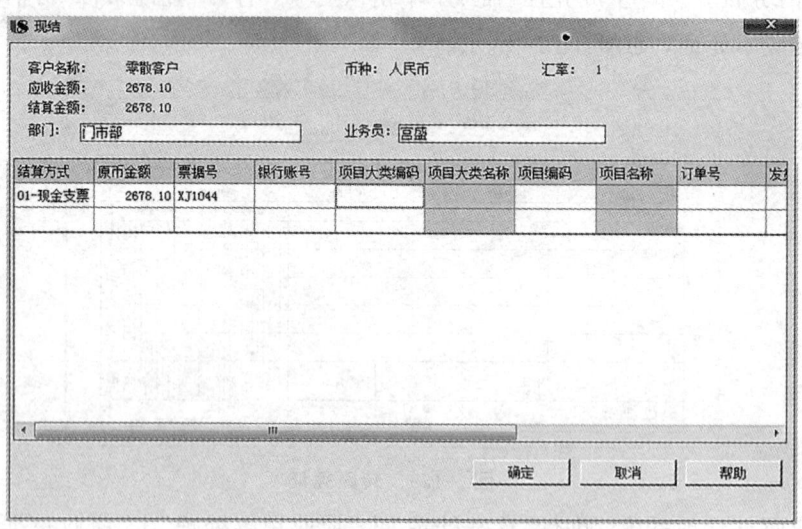

图 5-131 现结

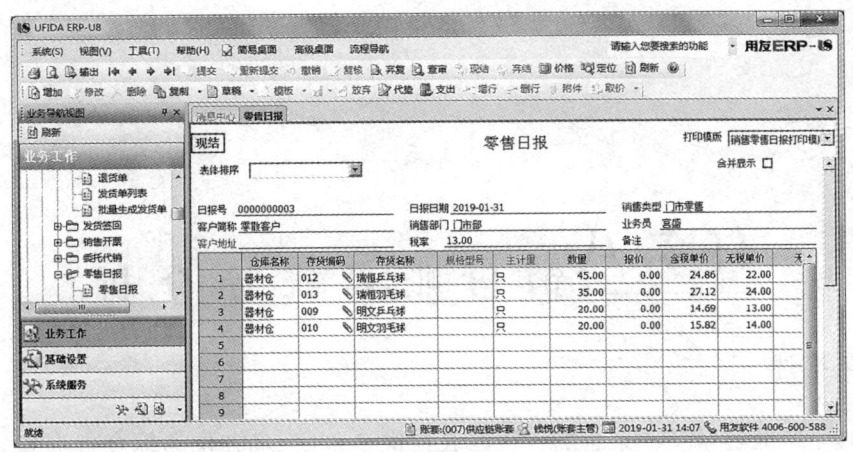

图 5-132 零售日报

(3)执行"销售发货"|"发货单"命令,打开"发货单"窗口,系统已经根据复核后的零售日报自动生成发货单。

(4)启动库存管理系统,执行"出库业务"|"销售出库单"命令,单击"审核"按钮。

(5)启动存货核算系统,执行"业务核算"|"正常单据记账"命令,选择"零售日报"记账。

(6)启动应收款管理系统,执行"应收单据处理"|"应收单据审核"命令,选择"包含已现结发票"单据审核,审核零售日报。

(7)执行"制单处理"命令,选择"现结制单",生成确认零售收入、收入款项的凭证,如图 5-133 所示。

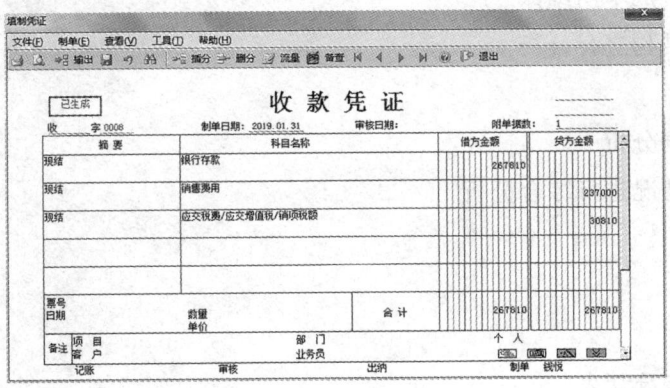

图 5-133 收款凭证

4.账套备份

(1)在 C:\"供应链账套备份"文件夹中新建"007-5-7 零售日报业务"文件夹。

(2)将账套输出至 C:\"供应链账套备份"\"007-5-7 零售日报业务"文件夹中。

任务八 销售账表统计分析

一、任务描述

销售管理系统通过"账表"菜单的各种账表提供多角度、多方位的综合查询和分析。销售管理系统可以查询和分析统计表、明细账、销售分析和综合分析。只有商业版的账套才能使用综合分析的功能,否则综合分析菜单不可见。

二、任务设计

1. 查询本月销售统计表
2. 查询本月发货统计表
3. 查询本月销售综合统计表
4. 查询本月销售收入明细账
5. 查询本月销售成本明细账
6. 对本月销售结构进行分析
7. 销售毛利分析
8. 商品销售市场分析
9. 对本月销售情况进行综合分析
10. 备份账套

三、操作步骤

1. 查询本月销售统计表

销售管理系统提供的销售统计表能够查询销售金额、折扣、成本、毛利等数据。其中存货成本数据来源于存货核算系统;销售金额、折扣来自销售管理系统的各种销售发票,包括蓝字发票、红字发票和销售日报等。

操作步骤:

(1)启动销售管理系统,执行"报表"|"统计表"|"销售统计表"命令,进入"条件过滤"窗口。

(2)输入开票的开始日期和结束时间,单击"分组展开"按钮,打开"销售统计表"窗口。

(3)在"分组汇总项"选项卡中。在部门和业务员的"分组小计"中打"√";在部门、业务员、存货名称和客户的"分组汇总列"中打"√",如图 5-134 所示。

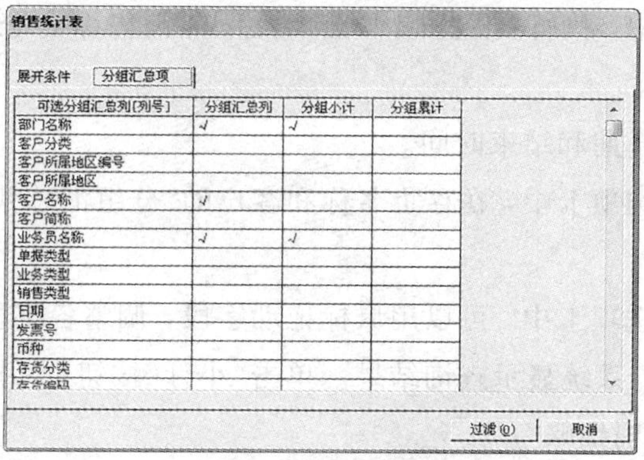

图 5-134 查询设置

(4)单击"过滤"按钮,系统显示查询结果。单击"小计"按钮,可按部门和业务员进行汇总。

2.查询本月发货统计表

销售管理系统提供的发货统计表可以统计存货的初期、发货、开票和结存等各项业务数据。其中,根据发货单和退货单统计发货数量,根据销售发票、零售日报及其对应的红字发票统计结算数据。

操作步骤:

(1)在销售管理系统中,执行"报表"|"统计表"|"发货统计表"命令,进入"条件过滤"窗口。

(2)输入开票的开始日期和结束时间,单击"分组展开"按钮,打开"发货统计表"窗口。

(3)在"分组汇总项"选择卡中,在存货名称和客户的"分组汇总列"中打"√";在存货名称和客户的"分组小计"中打"√",如图 5-135 所示。

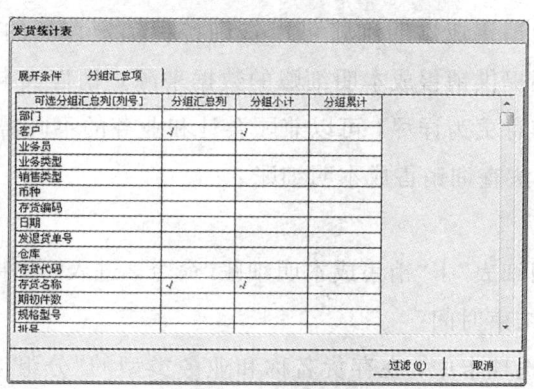

图 5-135 发货统计表

(4)在"分组汇总项"选项卡中,可以用鼠标拖动字段,调整各字段的位置。

(5)单击"过滤"按钮,系统显示查询结果。单击"小计"按钮,可按部门和业务员进行汇总。

3.查询本月销售综合统计表

销售管理系统提供的销售综合统计表可以查询企业的订货、发货、开票、出库和汇款等统计数据。它综合了销售订单、销售发货单、销售开票和销售出库单的相关信息。

操作步骤：

(1)在销售管理系统中，执行"报表"|"统计表"|"销售综合统计表"命令，进入"条件过滤"窗口。

(2)输入开票的开始日期和结束时间。

(3)在"分组汇总项"选项卡中，在存货名称和客户的"分组汇总列"中打"√"；在存货和客户的"分组小计"中打"√"。

(4)在"分组汇总项"选项卡中，可以用鼠标拖动字段，调整各字段的位置。

(5)单击"过滤"按钮，系统显示查询结果。单击"小计"按钮，可按部门和业务员进行汇总。

4.查询本月销售收入明细账

销售管理系统提供的销售收入明细账可以查询各类销售发票（包括销售调拨单、零售日报、红字发票）的明细数据。与销售收入统计表相比，销售收入明细账提供的销售发票的查询信息更为详尽，包括票号、日期、数量、单价、对应的凭证号等，可以兼顾会计和业务的不同需要。

操作步骤：

(1)执行"报表"|"明细表"|"销售收入明细账"命令，进入"条件过滤"窗口。

(2)输入开始时间和结束时间。

(3)在"分组汇总项"选项卡中，在存货名称和业务类型的"分组汇总列"与"分组小计"中打"√"。

(4)单击"过滤"按钮，系统自动显示查询结果。单击"小计"按钮，可按部门和业务员进行汇总。

5.查询本月销售成本明细账

销售管理系统提供的销售成本明细账可以查询各种销售存货的销售成本情况。销售出库单、出库调整单、销售发票提供销售成本明细账的数据来源。销售成本明细账比销售收入统计表提供的存货销售成本的信息更为详尽，可以兼顾会计和业务的不同需求。如果没有启用总账系统和存货核算系统，则无法查询销售成本明细账。

操作步骤：

(1)执行"报表"|"明细表"|"销售成本明细账"命令，进入"条件过滤"窗口。

(2)输入开始时间和结束时间。

(3)在"分组汇总项"选项卡中，在存货名称和业务类型的"分组汇总列"与"分组小计"中打"√"。

(4)单击"过滤"按钮，系统自动显示查询结果。单击"小计"按钮，可按部门和业务员进行汇总。

6.销售结构分析

销售结构分析可以按照不同分组条件，例如客户、业务员、存货等在任意时间段的销售构成情况进行分析。按照存货分别可以统计发出的货物占整个发货数量的百分比、各类发出货物的销售收入占全部销售收入的百分比、发出货物的销售额占销售总金额的百分比等数据。在这种条件下,还可以分析货物是否滞销。

操作步骤:

(1)执行"报表"|"销售分析"|"销售结构分析"命令,进入"条件过滤"窗口。

(2)输入开始时间和结束时间。

(3)在"分组汇总项"选项卡中,在存货名称的"分组汇总列"和"分组小计"中打"√"。

(4)单击"过滤"按钮,系统自动显示查询结果。单击"小计"按钮,可以按存货、客户进行汇总。

7.销售毛利分析

销售管理系统提供的销售毛利可以统计货物在不同时期的毛利变动及其影响原因。

操作步骤:

(1)执行"报表"|"销售分析"|"销售毛利分析"命令,进入"条件过滤"窗口。

(2)在"分组汇总项"选项卡中,在存货编码和销售类型的"分组汇总列"与"分组小计"中打"√"。

(3)单击"过滤"按钮,系统自动显示查询结果。单击"小计"按钮,可以按存货、客户进行汇总。

8.商品销售市场分析

销售管理系统的市场分析可以反映某一时间区间内部门或业务员所负责的客户或地区的销售及其回款情况,还可以反映已发货未开票的比例情况等。

操作步骤:

(1)执行"报表"|"销售分析"|"市场分析"命令,进入"条件过滤"窗口。

(2)输入开始时间和结束时间。

(3)在"分组汇总项"选项卡中,在客户的"分组汇总列"中打"√"。

(4)单击"过滤"按钮,系统自动显示查询结果。单击"合计"按钮,可以按市场进行汇总。

9.综合分析

销售综合分析可以分为动销分析、商品周转率分析、畅滞销分析和经营状况分析等。

(1)动销分析。

动销分析可以按商品/部门分析任意时间段销售货物中的动销率及其未动销货物的时间构成。

操作步骤:

①执行"报表"|"综合分析"|"动销分析"命令,进入"条件过滤"窗口。

②输入开始时间和结束时间。

③在"分组汇总项"选项卡中,在存货名称、规格型号、经营品种的"分组汇总列"和"分组小

计"中打"√"。

④单击"过滤"按钮，系统自动显示查询结果，单击"合计"按钮，可以按货物进行汇总。

(2)商品周转率分析。

商品周转率分析是分析某时间范围内某部门所经营商品的周转率。如果选择周转率类别为发货周转率，则周转指发货周转；如果选择周转率类别为销售周转率，则周转指销售周转。

操作步骤：

①执行"报表"|"综合分析"|"商品周转率分析"命令，进入"条件过滤"窗口。

②输入开始时间和结束时间。

③选择周转率类别为"销售周转率"。

④在"分组汇总项"选项卡中，在存货名称、规格型号的"分组汇总列"和"分组小计"中打"√"。

⑤单击"过滤"按钮，系统自动显示查询结果，单击"合计"按钮，可以按货物计算周转天数、周转次数、周转率。

小 贴 士

销售管理系统的综合分析只能在商业版中使用，即新建账套时选择"企业类型"为"商业"，而且销售管理系统与存货核算系统联合使用时，才可以使用综合分析功能。

10.账套备份

(1)在 C:\"供应链账套备份"文件夹中新建"007-5-8 销售分析"文件夹。

(2)将账套输出至 C:\"供应链账套备份"\"007-5-8 销售分析"文件夹中。

项目六

库存管理

学习目标

从了解库存管理的初始设置、各种出入库业务、调拨业务和一些特殊业务等入手，进而了解库存管理与采购管理、销售管理、存货核算模块之间的关系。通过本项目的学习，加深对库存管理的认识，了解企业中库存管理的重要作用，认识ERP系统库存管理的重要作用。

预备知识

1. 库存

库存是为了满足未来需要而暂时闲置的资源，包括原材料、在制品、最终产品、在途产品以及用于维护、修理和日常运作的物料。

2. 周转库存

周转库存是为了满足日常生产经营需要而保有的库存。周转库存的大小与采购量直接相关。批量采购、批量运输和批量生产，形成了周期性的周转库存。

3. 安全库存

安全库存是为了防止不确定因素的发生（如供货时间延迟、库存消耗速度加快等）而设置的库存。安全库存的大小与库存安全系数和库存服务水平有关。安全库存不是不变的，不是所有物料都需要安全库存。

4. 在途库存

在途库存是指处于运输以及停放在相邻两个工作或相邻两个组织之间的库存，在途库存的大小取决于运输时间以及该期间内平均需求。

5. 库存成本

库存成本是指在整个库存过程中所发生的全部费用。

（1）订货成本是企业为补充库存而订货时发生的各种费用之和。通常包括订货手续费、物资运输装卸费、验收入库费、采购人员差旅费以及通信费等。特点是费用仅与订货次数有关，而与订货批量不发生直接的联系。

(2)购入成本即用于购买或生产该产品所支出的费用,与购买量或生产量有关。

(3)库存持有成本,即为保持存货而发生的成本,通常指货物从入库到出库期间所发生的成本。

(4)缺货成本是指由于无法满足用户的需求而产生的损失,包括停工损失、拖欠发货损失、丧失销售机会的损失、商誉损失。

6.调拨业务

调拨业务是指仓库在操作过程中涉及的物料从一个仓库转移到另一个仓库的业务。在同一业务日期,相同的转入仓库并且相同的转出仓库的所有存货可以填列在一张调拨单上完成调拨业务的账面调动。

同一张调拨单上,如果转出部门和转入部门不同,表示部门之间的调拨业务;如果转出部门和转入部门相同,但转出仓库和转入仓库不同,表示仓库之间的转库业务。

(1)在期初存货核算模块中设置存货按照仓库核算,在做调拨单时转出仓库和转入仓库必须输入。

(2)为了便于账表统计,选择出库类别和入库类别。

(3)审核之后系统自动根据调出和调入,生成其他出库单和其他入库单,并且对应的其他出入库单居于审核后状态,不允许弃审和修改。如果调拨单被弃审,那么相应其他出入库单自动被删除。

(4)一张调拨单审核后生成一张其他出库单和一张其他入库单。

7.盘点

盘点是指将仓库中存货的实物数量和账面数量进行核对。根据记录的所有业务得到账面数量,再手工录入仓库,实际库存数量即盘点数量,系统根据它们之间的差异,通过填制盘点单,判断盘亏或盘盈,再自动生成其他出入单。

基本流程:

(1)填制盘点单。

(2)审核盘点单。

(3)根据盘盈或盘亏,系统自动生成其他出入库单,审核其他出入库单。

(4)存货核算:对系统自动生成的其他出入库单进行记账。

提示:

(1)盘点单弃审时,同时删除生成的其他出入库单、材料出库单;生成的其他出入库单、材料出库单如已审核,则相对应的盘点单不可弃审。

(2)当你对一个仓库中的一种存货进行一次盘点后,没有审核该盘点单,又新增了一张盘点单,同时也想对第一次盘点的存货再进行盘点,这是不可以的,只能对第一次盘点时没有的存货进行盘点。要想在这张新增的盘点单对这个存货再次进行盘点的话,必须将第一张盘点单审核或删除后才能重盘。

调拨业务

任务案例资料

2019年1月8日,由于器材仓进行养护维修,将该仓库中的所有瑞恒乒乓球355只和瑞恒羽毛球250只转移到永益仓库,由仓储部郁红负责。

2019年1月13日,由于永益仓库漏水,将150件永益女风衣转移到嘉禾仓库,以方便维修,由仓储部郁红负责。

2019年1月21日,器材仓维护完毕,将暂时转入永益仓库的瑞恒羽毛球和瑞恒乒乓球移回器材仓,由仓储部郁红负责。

2019年1月22日,将由于永益仓库维修转入嘉禾仓库的150件永益女风衣转回到永益仓库,由仓储部郁红负责。

一、任务描述

调拨是指存货在仓库之间或部门之间变迁的业务。在同一个业务日期,相同的转入仓库并且相同的转出仓库的所有存货可以填列在一张调拨单上完成调拨业务的账面调动。

二、任务设计

1.对库存模块中的调拨单的显示和打印默认模板进行修改,在表体中增加件数
2.了解调拨业务流程
3.了解调拨业务生成的下游单据,以及生成单据的时点

三、操作步骤

1.第一笔调拨业务的处理

以2019年1月8日的业务日期,在库存管理系统中增加一张调拨单,填列转入仓库、转出仓库、调拨存货、存货数量等信息,并保存和审核该调拨单。

业务流程:
(1)在库存管理系统中填制调拨单,并审核。
(2)在库存管理系统中审核调拨单,并生成其他出入库单。
(3)在存货核算系统中使用特殊单据记账对调拨单进行记账。

操作步骤:

(1)在库存管理系统中,执行"调拨业务"|"调拨单"命令,打开"调拨单"窗口。

(2)单击"增加"按钮,进入新添调拨业务操作窗口。输入业务日期、转出仓库、转入仓库、出入库类别、经手人、存货等信息,如图6-1所示。

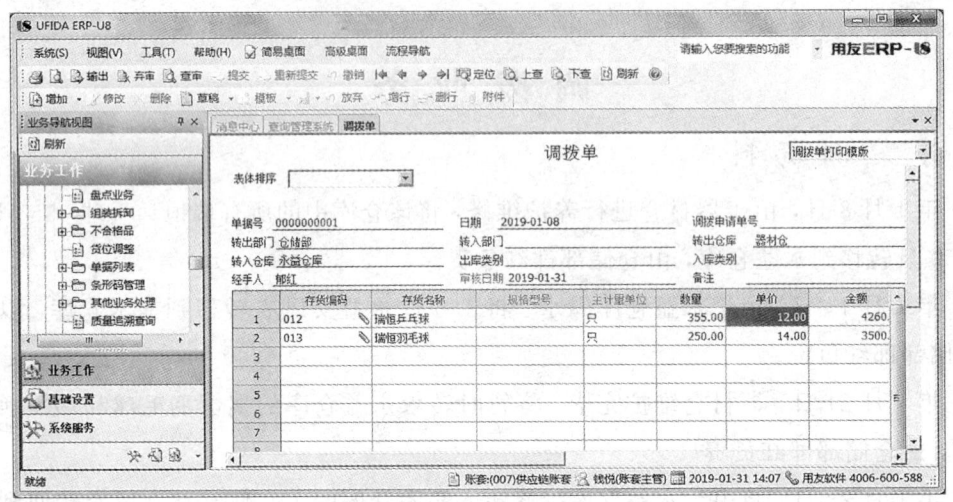

图6-1 调拨单

(3)单击"保存"按钮,并审核该调拨单,最后提示审核成功。

(4)在库存管理系统中,执行"入库业务"|"其他入库单"命令,按翻页键,查找系统自动生成的入库单,并审核该其他入库单,如图6-2所示。

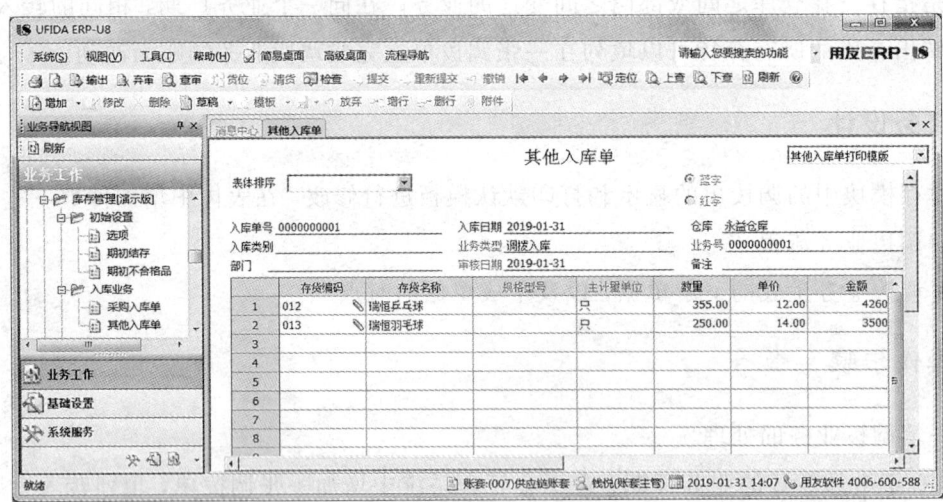

图6-2 其他入库单

(5)在库存管理系统中,执行"出库业务"|"其他出库单"命令,按翻页键,查找系统自动生成的出库单,并审核该其他出库单,如图6-3所示。

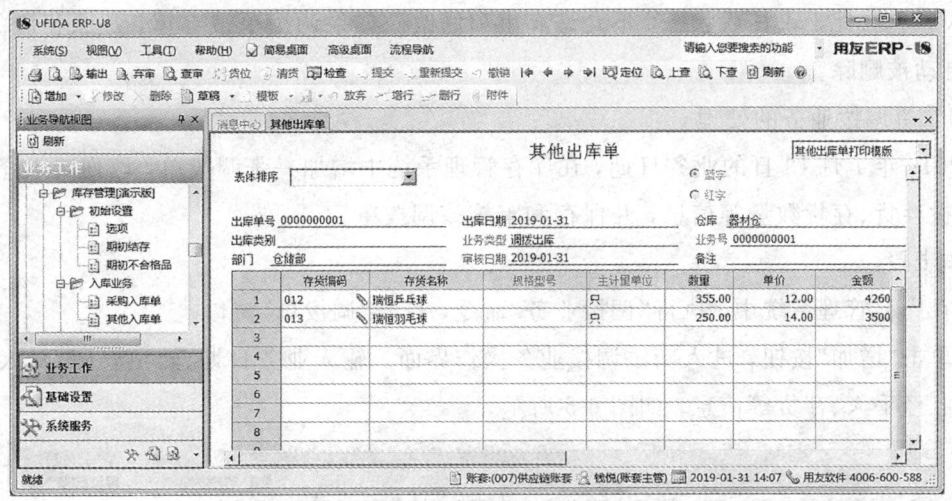

图 6-3 其他出库单

(6)以 2019 年 1 月 31 日的业务日期登录存货核算系统,执行"业务核算"|"特殊单据记账"命令,系统弹出"特殊单据记账条件"对话框,设置特殊单据记账查询条件。

(7)选择单据类型为"调拨单";此处出库单金额应该来自存货核算,建议选择"出库单上系统已填写的金额记账时重新计算"复选框。单击"确定"按钮,系统显示如图 6-4 所示。

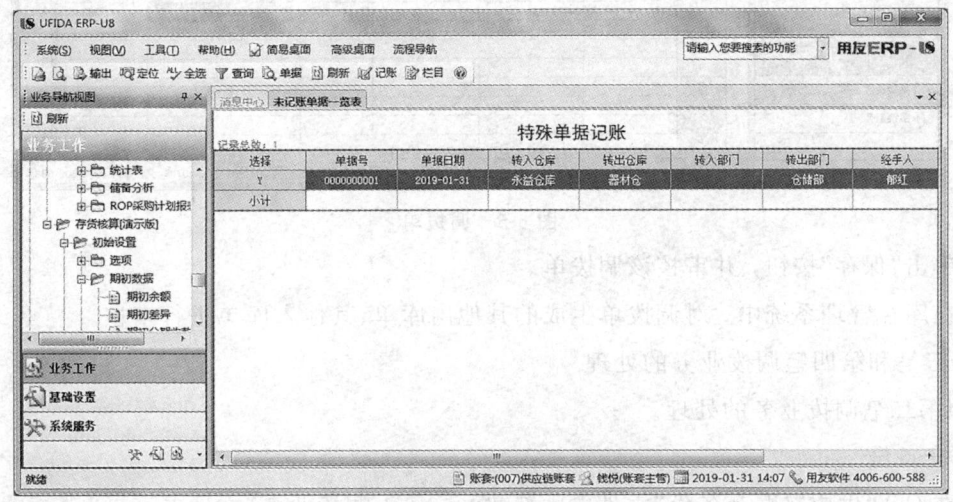

图 6-4 特殊单据记账

(8)系统显示有一张调拨单未记账。如果要对该张调拨单记账,可在表体中单击"选择"列,在其内显示有 Y 的表示选中该单据,再单击"记账"按钮。

小 贴 士

①在期初存货核算模块中设置存货按照仓库核算,那么此处转出仓库和转入仓库必须输入。

②为了便于账表统计,选择出库类别和入库类别。

③审核之后系统自动根据调出或调入,生成其他出库单和对应的其他入库单;并且对应的

其他出入库单据处于审核后状态,不允许弃审和修改。如果调拨单被弃审,那么相应的其他出入库单自动被删除。

2.第二笔调拨业务的处理

以 2019 年 1 月 13 日的业务日期,在库存管理系统中增加一张调拨单,填列转入仓库、转出仓库、调拨存货、存货数量等信息,并保存和审核该调拨单。

操作步骤:

(1)在库存管理系统中,执行"调拨业务"命令,打开"调拨单"窗口。

(2)单击"增加"按钮,进入新添调拨业务操作界面。输入业务日期、转出仓库、转入仓库、出入库类别、经手人、存货等信息,如图 6-5 所示。

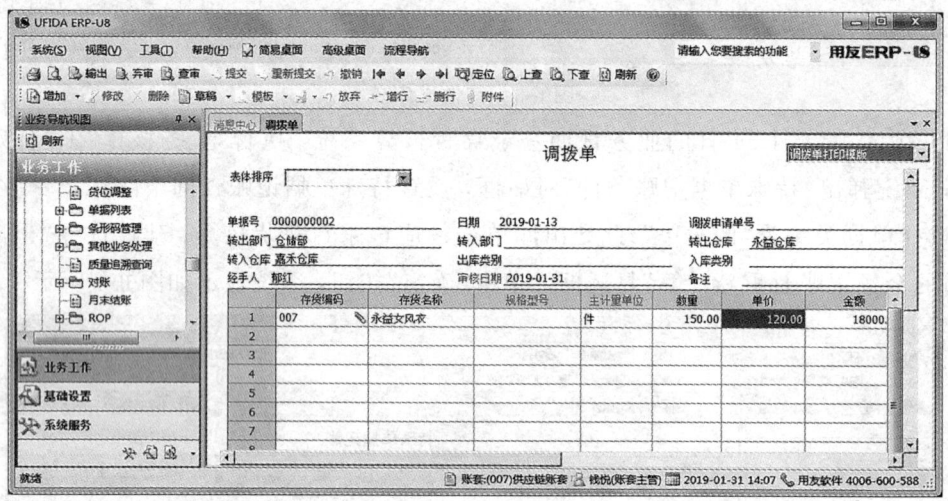

图 6-5 调拨单

(3)单击"保存"按钮,并审核该调拨单。

(4)在库存管理系统中,对调拨单生成的其他出库单、其他入库单进行审核。

3.第三笔和第四笔调拨业务的处理

参照第二笔调拨业务的处理。

4.账套备份

(1)在 C:\"供应链账套备份"文件夹中新建"007-6-1 调拨业务"文件夹。

(2)将账套输出至 C:\"供应链账套备份"\"007-6-1 调拨业务"文件夹中。

任务二 其他业务

任务案例资料

2019年1月31日,经查由于仓库养护,造成嘉禾仓库中1件嘉禾女装破损,无法出售。

2019年1月31日,经查由于仓储部郁红对仓库中货物的保管不当,造成器材仓中1只瑞恒羽毛球严重损坏,无法使用。

查询各存货的现存量。

一、任务描述

其他业务是指出入库、调拨业务之外的业务,主要包括一些特殊情况的处理。

二、任务设计

1. 增加其他出库单并记账
2. 查询存货的现存量

三、操作步骤

1. 第一笔其他业务的处理

以2019年1月31日为业务日期,登录库存管理系统,添加其他出库单。

操作步骤:

(1)在库存管理系统中,执行"出库业务"|"其他出库单"命令,打开"其他出库单"窗口。

(2)单击"增加"按钮,进入新添其他出库单操作状态。添加出库日期为"2019-01-31";仓库为"嘉禾仓库",出库类别为"其他出库",存货为"嘉禾女装",数量为"1件"等信息,如图6-6所示。

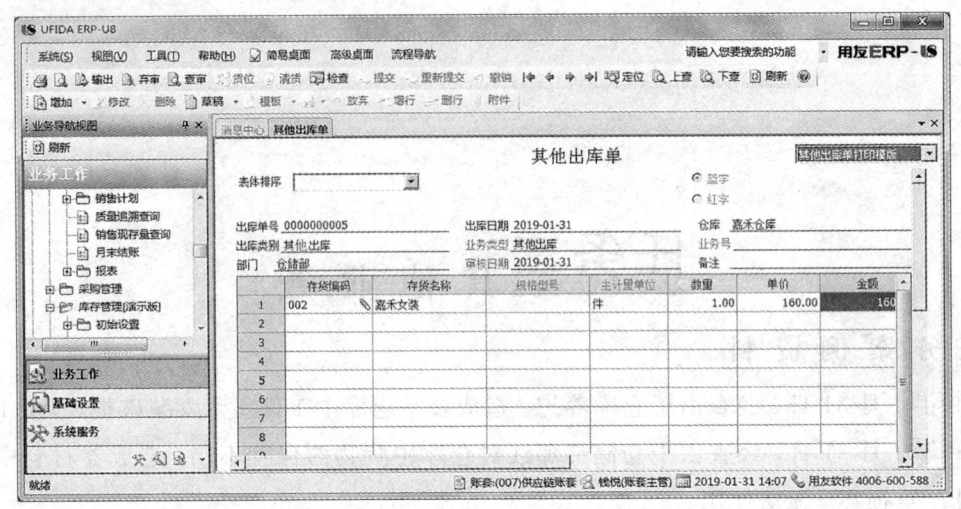

图 6-6 其他出库单

(3) 单击"保存"按钮,并审核该其他出库单。

(4) 在存货核算系统中,执行"业务核算"|"正常单据记账"命令,选择"嘉禾仓库",单据类型为"其他出库单",收发类别为"其他出库",如图 6-7 所示。

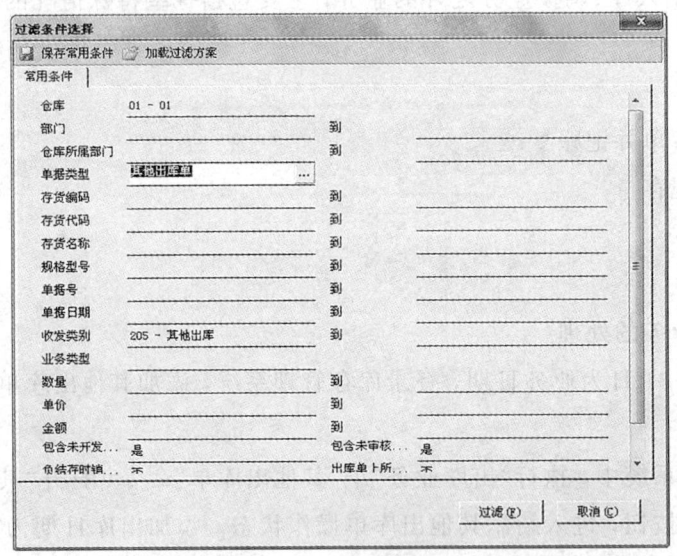

图 6-7 过滤条件选择

(5) 单击"过滤"按钮,选择该单据,如图 6-8 所示,单击"记账"按钮,对该出库单进行记账。

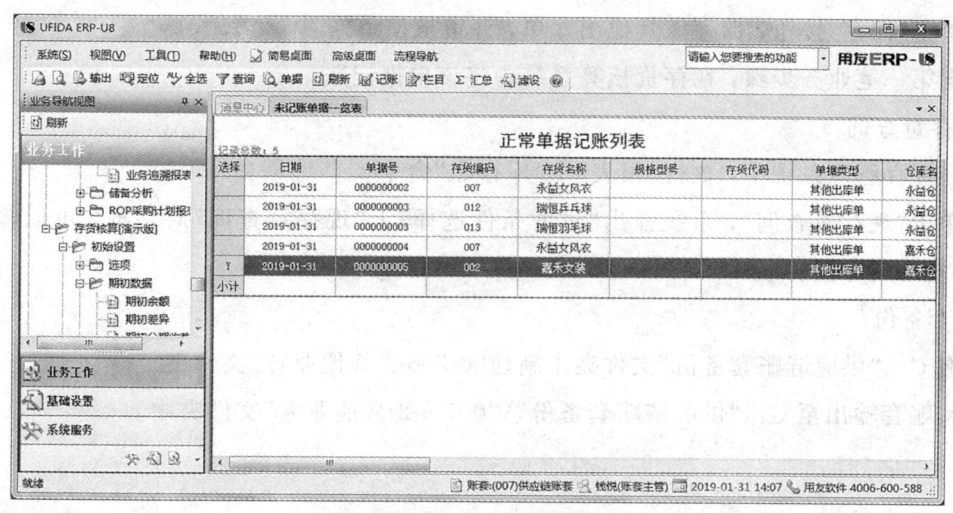

图 6-8 正常单据记账列表

小 贴 士

①在处理该类型业务时，为了方便在存货核算系统中生成凭证，建议单独设置收发类别，或者使用"其他出库"以示区别。

2.第 2 笔其他业务的处理

以 2019 年 1 月 31 日为业务日期，登录库存管理系统，添加其他出库单。

操作步骤：

（1）在库存管理系统中，执行"出库业务"|"其他出库单"命令，打开"其他出库单"窗口。

（2）单击"增加"按钮，进入新添其他出库单操作状态。添加出库日期为"2019-01-31"，仓库为"器材仓"，出库类别为"其它出库"，存货为"瑞恒羽毛球"，数量为"1 只"等信息，如图 6-9 所示。

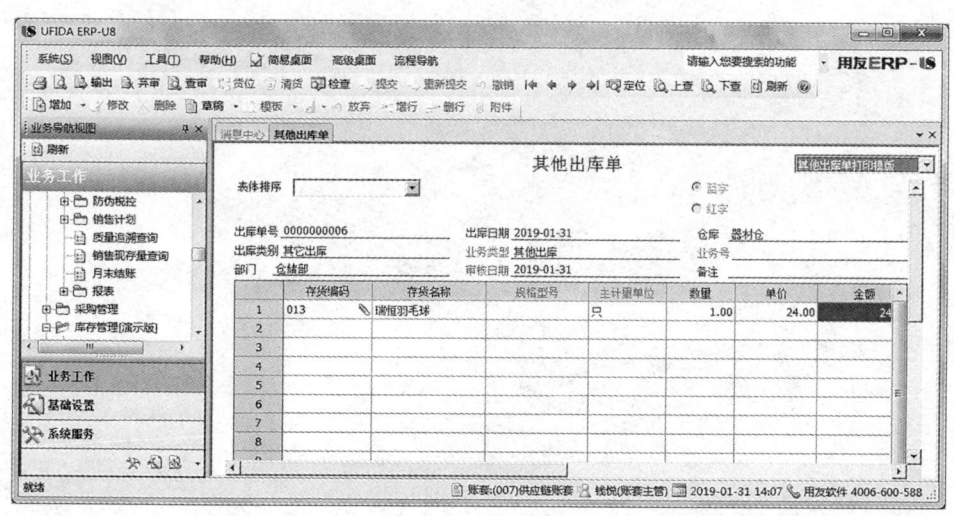

图 6-9 其他出库单

— 237 —

(3)单击"保存"按钮,保存该其他出库单,并审核该单据。

(4)同第一笔业务步骤,在存货核算系统中将该单据记账。

3.现存量查询

(1)在库存管理系统中,执行"报表"|"库存账"命令。

(2)单击"现存量查询",系统弹出"过滤条件选择"|"现存量查询"对话框,可以输入条件查询各存货的现存量。

4.账套备份

(1)在 C:\"供应链账套备份"文件夹中新建"007-6-2 其他业务"文件夹。

(2)将账套输出至 C:\"供应链账套备份"\"007-6-2 其他业务"文件夹中。

项目七

存货核算

学习目标

了解存货核算的初始设置、暂估成本的录入、单据记账和特殊单据记账、存货期末处理等，以此了解存货核算与其他模块之间的关系、存货核算的作用。通过本项目的学习，加深对存货核算的认识，了解企业中存货核算的基本方法和步骤，以便为成本计算提供精确的数据。

基础知识

存货的核算是企业会计核算的一项重要内容，进行存货核算，应正确计算存货购入成本，促使企业努力降低存货成本；反映和监督存货的收发、领退和保管情况；反映和监督存货资金的占用情况，促进企业提高资金的使用效率。

在企业中，存货成本直接影响利润水平，尤其在市场经济条件下，存货品种日益更新，存货价格变化较快，企业领导层更为关心存货的资金占用及周转情况，利用计算机技术来加强对存货的核算和管理不仅能提高核算的精度，而且更重要的是能提高及时性、可靠性和准确性。

业务流程

- 仓管人员在库存管理模块录入各种日常出入库单据。
- 材料成本核算会计对采购入库单进行记账，核算材料入库成本；如果没有发票，进行采购结算的采购入库单需要进行暂估处理，以便对材料领用提供比较准确的成本。
- 材料成本核算会计对本月各部门材料领用进行单据记账，核算当月材料消耗成本。
- 进行原材料仓库的期末处理、制单工作。
- 从成本管理模块取数各部门当月原材料消耗数据，和其他成本资料进行成本计算，得出半成品的成本。
- 进行产成品成本分配，读取半成品仓库的半成品加工成本。
- 进行单据记账（主要是半成品仓库的半成品的入库、出库成本）。
- 进行半成品仓库的期末处理、制单工作。
- 从成本管理模块重新选取各部门当月原材料消耗数据，和其他成本资料进行。

存货价格及结算成本处理

任务案例资料

2019年1月31日，检查是否有入库单上存货无价格，并给这些单据录入价格。

2019年1月31日，检查本期进行采购结算，需要进行结算成本暂估处理的单据，并对其进行暂估处理。

一、任务描述

检查所有采购入库单或部分其他入库单上存货是否有价格；对于录入的暂估价格是否更真实，可以在存货核算模块的暂估成本录入窗口中完成，并且系统还提供上次出入库成本、售价成本、参考成本、结存成本作为暂估成本的录入参照。对于账面上存货的成本，如果价格、价值错误或远远偏离市值，就使用系统出入库调整单进行调整。

对于前期暂估采购入库单本期进行采购结算，即已经记账的暂估采购入库单进行采购结算，需要对结算的单据或结算的存货进行结算成本处理，对暂估部分按照系统设置的暂估方式进行处理。

二、任务设计

1.了解暂估入库单价格的检查方法和暂估价的几种录入方法
2.了解暂估处理流程和方法

三、操作步骤

1.第一笔业务的处理

以2019年1月31日为业务日期，在存货核算系统中打开采购入库单列表和其他入库单列表，检查有没有单价的记录。建议采用打开暂估成本录入，在过滤条件下显示单据即为暂估单据，并可对其成本进行修正。

操作步骤：

(1)在存货核算系统中，执行"业务核算"|"暂估成本录入"命令，设置暂估成本录入查询条件，如图7-1所示。

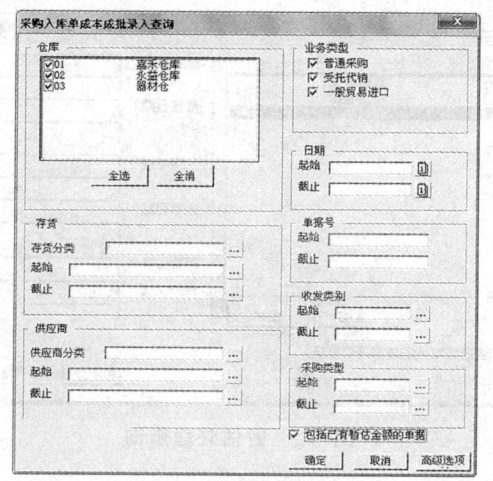

图 7-1 采购入库单成本成批录入查询

(2)选择仓库,其他查询条件如果不输入,默认为所有单据。如果是有暂估价的单据,要查询所有单据,必须选择"包括已有暂估金额的单据"复选框。单击"确定"按钮。

(3)如果需要修改单价或金额,可以直接在表体中进行修改,也可以通过右上角进行选择售价成本、参考成本、上次入库成本、上次出库成本或结存成本,再单击"录入"按钮进行系统自动录入。

(4)单击"保存"按钮,即保存设置的单价。

小 贴 士

①在进行暂估成本录入单据查询时,如果企业这类单据数量特别大,建议设置查询条件,分批进行录入,以免造成错误,便于提高效率。

②对于有暂估价的单据也可以在此处修改。

③也可以通过执行"日常业务"|"采购入库单"命令修改金额。

④将所有没有价格的采购入库单录入价格。

2.第二笔业务的处理

以 2019 年 1 月 31 日的业务时间,登录存货核算系统,按照系统设置的暂估处理方法处理所有的暂估单据。

实验流程:

(1)在存货核算系统中,打开"业务核算"中的"结算成本处理"。

(2)在存货核算系统中,对所有暂估单据进行暂估处理。

操作步骤:

(1)以 2019 年 1 月 31 日为业务日期,登录存货核算系统,执行"业务核算"|"结算成本处理"命令,系统弹出"暂估处理查询"对话框,可以选择所有的仓库,其他条件为空,即默认所有,如图 7-2 所示。

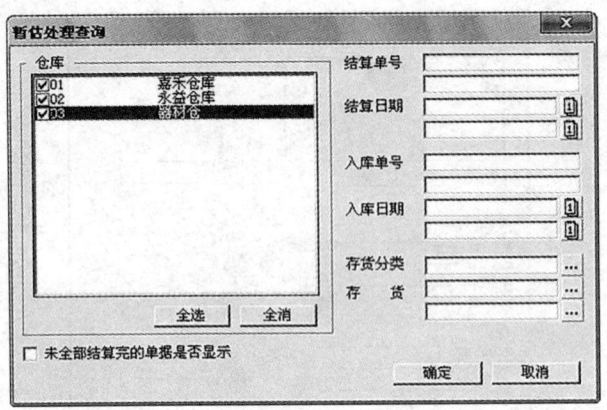

图 7-2　暂估处理查询

(2)单击"确定"按钮。

(3)单击"全选"选中单据表体中需要进行暂估处理的单据,再单击"暂估"按钮。

小 贴 士

①暂估结算表中显示的单据是前期或本期已经记账,且记账之后再进行采购结算的单据。

②此处暂估结算是为了系统按照存货期初设置的暂估处理方式进行暂估处理。

任务二 单据记账

任务案例资料

2019年1月31日,进行特殊单据记账,将所有的特殊业务单据进行记账。

2019年1月31日,进行正常单据记账,将所有的正常业务单据进行记账。

一、任务描述

单据记账是登记存货明细账、差异明细账/差价明细账、受托代销商品明细账和受托代销商品差价账;同时是对除全月平均法外的其他几种存货计价方法,对存货进行出库成本的计算。

特殊单据记账是针对调拨单、形态转换、组装单据,它的特殊性在于这类单据都是与出入库单据对应的,并且其入库的成本数据来源于该存货原仓库按照存货计价方法计算出的出库成本。

二、任务设计

1. 了解特殊单据、直运业务单据和正常单据的记账作用
2. 了解各种单据记账的流程

三、操作步骤

1. 第一笔业务的处理

操作步骤:

(1)以 2019 年 1 月 31 日的业务日期,登录存货核算系统,执行"业务核算"|"特殊单据记账"命令,系统弹出如图 7-3 所示对话框。

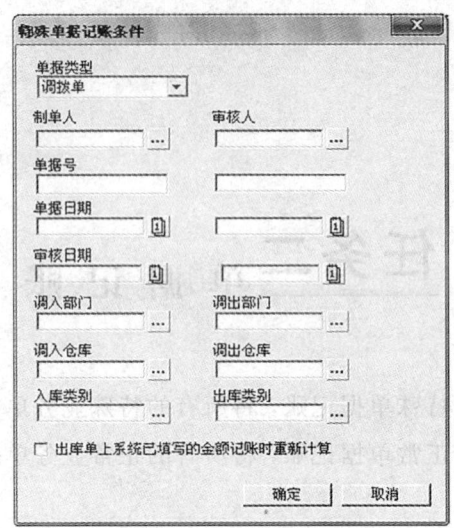

图 7-3 特殊单据记账条件

(2) 单据类型选择"调拨单",单击"确定"按钮,进入"特殊单据记账"窗口,如图 7-4 所示。

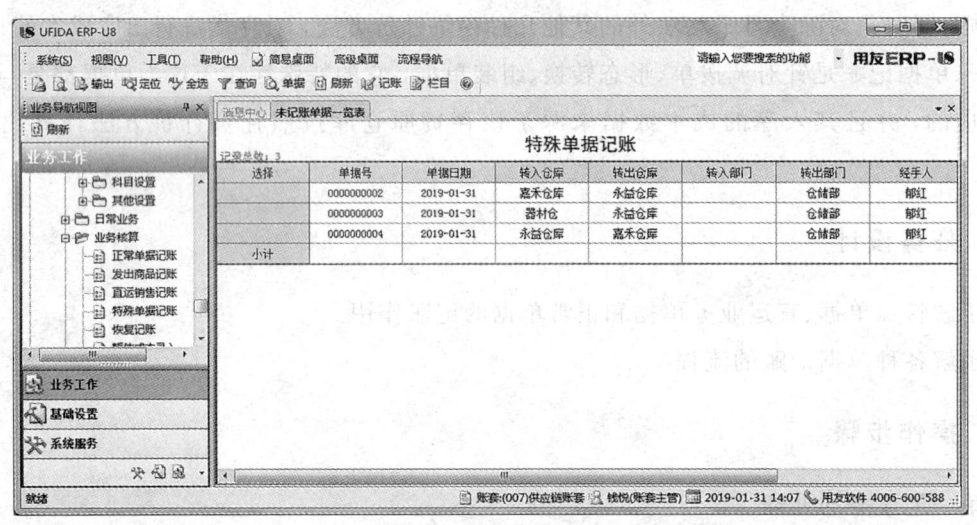

图 7-4 特殊单据记账

(3) 对全部单据进行记账,单击"全选"按钮,或者单击表体中需要记账的单据,再单击"记账"按钮。

2. 第二笔业务的处理

操作步骤:

(1) 以 2019 年 1 月 31 日的业务日期,登录存货核算系统,执行"业务核算"|"正常单据记账"命令,选择所有的仓库和所有的单据类型,"包含未审核单据"和"出库单上所填金额重新计算"选择"是",系统弹出如图 7-5 所示对话框。

项目七 存货核算

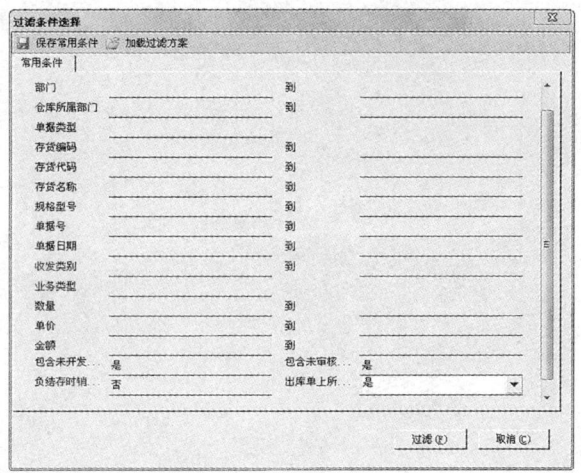

图 7-5 过滤条件选择

(2)单击"过滤"按钮,系统弹出如图 7-6 所示窗口。

图 7-6 正常单据记账列表

(3)单击"全选"按钮,再单击"记账"按钮。

小 贴 士

①记账时如果单据量特别大,可以分仓库、分收发类别进行记账。

②记账前先检查所有入库单,即采购入库单和其他入库单是否有单价。

③在进行单据记账时,注意各单据的颜色,以分辨该单据是否能进行记账操作。

3.账套备份

(1)在 C:\"供应链账套备份"文件夹中新建"007-7-2 单据记账"文件夹。

(2)将账套输出至 C:\"供应链账套备份"\"007-7-2 单据记账"文件夹中。

— 245 —

项目八

期末处理

学习目标

掌握供应链系统的月末处理的方法、月末凭证的生成与查询的方法,以及账表查询的方法。

任务 期末处理

任务案例资料

2019 年 1 月 31 日,对嘉禾仓库进行期末处理。
2019 年 1 月 31 日,对永益仓库进行期末处理。
2019 年 1 月 31 日,对器材仓进行期末处理。

一、任务描述

期末处理应当在日常业务全部完成,采购和销售系统在结账处理后进行。它用于计算按全月平均方式核算的存货的全月平均单价及其本会计月出库成本,计算按计划价/售价方式核算的存货的差异率/差价率及其本会计月的分摊差异/差价,并对已完成日常业务的仓库、部门、存货做处理标志。

二、任务设计

1. 了解期末处理的作用
2. 了解各种存货计价方法下期末处理的计算原理
3. 了解期末处理其他各模块的状态

三、操作步骤

1. 第一笔业务的处理

业务流程：

(1)在存货核算系统中，对所有单据记账。

(2)在采购管理系统中，进行采购管理系统月末结账。

(3)在销售管理系统中，进行销售管理系统月末结账。

(4)在库存管理系统中，进行库存管理系统月末结账。

(5)在存货核算系统中，对仓库进行期末处理。

操作步骤：

(1)以 2019 年 1 月 31 日的业务日期，登录采购管理系统，执行"月末结账"命令，并选择会计月份为 1 月；单击"结账"按钮，系统弹出"月末结账完毕"信息提示对话框，且 1 月"是否结账"处显示"已结账"，如图 8-1 所示。单击"退出"按钮，退出结账界面。

图 8-1 采购管理月末结账

(2)以 2019 年 1 月 31 日的业务日期，登录销售管理系统，执行"月末结账"命令进入销售结账窗口。单击"月末结账"按钮，1 月"是否结账"处显示"是"，如图 8-2 所示。单击"退出"按钮，退出结账界面。

图 8-2　销售管理月末结账

(3)以 2019 年 1 月 31 日的业务日期，登录库存管理系统，执行"月末结账"命令，进入库存结账窗口。单击"结账"按钮，最后 1 月"是否结账"处显示"是"，如图 8-3 所示。单击"退出"按钮，退出结账界面。

图 8-3　库存管理月末结账

(4)以 2019 年 1 月的业务日期，登录存货核算系统，执行"业务核算"|"期末处理"命令，打开 1 月 31 日的业务日期，打开"期末处理"对话框，如图 8-4 所示。

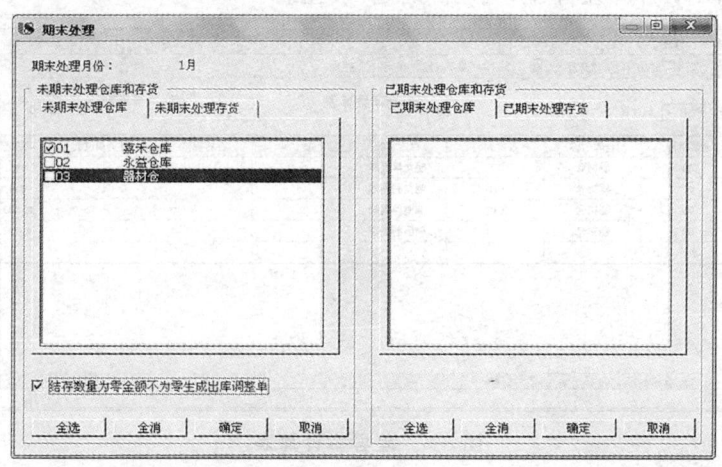

图 8-4　期末处理

(5)选择"嘉禾仓库",并选中"结存数量为零金额不为零生成出库调整单"复选框,单击"确定"按钮,系统提示仓库期末处理完毕。

小 贴 士

如在系统中有未记账单据,可以先将未记账单据记账,也可忽略,直接点"是"进行期末处理。

2.第二笔业务的处理

操作步骤:

(1)选择"永益仓库",并选中"结存数量为零金额不为零生成出库调整单"复选框,单击"确定"按钮,系统根据成本核算方法计算并生成"仓库平均单价计算表",单击"显示"按钮,如图8-5所示。

图8-5 仓库平均单价计算表

(2)单击"确定"按钮,系统提示仓库期末处理完毕。

3.第三笔业务的处理

操作步骤:

(1)如图8-6所示,计算差异率,单击"确定"按钮。

图8-6 差异率计算表

(2)系统弹出"差价结转单列表"窗口,如图8-7所示。将差价进行结转,单击"确定"按钮,系统提示仓库期末处理完毕。

图 8-7　差异结转单列表

4.账套备份

(1)在 C:\"供应链账套备份"文件夹中新建"007-8-1 期末处理"文件夹。

(2)将账套输出至 C:\"供应链账套备份"\"007-8-1 期末处理"文件夹中。